KB041315

권리분석 모르면 부동산 경매 절대로 하지마라

권리분석 모르면 부동산 경매
절대로 하지마라

초판 1쇄 발행   2024년 2월 15일

지 은 이   권득인
펴 낸 이   한승수
펴 낸 곳   문예춘추사

편   집   구본영
마 케 팅   박건원 김홍주
디 자 인   이호진 박소윤

등록번호   제300-1994-16
등록일자   1994년 1월 24일

주   소   서울특별시 마포구 동교로 27길 53, 309호
전   화   02 338 0084
팩   스   02 338 0087
E-mail   moonchusa@naver.com

I S B N   978-89-7604-635-2 13320

30년 경력 전문가의 특수물건 권리분석 실전 비법!

권리분석 모르면 부동산 경매 절대로 하지마라

권득인 지음

왕초보도 이해하는 쉽고 체계적인 설명
소리 소문 없이 큰 수익 올리는 핵심, 특수물건 권리분석!

알기 쉬운
관련법 해설과
상세한 권리분석

다양한
실전 권리분석
대공개

경매 고수의
꼭 알아야 하는
경매 팁 수록

문예춘추사

소리 소문 없이 경매로 큰 수익을 올리는
고수들의 부동산경매 노하우

살아가면서 우리는 부동산 거래에서 자유로울 수 없다. 주거 목적이든 재테크 목적이든 부동산에 거주하거나 거래하면서 살아갈 수밖에 없다. 부동산을 취득할 때 이왕이면 싸게 취득해서 비싸게 팔 수 있다면 이보다 더 매력적인 거래는 없을 것이다. 그런데 이보다 더 큰 효과를 보고자 하는 사람에게 부동산경매는 더할 나위 없이 훌륭한 방법이 될 수 있다.

특히 부동산 경기 불황이 지속되는 시기에는 경매가 최고의 기회가 될 수 있다. 경기 악화로 매각물건은 쏟아져 나오는 반면, 불황 심리로 인해 경매시장에서의 경쟁률은 낮아지기 때문이다.

이렇게 부동산경매의 매력은 부동산을 싸게 살 수 있다는 데 있지만 치열한 경쟁을 뚫고 낙찰에 성공한다 해도 결과는 기대에 미치지 못하거나 심지어는 낭패를 보는 일도 많아 열매는 소수의 몫으로 한정된다.

과거에는 누구나 소멸기준 권리 정도의 기초지식만 가지고도 물건을 싸게 낙찰받아 큰 수익을 내던 때가 있었지만 경매시장의 양상이 달라진 지 오래고, 그 결실도 누구에게나 골고루 돌아가지 않는 것이 현실이다. 지금의 부동산경매는 전문지식으로 중무장하고 틈새 물건이나 심층 권리분석 실력이 요구되는 물건에 도전하는 소위 고수들의 잔치라고 할 수 있다. 아는 만큼 돈이 되는 것이다.

따라서 이제는 경매에 입문하는 방법부터 달라져야 한다. 단편적인 내용을 조각조각 나열하거나 타인의 경험담을 들으며 호기심을 채우는 데서 그치는 것이 아니라 경매 활동에 필요한 지식을 폭넓게, 체계적으로, 깊이, 정확하게 갖추어야만 한다.

이 책은 경매를 하는 데 있어서 꼭 필요한 지식을 빠짐없이 추출해 체계적으로 담고자 했다. 경매 초심자는 부동산경매에 대해 쉽게 알 수 있도록, 경매 경험자는 다시 한 번 경매 지식을 정립하고 점검할 수 있도록 하는 데 초점을 맞췄다.

또한 저자가 그동안 의뢰받았던 다양한 사례를 담았는데, 이를 통해 낙찰받기까지 각종 권리를 분석하는 방법을 터득하게 될 것이다.

일반적인 경매 관련 서적에서는 잘 다루지 않는 부동산 종별, 장단기 투자 목적별 물건분석 방법에 대해, 건물만 매각 시 제시 외 건물과 토지만 매각 시 제시 외 건물, 토지 위의 시설물 취득 가능 여부에 대해 다뤘으며, 담보가치론과 압류의 효력으로 접근한 권리분석의 독특한 원리, 상가 초과임차인에게 적용되는 대항력 유예규정에 관한 세밀한 해석, 임차권 대항력에 관한 심층적 정보를 다뤘다.

또 대지권 미등기, 대지사용권의 목적이 되는 토지 경매 공략법 등 대지사용권에 관해 정확하고 깊이 있게 해설하고 있으며, 부분전세권 문제, 토지 경매 시 토지상의 각종 권리, 유치권과 법정지상권 등에 관해

간결하면서도 핵심적인 해설을 곁들이는 방식으로 구성했다.

지속해서 경매를 하고자 한다면 다양한 매각물건의 권리를 오류 없이 분석할 수 있어야 하고, 그러기 위해서는 어느 한 부분도 소홀히 해서는 안 된다. 부분적인 지식만 가지고 경매에 임하는 것은 무기 없이 전장에 나가는 것과 같다.

경매 전문가가 되고자 한다면 우선 기본적으로 이 책을 완전히 통달하기 바란다.

이 책은 경매 과정과 진행 절차를 상세히 설명하고, 법리가 적용되는 이유와 과정을 자세히 파헤침으로써 부동산경매에 첫발을 내딛는 독자들의 이해를 돕고자 했다. 이 모든 내용을 충분히 익혀 기초지식을 튼튼히 하면 경매와 관련된 여러 전문서적을 이해하는 데 효과적일 것이며, 심층 지식으로 무장한 경매 고수가 되는 데도 큰 도움이 될 것이다.

물론 책 한 권으로 경매에 필요한 모든 지식을 심층적으로 습득하기는 어려울 수 있다. 유치권, 법정지상권 등 성립 여부에 대해 판단하기 난해한 특수물건의 심층분석이 필요한 경우에는 주요 판례를 모두 다룬 많은 양의 해설서가 필요할 수 있고, 입찰한 토지가 개발 가능한 토지인지를 정확히 알기 위해서는 별도의 토지공법 해설서가 필요할 수 있다. 향후 저자도 여건이 되는 대로 각종 심층 해설서를 출간하고자 한다.

간혹 이 책에서만 사용하는 용어가 나오기도 하는데, 이해를 돕는 데 보다 효과적일 것이라는 판단에 저자가 사용하는 용어를 일부 포함했다. 가령 임차인의 '우선변제권' 대신 '상대적 우선변제권'이라는 용어를, '최우선변제권' 대신 '우선변제권'이라는 용어를 사용했다.

소리 소문 없이 경매로 큰 수익을 올리고 있는 고수들을 보면 역시 부동산경매가 최고의 재테크임에는 틀림없는 듯하다. 그리고 또 하나 확실한 것은 최고의 고수들도 처음에는 다 입문자였다는 사실이다. 부동산 경매의 열매를 거두는 데 성공하는 사람은 소수지만, 그 기회는 누구에게나 열려 있다. 이 책이 그 결실의 탄탄한 바탕이 되기를 바란다.

Contents

4부 기타 권리별 권리분석 심층 해설

제1부

부동산경매,
제대로 알고
제대로 대처하자!

1장

부동산경매의 실체

•••

경쟁력 있는 경매 지식을 습득하기 위한 첫걸음은 우선 경매의 실체를 정확히 아는 데서부터 시작된다. 경매가 일반매매와 다른 점은 무엇인지, 경매에만 해당되는 특별한 조건은 무엇인지, 경매의 종류에는 무엇이 있으며 각각 어떤 차이가 있는지, 부동산경매의 목적물인 건물과 토지의 종류, 제시 외 건물 등의 매각포함 여부, 경매 이해관계인과 그들이 경매 절차에서 개입할 수 있는 범위, 경매개시결정부터 입찰기일까지의 경매 절차와 이후의 절차 등, 이 모든 것들을 알아야 한다.

위의 내용들은 자연스럽게 경매의 개념을 이해하고 생소한 경매 지식에 서서히 다가서기 위해 반드시 숙지하고 넘어가야 할 관문이다.

•••

부동산경매의 실체

특별한 조건의 빛잔치, 부동산경매

매매의 일종인 부동산경매의 궁극적인 목적은 바로 채권회수에 있다. 채권자의 채권을 회수하기 위해 금전채권자[1]들의 담보권과 압류 등기를 모두 소멸·말소시키는 등 특별한 조건으로 진행하는 빛잔치라고 할 수 있다.

🏠 부동산경매란 무엇인가?

부동산경매는 일반적으로 채무자가 빚을 갚지 않을 때 채권자(소송에서 이긴 채권자 혹은 담보권자)가 채무자 소유의 부동산을 담보권 실행 혹은 강제집행 등의 절차로 법원에 경매신청을 하는 것으로 시작된다. 이후 법원은 채권자들의 채권을 변제해주는 것을 목적으로 채무자 소유의 부동산을 압류해 매각한 후 그 매각대금을 채권자들에게 배당한다. 이 과정에서 배당을 받을 수 있는 채권자는 경매를 신청한 채권자와 법률에

---

1) 일정한 액수의 돈을 지급받을 것을 내용으로 하는 채권을 가진 사람

경매의 절차

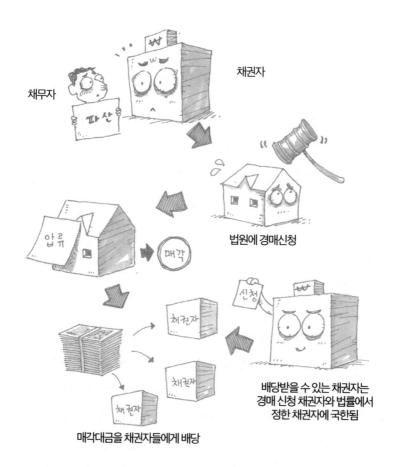

채무자

채권자

파산

법원에 경매신청

압류

매각

채권자

채권자

채권자

신청

매각대금을 채권자들에게 배당

배당받을 수 있는 채권자는
경매 신청 채권자와 법률에서
정한 채권자에 국한됨

서 정한 채권자들로 국한된다.

경매는 다음과 같이 3단계로 진행된다.

- 1단계: 압류 절차

  경매개시결정등기가 되면 압류 효력이 생겨 권리관계의 변동을 금지하고 이후 발생된 권리 등이 무효로 소멸, 말소됨으로써 매각 절차가 종료될 때까지 권리관계나 물리적 측면에서 부동산의 환가(換價)가치 저하를 어느 정도 방지하게 된다.

- 2단계: 매각 절차

  압류된 경매물건을 시간적 여유를 가지고 매각해 현금화한다. 즉, '환가절차'를 거친다.

- 3단계: 배당 절차

  환가절차를 거쳐 확보한 현금을 대상 채권자 등에게 지급한다.

매각과 배당 절차를 진행할 때는 매각 당시의 소유자를 배제시키고 소유자 대신 법원이 나서서 매각과 매각대금 수령 및 그 매각대금의 처리 등을 법률규정에 따라 행한다. 이때 비록 매각대금의 처리를 법원이 행한다 하더라도 매각대금은 어디까지나 매각 당시 소유자의 것이므로 대상 채권자들의 채권 전액이 변제되고도 잔액이 있는 경우에는 그 잔액을 소유자에게 돌려준다.

채무 불이행으로 인한 경매의 경우, 경매를 신청하는 채권자나 그 밖에 채권 변제를 받을 수 있는 채권자는 모두 그 한 번의 매각 절차를 통해 배당받음으로써 목적 부동산 자체나 부동산 소유자에 대해 가지고 있던 권리가 소멸되는 것이 원칙이다. 만약 이 절차에서 채권자들이 전액 변제받지 못하거나 심지어 단 한푼도 변제받지 못하더라도 금전채권에 관한 담보권과 압류 등기 등은 모두 소멸된다. 그래서 흔히 경매를 '부동산 권리의 세탁 과정'이라고도 한다.

그런데 금전채권자라고 해서 모두 배당 절차에 참여할 수 있는 것은 아니다. 경매를 신청한 채권자 등 법률에서 정한 일부 채권자만 배당 대상이 된다. 그리고 해당 경매 절차에서 한 번 배당에 참여한 채권자는 매각된 부동산 자체나 그 부동산을 매수한 새 소유자에 대해 권리를 주장할 수 있는 대항력이 더 이상 없으므로 그에게 잔여 채권의 지급이나 부동산 점유사용 등을 청구할 일체의 권리가 없어진다.

다만 주택 및 상가건물임대차보호법에 의해 주택이나 상가의 임차인(전세 세입자 포함) 중 요건이 구비되어 매각 이후의 새 소유자에 대해서도 대항력이 인정되는 임차권자가 있을 수 있는데, 이런 임차권자가 배당 절차에서 보증금 반환채권액 전액을 회수하지 못한 경우에는 예외적으로 배당에 참여하고도 새 소유자에게 권리를 주장할 수 있다.

한편 아직까지 '부동산경매'라는 용어를 습관적으로 쓰고 있으나 2002년 법령이 개편(민사집행법으로는 일부 개정되어 신법 제정)되면서 '부동산매각'으로 용어가 변경되었다. 그러나 부동산 강제경매신청·경매취하·경매취소·경매개시결정 같은 일부 법률용어가 아직 변경되지 않고 있어 계속 '부동산매각'과 '부동산경매'라는 용어가 혼용되고 있다.

🏠 부동산경매의 주요 매각 조건들

일반매매와 달리 경매에는 특별한 매각조건들이 있다. 그중 주요 매각 조건들은 다음과 같다.

① 매각기일마다 해당 부동산의 최저매각가격을 정해(최초 매각기일에는 보통 감정가액으로, 매각이 이루어지지 않으면 가액을 법원마다 정한 일정 비율로 저감해 그 저감된 가격으로) 매각을 실시하고, 그 최저매각가격 미만으로 입찰한 입찰자에게는 낙찰을 불허한다.

② 응찰자는 최저매각가격의 일정 비율에 해당하는 입찰보증금을 입찰서류와 함께 내야 한다. 입찰보증금은 보통 최저매각가격의 10% 정도다.

③ 경매를 신청한 채권자의 채권액이 1원이라도 회수될 수 있어야 매각 절차를 유효하게 진행할 수 있으며, 채권액이 회수될 가능성이 없으면 경매가 취소되기도 한다.

④ 매각 절차가 종료될 때 부동산상의 모든 담보물권은 소멸되고 (가)압류도 말소되며, 담보물권이나 (가)압류보다 늦게 발생한 권리 등은 소멸·말소되고, 늦은 임차인은 매수인에게 권리를 주장할 수 없는 조건으로 매각된다.

⑤ 일반매매가 소유권이전등기를 완료하는 시점에 소유권을 취득하는 것과 달리 경매는 등기를 하기 전일지라도 매수인이 매각대금을 지급하는 시점에 소유권을 취득한다.

⑥ 매수인은 별도의 소송 절차 없이 매각대금 납부 후 6개월 이내에 인도명령[2]을 신청해 부동산의 인도를 구할 수 있다.

⑦ 농지를 입찰하고자 할 때는 낙찰 시 농지취득자격증명서를 발급받아 제출해야 낙찰허가를 받을 수 있다. 만약 농지취득자격증명서를 제출하지 못하면 낙찰이 불허되고, 대부분 보증금도 돌려받지 못한다.

---

2) 강제 집행 절차에서 집행을 확보하기 위해 재산을 일정한 자에게 내줄 것을 명하는 집행 법원의 결정

⑧ 공유지분 경매의 경우 경매되는 지분 외의 지분권자가 우선매수권
을 행사할 수 있다. 실무적으로 우선매수 신청은 1회로 한정된다.

이밖에도 경매는 일반매매와 다른 점이 더 있다.

① 단순 거래가 매각의 목적인 일반매매와 달리 경매는 채권자의 채
권회수가 궁극적인 목적이다.

② 매수인이 매물을 미리 충분하게 살펴볼 수 있는 환경이 주어지지
않는다.

③ 부동산상에 물리적 하자가 있거나 권리상 하자가 있더라도 그
하자는 입찰자가 감당해야 한다.

④ 법원이 매물에 관한 정보를 제공하기는 하지만, 그 정보가 매우
미흡하기 때문에 입찰자 스스로 나머지 정보를 조사해야 한다.

⑤ 경매는 입찰자가 법률적 지식과 실무능력만 갖추고 있으면 별다
른 사고가 발생하지 않는다. 반면 일반매매는 사기 등의 예측할 수
없는 사고의 위험이 있을 수 있다.

[표 1] 경매와 일반매매의 차이점

비교항목	일반매매	법원경매
1. 매각의 목적	단순 거래	채권자의 채권회수
2. 계약실행 당사자	매도인과 매수인	매도인 측은 법원이 대행
3. 매도인의 의사	매도인 의사에 의해	매도인 의사 무시(단, 일부 경우 제외)
4. 매매계약 방식	수의계약	매수인 측만 입찰(비밀) 경쟁매입

5. 매수대금 수령	매도인이 직접 수령	법원이 대상 채권 변제에 충당(잔액 있으면 매도인에 지급)
6. 거래의 성립	매매계약	매각허가결정
7. 소유권이전등기 신청	매도인, 매수인이 등기소에 직접 신청	매수인이 법원 경매계에 등기촉탁 신청(법원이 등기소에 등기촉탁)
8. 이전등기 위한 구비 요건	허가 지역 토지거래허가 필요	허가 불필요. 단, 농지는 농지취득자격증명서 제출
9. 소유권 취득 시기	이전등기 시	대금납부 시
10. 담보책임	매도담보, 하자담보 책임	하자담보 책임은 없음
11. 부동산 인도	통상 잔금 시 매도자 자발적 인도	• 통상 법적 절차나 협상으로 인도 문제 해결
11-1. 자발적 인도 거절 시	명도소송 거쳐 명도 강제집행	• 간편한 인도명령제도(공매에서는 이러한 혜택 없음)
12. 매수인의 권리인수 문제	부동산상 모든 권리 인수	• 부동산상 권리 중 일정한 권리 소멸 및 말소 • 권리관계의 청산적 작용으로 담보권과 (가)압류 소멸 및 말소. 기타는 권리의 성립 시기에 따라 인수 혹은 소멸, 말소
13. 매도가격의 제한	매매 당시지기 협의한 기걱 외에 다른 어떤 제한도 없음	매도인 의사 무시되는 대신 최저가격 이상이어야 하고, 무잉여가 되지 않을 정도의 가격이어야 함
14. 우선매수청구권 유무	-	공유자 및 건설임대주택, 임차인의 우선매수청구권 있음
15. 매수인의 자격 제한	없음	행위무능력자, 채무자, 대금미납 전 매수인 등
16. 매수인의 매물 관찰	매수인이 원하는 만큼 가능	매수인이 매물을 미리 볼 권한 없음

17. 권리관계 조사	매수인 본인 조사 중개사 책임	법원. 실제로는 본인이 보충조사 해야 하고, 등기부 및 미공시권리 스스로 분석 필수
18. 권리분석 난이도	매도인에게 문제 부분 설명 요구 (향후 문제발생 시 권리하자 책임)	실제 법원의 자료로는 판단 어려움. 본인이 직접 조사분석해야 함
19. 통상 취득가격 수준	시가 수준	시가보다 통상 저렴한 낙찰가
20. 전문가가 유리한 점	일반적으로는 전문가라고 해서 더 유리할 것은 없음	전문가만이 고수익 물건 혜택
21. 사업자의 부가세 부담	부가세 대상 건물 부가세 납부의무	부가세 면제
22. 매매알선 수수료 부담	중개수수료 부담	수수료 없음
23. 불측의 사고 위험성	사기 위험성	불측의 사고 위험성은 없으나 권리 분석 실력을 갖추어야 함

부동산경매의 종류

부동산경매에는 3가지 종류가 있다. 각각 어떤 차이가 있고, 어떤 종류의 경매가 낙찰자에게 유리할까?

우선 채권회수 목적으로 채권자가 신청하여 진행하는 실체적경매와 채권회수 목적이 아닌 특정 부동산의 분쟁해결, 정리 등 단순히 금전환가를 목적으로 하는 형식적경매로 나눌 수 있다. 형식적경매는 민사집행법상으로는 '유치권 등에 의한 경매'(민사집행법 제274조)라고 한다. 우리가 흔히 말하는 일반적인 경매는 실체적경매로, 여기에는 강제경매와 임의경매가 있다.

🏠 강제경매와 임의경매

강제경매

채무자가 약속한 날짜에 빚을 갚지 않아 채권자가 소송 등을 제기하여 법에 호소하면 법원은 채무자로 하여금 채권자에게 이를 변제하라는 판결을 내리고, 그 채권자가 집행문 부여 등의 절차를 거쳐 채무자의 부동산을 강제로 매각해 달라는 경매신청을 하면 법원이 이를 결정함으로써 채무자의 부동산을 압류하고 강제경매 절차를 진행하게 된다.

　개인 간에 법률적 분쟁이 있을 때 어느 한쪽이 채권자라고 해서 채권의 존재를 혼자 확인·판단하고 일방적으로 채권을 회수할 수는 없다. 예컨대 당사자와의 합의 없이 채권의 존부를 확인하거나 채무이행의 명령 등 권리, 의무의 발생을 판정하는 것은 모두 국가기관인 법원의 몫이다.

　강제경매는 빚을 갚으라는 법원의 판결이 있을 때뿐만 아니라 확정된 지급명령, 청구권이 있는 공정증서(公正證書) 등 집행권원[3] 어느 것에 의해서든 신청이 가능하다.

임의경매

임의경매는 저당권 등 담보권이 설정된 채무자가 채무를 변제하지 않을 때 담보물권의 법적효력인 환가가치 지배권에 따라 해당 부동산을 매각하여 현금화한 후, 이로부터 우선변제를 받을 수 있는 물권적(物權的) 권리를 행사하는 것이다. 이때 다시 재판 등을 통한 별도의 집행권원을 구비할 필요 없이 담보물권이 설정되어 있음을 확인할 수 있는 등기부등본을 첨부해 법원에 경매를 신청함으로써 그 절차가 개시된다. 담보권을 실행하여 환가가치에서 후순위 채권자, 소유자보다 우선변제를 받는 매각 절차이므로 '담보권 실행 경매'라고도 한다.

---

3) 국가의 강제력에 의해 실현될 청구권의 존재와 범위를 표시하고 집행력이 부여된 공정증서

강제경매와 임의경매의 같은 점과 다른 점

강제경매와 임의경매는 경매 진행 절차, 예컨대 개시결정, 준비 절차, 입찰, 매각결정, 대금납부, 배당, 인도명령, 소유권이전등기 촉탁 등의 절차에는 차이가 없다. 그러므로 일반적으로 입찰자가 입찰에 참여하는 데 있어서 2가지를 구별하는 것은 별 의미가 없을 듯하다. 다만 강제경매는 경매개시 원인이 법원의 재판 과정이나 이에 준하는 과정을 거친, 소위 집행력 있는 정본 등 집행권원에 의한 것이고, 임의경매는 법원의 개입 없이 채권자와 채무자 간의 합의에 의해 설정한 저당권에 의한 것이라는 차이가 있다.

따라서 강제경매의 경우 집행권원이 사법기관의 검증을 거친 것을 바탕으로 하므로, 이 검증 내용(재판 절차가 확정된 사항)의 실체 관계를 다시 이의신청 대상으로 삼을 수 없고 절차상의 이유에 의해서만 다툴 수 있다. 다만 해당 집행권원의 재판 절차가 끝난 후 발생한 사유로 청구에 관한 이의의 소에 의해 변경된 집행권원에 의한 이의를 제기하는 것은 가능하다.

임의경매의 경우는 사법기관의 검증을 바탕으로 한 것이 아니므로 경매 절차 진행에 대해 실체상의 이유로 이의제기를 하면 사법기관이 개입해서 시시비비를 가릴 여지가 있으며, 이의신청 절차에서 법원이 저당권의 부존재 등 실체상 관계를 판단해 경매 절차를 취소할 수 있다. 우리나라는 등기의 공신력이 인정되지 않는데, 이런 이유로 저당권 설정 자체의 유효성을 검증할 필요가 있다는 것이다.

강제경매와 임의경매는 경매신청 시 매각목록 포함 범위에서도 차이가 있다. 강제경매는 채무자 소유의 재산이면 모두 매각대상에 포함시킬 수 있는 반면, 임의경매는 담보권의 권리효력이 미치는 물건에 한한다.

🏠 형식적경매

형식적경매는 민법, 상법 등 규정에 의해 부동산을 환가해야 할 필요가 있을 때 민사집행법 제274조 규정에 따라 이해관계인 중 일부나 전부가 형식적경매를 신청하여 매각 절차를 진행하는 경매 제도다. 동법 제274조에 규정한 유치권 등에 의한 경매는 유치권자가 채권회수를 목적으로 하는 것으로, 엄밀히 말하면 형식적경매라 할 수 없다.

형식적경매는 공유물분할을 위한 경매가 대부분이다. 공유물분할 목적 경매의 경우 채권회수가 목적이 아니라 단지 환가 후 환가액을 배분하는 것이 목적이다.

[표 2] 부동산경매의 종류 비교

		채권회수 경매		단순 환가 목적 경매
		강제경매	임의경매	형식적경매
근거 법령		민사집행법 제2편 강제 집행편 제24조~ 제263 조	민사집행법 제3편 담보 권 실행 등을 위한 경매 제264조~제268조	민사집행법 제274조 중 민법 등 특별규정에 의 한 경매
경매의 개념	신청 요건	강제집행 권원 획득 후 채무 불이행 시	변제기 후 채무 불이행 시(채권자의 임의적 의 사에 따라 언제나 신청)	당사자가 법률규정과 절 차에 따라
	목적	채무자로부터 채권회수 목적	담보권 설정된 부동산 으로부터 환가된 채권 상당금액 수취 목적	단순 환가 목적
	경매 신청자	집행권원 보유 금전채 권자	담보권자 ((근)저당권, 가 등기담보, 담보권화된 전 세권)	공동소유자 등
	경매 신청 대상	사람(채무자)에 대한 집 행으로 그의 책임 재산 전부가 대상	담보권이 설정되어 있 는 부동산만 경매신청 가능	법적 분쟁이 있는 당해 목적 부동산
	매각 범위	채무자의 책임재산 전 부(부합물, 종물 포함), (가)입류 이후 소유자 변경 시 그 변경된 제3 취득자 재산 포함	담보권 설정된 부동산 만(부합물, 종물은 포 함)	법적 분쟁이 있는 당해 목적 부동산
	매각대금 처리	채무자(소유자)에 대한 (가)압류 채권자가 각 채권액과 배당 순위에 따라 금액을 할당하는 방법으로 채권 변제에 충당(채권을 변제)	매각되는 부동산의 환 가금액을 담보권자들 에게 그 순위에 따라 순 차 할당(각 담보권에 따 른 환가금액 찾아감)	공유자는 매각대금을 공유지분 비율로 배분 하여 대금수납 (지분경매 시 지분 상당 의 환가금 찾아감)

채무 변제 후 취소신청 절차	위 판결을 변경하는 청구이의 소송의 판결로 취소신청 가능(원 소송 사건 계류 중 변론종결 전에 변제한 경우는 청구이의 소 승소 불가 유의)	채무 변제 후 근저당권을 말소한 후 근저당권 소멸 원인으로 경매취소 신청 가능(채권자에게 타 채무가 있을 경우 근저당권의 채권최고액 범위 내 변제로 근저당권 말소를 당연히 해주는 것이 아님에 유의)	채무 변제의 취소와 해당사항 없음
권리 변경에 관한 매각조건	압류 및 강제경매개시결정 이후 권리 발생. 가처분(가압류 포함)은 소멸 및 말소	설정 당시 상황의 담보 가치 회수를 위해 담보권 설정 이후 권리, 가처분 소멸·말소	(가)압류, 담보권 이후 권리, 가처분 소멸·말소

부동산경매의 목적물과 매수인의 취득 범위

부동산 투자를 하려는 사람이라면 기본적으로 토지와 건물의 종류에 대해 한번쯤은 공부할 필요가 있다. 아울러 미등기된 제시 외 건물이 부합물(附合物)이나 종물(從物)에 해당하는지, 그에 따라 취득이 가능한지에 관해서도 정확히 알아두면 매우 유용하다.

🏠 부동산경매의 목적물과 종류

부동산경매 목적물이란?

부동산경매 목적물은 매각 대상인 소유권 등 권리의 목적물인 부동산으로, 토지와 건물 및 기타 정착물을 말한다. 건물은 건축법 규정에 의해 구분된 29개 건축물의 종류별로, 토지는 공간정보의 구축 및 관리 등에 관한 법률 시행령 제58조에 따라 28개로 구분된 지목(토지의 법정용도)의 종류별로 경매가 진행된다. 입목 등 정착물도 경매의 목적물이 될 수 있다. 입목은 입목등기[4]가 되어 있지 않은 경우 토지의 부합물로 취

---

4) 토지에 부착된 수목(樹木)에 대해 그 소유자가 입목에 관한 법률에 따라 소유권 보존 등기를 받는 일

급되며, 미완성된 건축물 역시 토지의 부합물로 경매에 포함된다.

매각에 부처질 부동산에 대한 경매는 그 등기부에 경매개시결정등기를 해야 진행된다. 미등기 부동산은 보존등기가 되지 않으면 경매를 진행할 수 없으므로 먼저 보존등기 신청을 해야 한다.

목적물의 종류

1) 건물의 종류

① 단독주택: 단독주택, 다중주택, 다가구주택

② 공동주택

- 아파트: 층수 5층 이상
- 연립주택: 1동의 바닥면적 660평방미터 초과, 4층 이하
- 다세대주택: 1동의 바닥면적 660평방미터 이하, 4층 이하
- 기숙사

③ 상업용 건물: 상가용 건물은 일정 면적 이상이면 각각 세부 명칭이 별도로 있는 상업시설(소매시장, 위락시설 등)이고, 일정 면적 미만이면 1종 또는 2종 근린생활시설이 된다[예: 1종 근린생활시설이며, 세부항목은 슈퍼마켓(소) 등].

2) 법원이 구분하여 사용하고 있는 상업용 건물의 명칭

건축법에서 정한 건물의 종류를 사용하지 않고 상가건물이 1동 전체의 경매 목적물이면 '근린시설'이라고 하고, 구분상가 건물로 호실이 있는 상가건물이면 '근린상가'라고 한다. 이에 관한 법률상의 근거는 확인할 수 없다.

[표 3] 주요 상업시설 및 근린생활시설

근린생활시설		상업시설	비고 소, 대 기준면적 (㎡)
1종	2종		
○ 슈퍼마켓(소)		◎ 소매시장(시장, 대형백화 점 등)	1,000
○ 종목별 상점 • 식품, 잡화, 의류, 완구 (소) • 건자재, 의약품(소) • 서점(소)	• 서점(대)	◎ 전문상점 • 식품, 잡화, 의류, 완구(대) • 건자재, 의약품(대)	1,000 1,000 1,000
	○ 도매점 의약품	◎도매시장	

○ 서비스업 시설
• 휴게음식점,
  제과점(소)
• 이용, 미용원,
  목욕탕
• 세탁소
	○ 서비스업 시설
	• 휴게음식점, 제과점(대)
	
	• 세탁소(배출시설 설치
	  업소, 세탁 공장 제외)
	• 일반음식점, 기원
	• 사진관, 표구점, 장의
	  사(소)
	• 독서실, 동물병원, 총
	  포사(소)
			300
			
			500
			
			500

	• 단란주점(소) • 안마시술소, 노래연습 장	◎ 위락시설 • 단란주점(대) • 주점(유흥주점) • 카지노, 빠찡고 • 무도장, 무도학원	150

		◎ 운동시설	
	• 테니스장, 볼링장, 당구장, 에어로빅장, 골프연습장 등(소)	• 테니스장, 볼링장, 당구장, 에어로빅장, 골프연습장 등(대)	500
		• 체육관, 운동장(소)	1,000
○ 의료시설(의원급)		◎ 의료시설(병원급)	
	○ 제조업소,수리점(소)	◎ 공장	500
	○ 일반업무시설(소)	◎ 일반업무시설(대) • 오피스텔 포함	500
	○ 공연장(소)	◎ 문화집회시설 • 공연장(대) • 집회장, 관람장, 전시장 등	300
	○ 학원, 직업훈련소(소)	◎ 교육연구시설 • 학원, 직업훈련소(대) • 학교 등	500
	○ 지역아동센터	◎ 노유자 시설	
	○ 종교집회장(소)	◎ 종교시설(대)	300
		◎ 숙박시설 ◎ 창고시설 ◎ 관광휴게시설 ◎ 자동차관련시설 ◎ 위험물저장처리시설 ◎ 동식물관련시설 ◎ 장례식장 ◎ 묘지관련시설 ◎ 자원순환관련시설 ◎ 운수시설 ◎ 수련시설 ◎ 야영장시설	
○ 지역방송국(소)		◎ 발전시설, 방송통신시설	1,000
○ 공공업무시설(소)		◎ 공공업무시설(대)	1,000

3) 토지의 종류

토지대장 등 공부(公簿)상 토지의 용도를 말하는 지목과 현황상 토지의 용도는 다른 경우가 많다. 예를 들어 지목은 전(田), 임야, 대지나 실제 도로로 사용되고 있고 건축법상 도로 지정 동의절차를 거친 토지는 사실상 도로로 보아야 하고, 지목상 대지이나 일정기간 이상 농사를 짓고 있는 토지는 농지로 보아야 한다.

모든 지목이 경매에 나올 수 있는데, 그중 임야와 농지가 가장 많다. 농지는 전, 답, 과수원 3가지 지목을 통칭하여 부르는 용어다.

지목은 다음과 같이 28가지인데, 각각의 지목은 다 매각이 가능하다.

① 전: 농지

② 답: 농지

③ 과수원: 농지

④ 목장용지: 농지 아님

⑤ 임야

⑥ 염전

⑦ 광천지: 지하수, 온천, 유전 용출구

⑧ 대

⑨ 공장용지

⑩ 학교용지

⑪ 주차장

⑫ 주유소 용지

⑬ 창고용지

⑭ 도로

⑮ 철도용지

⑯ 제빙

⑰ 하천

⑱ 구거

⑲ 유지

⑳ 양어장

㉑ 수도용지

㉒ 공원

㉓ 체육용지

㉔ 유원지

㉕ 종교용지

㉖ 사적지

㉗ 묘지

㉘ 잡종지

🏠 목적물에 입찰 시 유의사항

입찰 시 상세한 물건분석이 필요하지만 1차적으로 다음 유의사항을 검토해야 한다. 상세한 분석은 별도의 장에서 다루기로 한다.

토지 입찰 시 유의사항

28개 지목 중 농지인 전, 답, 과수원 입찰 시 해당 농지가 도시 외 지역이나 도시의 녹지 지역에 있는 경우라면 농지법 규정에 의해 매수인이 농지취득자격증명서를 발급받아 제출해야 한다. 이는 입찰자가 농지를 취득할 자격이 있는지를 알아보기 위함이다. 농지취득자격증명서를 제출하지 못하면 매각이 불허되는데, 이때 대부분의 법원에서는 입찰 시 납부한 입찰보증금을 몰수한다. 따라서 사전에 농지취득자격증명서가 나올 수 있는지를 알아보고 입찰에 임해야 한다.

또 농지를 낙찰받은 후 개발 계획에 맞게 용도 변경을 할 수 있는지에 관해서도 사전에 확인·분석해봐야 한다. 이는 임야도 마찬가지다. 일반주택이나 상가건물을 지을 수 있는 농지나 임야가 맞는지는 관할 관공서에 문의하면 확인할 수 있다.

건물 입찰 시 유의사항

건물 입찰을 하기 위해서는 사전에 해당 건물이 건축법 위반사항, 즉 불법 증축, 불법 용도 변경 등을 하지는 않았는지, 사용검사를 받았는지 등을 확인해야 한다. 불법 증축이나 용도 변경을 했다면 쉽게 해결할 수 있는 경우인지, 엄청난 비용이나 손실이 따르지는 않는지 등도 확인해야 한다. 또한 증축을 한 부분을 매수인이 취득할 수 있는지에 대해서도 정확하게 분석할 수 있어야 한다.

🏠 제시 외 건물 등의 매수인 취득 여부

제시 외 건물이란?

건물 경매는 등기된 건물의 등기부상에 경매개시의 기입등기를 함으로써 그 건물에 한하여 매각된다. 이때 등기된 건물 외에 그와 함께 증축했거나 같은 대지 안에 그 건물과 연관이 있는 건물이나 별개의 건물이 있을 경우, 등기된 건물 외의 다른 건물은 모두 '제시 외 건물'이다. 등기된 건물이라 해도 채무자의 소유가 아닌 건물이면, 이 또한 제시 외 건물이라고 한다.

그렇다면 등기된 건물 외에 채무자 소유의 미등기 제시 외 건물이 있다면 이 제시 외 건물은 입찰에 포함될까, 제외될까? 일정한 기준에 의해 입찰에 포함되기도 하고 제외되기도 한다.

법원경매 기록상 제시 외 건물의 매각포함 여부 문제

부합물, 종물의 법리적 판단에 의해 제시 외 건물을 반드시 매각에 포함한다든지, 아니면 매각에서 제외한다든지를 경매 기록에 정확하게 표시하고 있는 것은 아니다. 그 기록이 잘못된 경우도 상당히 많다.

법원경매를 진행하는 부서에서 매각포함인데도 매각제외라고 표시하는 경우도 간혹 있는데, 법리적 판단은 잘못됐을지라도 실제로는 취득 가능한 경우라면 부동산을 저가로 취득할 기회가 될 수 있고, 당사자끼리 분쟁이 있으면 소송을 통해 재판부에서 매각포함 여부를 제대로 판단할 것이다. 따라서 입찰자 스스로 제시 외 건물이 경매에 포함되는지에 관해 판단할 법률지식을 갖추는 것이 경쟁력이다.

🏠 부합물과 종물은 매각 범위에 포함

부합물

소유자가 부합했거나 타인이 권원(權原)[5] 없이 부합한 부분은 매각에 포함된다.

1) 건물에 부합

증축된 부분만을 보았을 때 개별적 독립성이 없을 경우와 증축된 부분이 미완성일 경우에는 기존 건물에 부합하는 것으로 보아 매각에 포함된다.

- 건물의 증축

  증축한 부분의 독립성 등에 의해 취득범위 포함 여부 결정된다(94다53006).

- 건물의 기능, 효용을 높이기 위한 시설 설치

  공조, 냉난방, 차광, 내부방송, 통신시설 등은 건물에 부합한다.

- 주 건물의 종물로 인정되는 건물(2007다36933)의 예

  • 주택에 부속하는 창고, 옥외화장실, 보일러실 등의 제시외 건물

  • 외관상 독립성 건물로 보여도 주 건물의 용도에 필요한 부속시설의 건물

- 법정지상권 있는 건물만 경매로 취득 시 법정지상권이라는 종된 권리를 함께 취득한다.

---

5) 어떤 법률 행위나 사실 행위를 하는 것을 정당화하는 법률상의 권리의 원천

> **민법 제100조**(주물, 종물)
> ① 물건의 소유자가 그 물건의 상용에 공하기 위하여 자기 소유인
> 다른 물건을 이에 부속하게 한 때에는 그 부속물은 종물이다.
> ② 종물은 주물의 처분에 따른다.

> **민법 제256조**(부동산에의 부합)
> 부동산의 소유자는 그 부동산에 부합한 물건의 소유권을 취득한
> 다. 그러나 타인의 권원에 의하여 부속된 것은 그러하지 아니한다.

2) 토지에 부합

토지상 미완성 건물이나 건물이 아닌 공작물,[6] 수목 중 입목등기가
되어 있지 않거나 명인방법[7]으로 소유관계를 공시(公示)하지 않은 수목
은 토지에 부합된 것으로 보아 토지매각에 포함된다. 경작물의 경우 수
확 시까지 기다려주어야 하는 특례가 있다.

 - 토지 소유자 또는 권원 없이 타인이 심은 수목은 토지의 부합물이
   다(2020다266375).

 ex) 입목등기나 명인방법에 의해 소유자임이 드러나지 않는 수목은
   설령 권원에 의한 식재를 주상해노 인성 불가.

   • 타인이 권원을 가지고 명인방법으로 소유를 공시한 수목은 부합
   물은 아니지만 법정지상권은 인정하지 않음

   • 농작물의 특례

 - 토지에 구축된 시설물, 지하 매설시설의 경우

---

6) 도로, 연못, 교량, 광고탑, 전주, 기념비, 고압전선, 지하철, 터널, 우물 등
7) 토지 위에서 자라고 있는 나무나 그 나무에 딸린 과실 또는 채소나 논에 세워 둔 벼 따위를 토지의 소
 유권과는 별도로 거래하는 데에 이용하는 공시 방법

유류저장 탱크나 주유기와 같이 토지에 부합하거나 건물의 사용
목적에 따른 상용에 제공하기 위해 부속시킨 종물은 매각범위에
포함된다(2000마5527).

- 미완성건물의 경우

지상에 별개의 건물이라는 부동산에 이르지 못한 미완성건물은 토
지에 부합한다.

- 건물의 완성 기준(94다53006): 주벽이 설치되고 지붕이 덮여 있기만
  하면 내부가 미완성이거나 외부 마감이 되지 않아도 완성된 건물
  로 본다.
- 이동식 건물, 비닐하우스 경우는 건물이 아니다.

종물

본 건물을 사용하기 위해 소유자가 본 건물에 부속하도록 소유자 소유
의 다른 건물, 시설 등을 지었을 때 그 부속물은 종물로서 매각에 포함
된다. 예컨대 등기된 단독주택 부지 내에 미등기된 외부 화장실 건물이
있다면 그 건물 부분은 종물로, 매각에 포함되는 제시 외 건물이다.

가격상승 시기의 인기 아파트는 저가취득 불가

바닥에서 반등을 시작한 인천 송도아파트 입찰사례

경매의 기초지식 정도를 배운 인천 거주 J씨는 실거주 및 투자목적으로 수차례에 걸쳐 인천의 인기 아파트에 응찰했는데 매번 인기에 비례해 경쟁률도 높고 낙찰가도 시세에 육박할 정도인 것을 보고도 미련을 버리지 못해 계속 이러한 입찰활동을 이어가고 있다.

이번에도 송도의 전용면적이 85㎡이고 24층 중 4층 아파트에 입찰했는데 로얄층이 아니어서 파악한 시세(2021년 11월에 8억5천만 원까지 갔다가 현재는 4층 기준 5억3천만 원 정도)보다 5천만 원 정도 낮게 들어갔다. 결과는 17명의 경쟁 끝에 오히려 시세보다 높은 5억5천만 원에 매각돼 실망하는 J씨에게 조언을 해주었다.

시세가 바닥에서 반등하여 상승 추세로 돌아섰고 선호도가 높아 누구나 탐내는 아파트는 경매로 싸게 살 수 없다. 불과 4개월 전처럼 시세가 계속 하락하고 있을 때는 경매로 하락한 시세 대비 대략 15% 내외 차이로 싸게 낙찰받을 수 있었다.

경매시장은 일반 매매시장보다도 더 부동산경기에 민감하기때문에 가격하락 시에는 투자심리도 위축되어 입찰 경쟁률도 현저히 낮아지고 낙찰가도 떨어진 시세보다도 더 낮게 받을 수 있는 경우가 많다.

가격이 반등하기 시작하면 투자심리도 살아나므로 비교적 선호도가 높은 아파트를 싸게 낙찰받을 것을 기대하고 입찰에 뛰어드는 것은 무모하

고 낭비적이다. 이런 시기에는 선호도는 좀 떨어지더라도 취득 후 쉽게 팔릴 수 있는 부동산, 예컨대 단지 규모가 적고 저층이고 그 중 1층이나 최상층에 향이나 여러 조건이 떨어지는 물건에 응찰하면 경쟁률도 낮을 것이고, 시세보다 어느정도 싸게 입찰에 성공할 수 있을 것이다.

좋은 아파트를 시세보다 결코 싸지 않게 사는 것과 등급이 좀 떨어지는 물건을 그에 상응하는 시세보다 싸게 사는 것 중 어느 것을 선택할 것인가? J씨는 여러차례 시행착오를 겪은 끝에 결국 조언을 받아들여 실속있는 경매를 하기로 했다.

인근지역 유사 상가의 평수 크기에 따른 낙찰가율 차이
인천 남동구 논현동 상가 경매물건 중

한 층을 거의 다 차지하고 있는 전용 156평 상가 2014타경 7003(1)는 모 법인이 단독입찰로 333,160,000원(평당 213만 원)에 낙찰받은 반면, 유사지역 유사한 상가의 단지 면적이 약 40평으로 그보다 작은 교육연구시설 상가 2014타경 26660(1)는 경매에서 8명이 경합하여 208,899,000원(평당 520만 원)에 낙찰되었다.

일반적으로 부동산경매에서 규모가 큰 물건은 평당으로 환산했을 때 낮은 금액으로 취득이 가능한데 특히 상가건물의 경우 일반적으로 그런 현상이 두드러지는 경향이 크다. 큰 평수의 물건를 여러사람이 자금을 합하여 공동으로 취득한 다음 면적분할을 하면 저가취득의 기회를 살릴 수 있을 것으로 생각된다.

경매 절차 관련자들과 그들의 역할

경매 참여 시 경매와 관련된 이해관계자들이 누릴 수 있는 권리를 알고, 그들의 입장을 이용하면서 설득해 도움을 받을 수 있다면 큰 힘이 될 것이다.

🏠 경매 이해관계인과 그들의 권한

경매 절차와 관련하여 해당 부동산에 이해관계가 있는 사람들은 경매로 인해 큰 영향을 받을 수 있다. 그래서 경매 절차가 진행되는 동안 그들에게는 이의신청권, 매각조건변경 합의권, 기일이나 신청이 접수된 사실을 통지받을 권리, 경매 기록 서류 열람신청권 등의 각종 권한이 주어진다. 그들의 권리를 보호하기 위한 장치들이다.

이해관계인의 범위
경매 이해관계인에는 압류 채권자, 배당요구 채권자, 채무자 및 소유자, 등기부상 권리자, 기타 부동산상 권리자(물권과 대항력 있는 채권자)로 권리신고한 자 등이 있다. 그중 등기부상 권리자로는 전세권자, 저당권자, 임차권등기자, 차지권자, 지상권자, 지역권자, 환매권자 등이 있고, 기타 부동산상 권리자로는 유치권자, 대항력 요건을 구비한 임차권자 등이 있다.

제3취득자도 이해관계인에 해당하지만 가압류나 가처분한 채권자는 이해관계인에 해당하지 않는다.

이해관계인이 경매 절차에서 누릴 수 있는 혜택

1) 경매개시결정이나 집행에 관한 이의신청권, 매각허가 등 즉시항고권

2) 부동산에 대한 침해방지를 위한 신청권

3) 배당 절차에 관한 권한

   ① 배당요구 신청 권리

   ② 배당요구 신청을 하면 배당에 관하여 법원으로부터 통지받을 권리

   ③ 배당기일을 통지받을 권리

   ④ 배당기일 의견진술 및 배당합의권

4) 매각기일을 통지받을 권리

5) 경매 관련 서류의 열람, 복사 신청권

일반 응찰자에게는 공개하지 않는 채권자들의 권리신고서 등 경매와 관련된 일체 서류의 열람을 신청할 수 있다. 이해관계인만 볼 수 있는 경매 기록 일체의 서류에는 일반에 공개되는 1쪽 분량의 매각물건명세서에는 나타나지 않는 중요한 권리분석의 단서가 담겨 있기도 해서 형평성 논란이 일고 있는데, 이런 법원 내부의 경매 기록 서류를 볼 수 있다면 매우 유리한 상황에서 입찰에 임할 수 있을 것이다.

입찰자가 알아야 할 경매 절차

경매에 입찰하고자 한다면 경매 진행 절차 전 과정중 특히 입찰자에게 필요한 부분에 대해 알고 정해진 기간 안에 필요한 신청, 이의, 신고, 요구 등을 해야 권리를 보호받을 수 있다.

입찰기일 전까지의 경매 절차

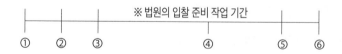

① (채권자의) 경매신청

② (법원의) 경매개시결정: 경매신청 후 신속히 결정(보통 1, 2일 내)

③ (법원의) 경매개시결정의 부동산등기부 등기

경매개시결정 후 즉시(보통 1일 이내) 부동산등기부의 갑구에 '경매개시결정'이라고 등기한다. 흔히 말하는 기입등기일은 등기 접수일이다.

'압류 및 경매개시결정'이라는 결정문에 의해 경매기입등기일부터 압류의 효력이 발생한다. 기입등기일 이후 발생하는 권리나 등기는 경매 절차 종료 시 소멸·말소되며, 이후 발생한 세입자의 임차권리는 매수인에 대항력이 없게 된다.

④ 배당요구 종기일(마감일)

배당요구 대상 채권자(세금, 임금, 임차인 등)가 매각 절차에서 배당을 받기 위해 배당요구를 할 수 있는 마감일이다. 마감일 이후 배당요구를 하는 경우에는 배당요구 효력이 없으므로 배당을 받을 수 없다. 기입등기일로부터 통상 2~3개월 내에 기일을 정한다.

⑤ 경매공고일

경매개시결정을 한 부동산 중 법원의 입찰 준비 작업이 종료된 물건을 취합해 인터넷 '법원경매정보' 사이트에 매각공고를 하고 일간신문에도 공고한다. 매각공고는 매각기일 14일 전에 한다. 인터넷은 당일 매각되는 모든 부동산을, 신문공고는 이 중 종전 입찰기일에 매각되지 않아 다시 경매로 나온 물건을 제외한 신규물건만 공고한다.

※ ③~⑤ 법원의 입찰 준비 작업 기간

- 부동산 현황 조사: 집행관을 통해 매각부동산의 부동산 현황(특히 공부현황과 불일치할 경우 실제 현황)과 점유자의 점유권원, 권리관계 내용 같은 점유현황 등 조사
- 점유자 등에게 권리 내용을 신고하도록 알림(구두, 안내문 게시)
- 해당 부동산 주민등록 전입자의 주민등록등본을 발급받아 보관
- 세무서 등이나 등기부상 권리자에게 권리 행사 및 권리관계를 신고하고 배당요구를 하도록 안내문 발송

- 권리신고, 배당요구서, 부동산현황 조사보고서 등을 종합하여 '매각물건명세서' 작성·비치

⑤ 첫 입찰기일

경매 공고일로부터 약 14일 후 첫 입찰기일이 지정된다. 첫 입찰기일은 통상 감정가를 최저경매가로 하여 경매가 진행된다. 그런데 이때 유찰, 즉 입찰 결과 낙찰이 결정되지 않는 경우가 많다. 유찰이 되면 약 1개월 후 최저경매가를 낮추어 새로이 경매를 진행한다.

🏠 입찰기일 전후와 입찰 후의 경매 절차

입찰자는 충분한 기간 동안 경매정보를 입수·조사하여 입찰 결정을 할 수 있도록 입찰기일을 멀리 남겨놓고 작업을 시작해야 한다.

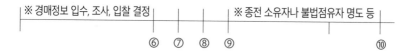

⑥ 입찰기일

입찰기일 당시 즉석에서 최고가 매수신고인으로 낙찰자 선정, 결정

⑦ 매각허가결정기일(입찰기일로부터 7일)

최고가 매수신고인으로 선정, 결정되어도 그로부터 7일 후에야 정식으로 매각허가 또는 불허가 결정이 내려진다. 매각허가 결정이 내려져야 최고가 매수신고인은 비로소 매수인이 되는 것이다. 매각허가결정에 이의 제기, 즉 항고를 하려면 그 결정기일 전까지

해야 한다.

⑧ 매각허가확정기일(매각허가결정기일로부터 7일)

매각허가결정에 대해 항고(7일 내에 가능)가 없을 경우 매각허가결정기일로부터 7일이 되는 날 매각허가가 확정된다. 만일 항고가 있으면 항고 결과가 나올 때까지 경매 절차가 중단된다.

⑨ 대금납부기한

대금납부 '기일'이 아니고 '기한'이므로, 그 기한 내에 대금을 미리 납부할 수 있다. 채무자가 채무를 변제하여 경매를 취소시키고 싶을 만큼 저가로 취득한 물건의 경우는 특히 서둘러서 대금을 납부해야 할 것이다. 대금납부기한은 대략 매각허가확정기일로부터 1개월 내외로 결정된다.

⑩ 배당기일

대금이 납부되면 대금납부기한일로부터 대략 1개월 내에 배당기일을 정해 매각대금을 채권자들에게 배분하는 절차를 밟는다. 이때 물건번호가 있는 경매물건은 배당기일이 불규칙하게 많이 지연되기도 한다.

만약 이의가 있다면 배당기일에 해당 사건의 배당안을 읊을 때 구두로라도 배당이의를 제기해야 한다. 그렇지 않으면 배당은 그대로 확정된다.

※ 종전 소유자나 불법점유자 명도 등

대금을 납부하고 나면 비로소 경매 부동산의 소유권자가 되면서 부동산상 불법점유자가 된 종전의 소유자나 임차인 중 매수인에게 대항력이 없는 임차인, 유치권 등이 인정되지 않는 불법점유자를 내보낼 수 있게 된다. 그런데 이 중 종전 소유자나 서류 외관상 대항력이 없는 임차인, 기입등기 이후 점유자들은 '인도명령'이라는 신속한 법 절차를 통해 소송 없이 내보낼 수 있으나, 서류 외관상 불법점유자로 확정지을 수 없는 점유자, 예컨대 유치권 주장자 등이 있을 경우에는 '명도소송'이라는 번거로운 절차를 거쳐야 한다. 인도명령에 대해서는 1부 2장의 〈매수 후 불법점유자 내보내기〉(본문 77쪽)에서 자세히 설명하기로 한다.

입찰 골든타임을 놓치지 마라!

김포의 두 아파트 경매사례 비교

김포 풍무동의 입찰 당시 시세가 3억1천만 원 정도인 32평형 아파트가 최저기준가가 283,500,000원로 저감된 2차 기일에 아무도 입찰에 참여하지 않아 유찰되었다가 약 1달 후 3차 입찰기일에서 무려 52명이 입찰에 참여하여 시세에 근접한 303,750,000원에 낙찰되었다. 한 달 전에 누구라도 입찰에 참여했다면 경쟁자 없이 2억8천만 원 대로 시세보다 다소 싸게 살 수 있었다.

한편 김포 고촌의 전용면적 46평 아파트는 입찰 당시 시세가 8억3천만 원인데 최저기준가 1,031,000,000원인 1차 기일에 유찰된 후 2차 기일에 1명이 단독으로 응찰하여 최저기준가인 721,700,000에서 1원도 추가하지 않고 그 금액 그대로 낙찰받았다. 큰 평형의 아파트는 입찰 경쟁률이 다소 낮은 편이기는 하지만 시세보다 1억여 원이나 싸게 낙찰받을 수 있었다. 만약에 2차 기일에 아무도 입찰에 참여하지 않아 유찰되었다면 3차 기일에는 치열한 경쟁 끝에 결국 최고입찰가는 2차 기일의 최저기준가를 훨씬 초과하였을 것이다.

2차 기준가가 시세보다 어느 정도 낮을 경우 더 싸게 살 마음에 다음 기일을 노리는 욕심을 버리고 그 2차 기일에 최저기준가 수준으로 입찰을 해볼 필요가 있다. 2차 기일에도 경쟁자가 있어 낙찰에 성공하지 못할 수 있고, 그럴 가능성이 오히려 높더라도 끈기있게 계속 입찰가를 낮게 하여 응찰하다 보면 그 낮은 입찰가로 낙찰에 성공하는 수가 있다.

위와 같은 사례로 인천 남동구의 한 아파트는 2023년 6월 7일 2차에서 최저기준가 4억9천만 원에 유찰되더니 7월 10일 3차에서 25명이 경쟁하여 5억1천만 원에 낙찰받아 종전 최저기준가를 2,000만 원 초과하는 등 많은 사례를 볼 수 있다.

2장

입찰 전 경매정보 입수부터 낙찰 후 부동산 인도까지

• • •

경매로 나온 물건 중 관심을 가질 만한 물건을 선정하기 위해서는 1차적으로 분석 하여야 하는데 이때 민간 경매정보를 활용해야 한다. 따라서 이를 어떻게 얻을 수 있으며, 얻은 정보를 어떻게 활용할 것인지가 매우 중요하다.

우선 입찰 후보 물건에 대한 부동산 현황과 점유관계 등을 알아보기 위해 현장에 직접 가 보는 임장활동을 거쳐 입찰할 물건을 최종 선정한다. 이후 입찰에 대비해 준비하고 입찰표를 작성해야 하는데, 입찰표는 무효 처리되는 일이 없도록 꼼꼼하게 작성해야 하고, 입찰 방법 또한 빈틈없이 익혀야만 값비싼 수업료를 지불하지 않을 수 있다.

낙찰받은 후에도 방심해서는 안 된다. 낙찰 후 낙찰자는 임차인 등 불법점유자를 해당 물건에서 내보내야 하는데, 이는 어쩌면 낙찰자에게 가장 어려운 일일 수도 있다. 이때 어떻게 하면 이들을 쉽고 빠르게 내보낼 수 있을까? 가장 좋은 방법은 신속하게 인도명령 신청 등 법적절차를 밟는 것이다. 그리고 이후 대화를 통해 현명하게 문제를 해결해가는 것이 지름길이다.

• • •

입찰 전 경매정보 입수부터 낙찰 후 부동산 인도까지

경매정보 입수 및 경매정보 활용법

경매정보는 우선 법원 인터넷 사이트 법원경매정보를 통해 얻을 수 있다. 법원경매정보에서는 매각공고 후 매각할 부동산에 관한 부동산 현황, 점유관계, 권리관계 등을 경매사건에 관한 기록과 함께 제공하고 있다. 하지만 실제 경매 참여자들은 이보다 비싼 비용을 지불하면서까지 민간 사설정보 제공업체에서 제공하는 자료를 주로 이용한다.

경매정보 입수 방법

민간 경매정보 제공업체에서 정보를 제공받기 위해서는 인터넷을 검색해보면 된다. 많은 업체들 중 장단점을 비교한 후 자신에게 맞는 경매정보 제공업체를 선택하면 된다. 비용을 지불하면 회원가입을 할 수 있고, 이후 손쉽게 경매정보를 얻을 수 있다.

검색화면에서 희망하는 조건의 물건을 검색하면 해당 목록이 나타나는데, 목록에 있는 각각의 물건을 클릭하면 각 물건에 관해 서면으로 제공되는 모든 정보가 나타난다. 한 면에 담겨 있어 그 정보만으로도 부동산에 관한 개략적 분석을 할 수 있다.

경매 관련 사이트

대법원경매정보 www.courtauction.go.kr 매각공고, 경매물건 검색, 매각통계 등 기본 정보를 한눈에 볼수 있다.

대법원 인터넷 등기소 www.iros.go.kr 간편하게 인터넷을 통해 등기부등본을 열람할 수 있다.

국토교통부 실거래가 공개시스템 http://rt.molit.go.kr 아파트 실거래가, 단독주택 및 공동주택의 가격을 한눈에 볼 수 있다. 주택거래신고지역, 투기과열지구 등에 관련된 정보도 볼 수 있다.

토지이용 규제정보서비스 luris.molit.go.kr 토지의 현황과 목적, 지목과 용도를 알아볼 수 있다.

한국주택금융공사 www.hf.go.kr 주택금융 신용보증 및 주택담보 노후연금 보증업무를 주로 한다.

한국토지주택공사 www.lh.or.kr 아파트 분양 정보, 입주 자격, 분양 안내와 절차, 인터넷 청약 시스템이 구축되어 있다.

온비드 www.onbid.co.kr 한국자산관리공사가 운영, 관리하는 사이트로 공매 정보와 함께 온라인 입찰을 할 수 있다.

보금자리주택 www.newplus.go.kr 정부 혹은 무주택 서민을 위해 중소형 분양주택과 임대주택을 공급하는 곳이다. 내 집 마련이나 전세금을 구하고자 하는 사람이면 유익하게 활용할 수 있다.

씨:리얼 seereal.lh.or.kr 한국토지주택공사에서 운영하는 부동산 정보 포털 서비스로, 인구와 주택 정보, 통계 정보, 생활 정보와 정책 정보를 뷰 콘텐츠와 함께 제공한다.

산지정보 시스템 www.forest.go.kr 임야의 구분 현황, 용도별 현황, 경사도, 표고(기준면으로부터 수직 높이), 형질, 지형 등의 정보와 산지 이용 계획을 알 수 있다.

국토교통부 국토정보 앱 현장 검증 시 유익한 앱으로 스마트 국토정보의 모든 메뉴를 볼 수 있다. 검색을 통해 원하는 곳의 부동산 정보, 내 위치 정보, 지적도, 항공사진 등을 제공받을 수 있다.

🏠 매각 부동산별 경매정보

사건개요

사건번호/경매종류/채권자, 채무자(소유자)/관련사건 내역/기입등기일/배당요구 종기일/첫 입찰기일, 회차별 입찰기일과 기일결과/감정가, 최저매각가

매각물건 현황

부동산의 표시/부동산 현황/각 부동산별 감정평가액/입지정보

권리관계에 관한 정보

① 등기부상 권리와 등기내용: 점유자, 점유자의 권원
② 임대차에 관한 정보: 임대차 기간, 점유개시일, 전입일, 확정일자일, 배당요구일, 보증금과 차임,[8] 점유 부분

법원경매정보 사이트와 민간 정보업체 사이트는 모두 법원, 소재지, 부동산 종류, 유찰 횟수, 가격대, 기간 등의 조건으로 검색하면 현재 진행되고 있는 경매물건 중 조건에 맞는 불건 복복(목록의 표시, 항목, 사건번호, 소재지, 부동산 내역, 감정가, 최저매각가 등)이 표시된다. 민간 경매정보 업체의 경우 그 목록을 클릭했을 때 위에서 말한 사건개요, 매각물건 현황, 권리관계에 관한 정보가 모두 나타나는 반면, 법원경매정보는 위의 3가지 항목 중 일부만 나타나고, 그 일부마저도 한 번의 클릭으로 끝나

---

8) 임대차에 있어서 임차물 사용의 대가로 지급하는 금전 또는 그 밖의 물건을 말한다. 토지의 경우에는 '지대', 가옥의 경우에는 '가임'이라 하나 민법에서는 지상권의 경우에는 '지료', 임대차에 있어서는 '차임'이라는 용어를 사용한다.

지 않고 여러 항목을 각각 클릭하고 다시 전 단계로 돌아가 다른 내용을 조회하도록 프로그램되어 있어서 이용하기 매우 불편한 것이 사실이다. 그러다보니 경매 경험자들은 대부분 민간 경매정보 업체의 정보를 이용하는 경우가 많다. 또한 법원경매정보 사이트에서는 등기부의 권리, 등기의 내용을 확인할 수 있는 등기부 내역을 제공하지 않고 있어, 이 또한 경매정보로서는 매우 아쉬운 점이다.

[표 4] 법원 및 민간 경매정보 제공업체 비교

	민간 정보업체의 경매정보	법원의 경매정보
목록에서 관심물건을 클릭해 나타나는 물건의 정보 표시사항	1면에 사건개요, 매각물건 현황, 권리관계에 관한 정보 등 모든 정보가 표시	• 권리관계에 관한 정보 중 등기부 권리, 등기의 정보가 없음 • 클릭 후 나타나는 '물건상세검색'란에는 물건의 상세내역, 면적 등이 없어 '물건 상세조회'를 다시 클릭했다 내용을 확인한 후 다시 이전 화면으로 돌아와야 함 • 점유자, 점유 관련 권리내역 표시가 없어 '매각물건명세서'를 클릭했다가 다시 전 화면으로 돌아와야 함
매각물건 현황	일괄 경매 시 각 부동산 물건별 현황과 감정평가액, 입지정보 함께 표시	좌측 정보 알려면 '물건상세조회'와 '감정평가서'를 각각 확인 후 일일이 연결시켜 봐야 함
부수적 정보	실거래가, 인근 부동산의 낙찰 사례, 현장조사 후 제공하는 정보와 등기부 등을 그대로 열람 가능	좌측에 부수적 정보 없음

🏠 민간 경매정보 보는 법

그만큼 이용 빈도가 높은 민간 경매정보 자료는 어떻게 봐야 할까? 보다 효율적으로 경매에 참여하기 위해 민간 경매정보를 활용하는 방법에 대해 알아보자.

희망물건의 목록 불러내기

검색조건으로 소재지, 물건 종류, 금액, 면적 등 원하는 조건을 선택하고, 입찰기간을 정한 후 검색을 하면 각 조건에 해당하는 경매 예정물건의 목록이 표시된다.

검색조건은 정보업체마다 다소 차이가 있으나 대개는 다음과 같다.

① 진행물건/매각된 물건/취소, 취하 등 필요한 여러 조건을 선택하여 그 조건에 해당하는 물건을 볼 수 있으며, 주로 현재 진행되고 있는 물건을 검색한다.

② 법원별/경매계별

③ 감정가의 범위 선택

④ 최저경매가의 범위 선택

⑤ 유찰 횟수

⑥ 물건의 종류 선택(복수 선택, 전체 선택 가능)

⑦ 건물과 토지의 면적 범위를 선택

⑧ 소재지

⑨ 경매의 종류

⑩ 특수물건의 종류

출처: 굿옥션(www.goodauction.com)

목록 중 관심물건에 관한 종합 경매정보 보는 법

소재지, 부동산 종류, 면적, 감정가, 최저경매가만 표시된 목록만 가지고는 그 물건의 입찰 여부를 결정할 수 없으므로 목록 중 관심이 가는 물건을 압축한 후 선정한 물건을 일일이 클릭해 종합경매정보 사항을 띄워놓고 구체적으로 살펴본다. 살펴볼 내용은 다음과 같다.

1) 매각 부동산의 서류상 내역과 현황 확인하기

부동산등기부, 건축물대장, 토지대장 등에 미등기된 부분이 있는지, 미등기된 건물을 취득할 수 있는지, 건축법상 불법건물이 있지는 않은지를 자세히 파악해야 한다. 참고로 이렇게 인수한 서류상의 정보만을 가지고 최종 판단을 내려서는 안 된다. 위 현황은 자료상 현황일 뿐이고 임장활동[9]을 통해 실제 현황을 꼼꼼히 확인해야 한다. 건물은 실제 노후도와 상태, 토지는 입체적 토지 상태로 공법상 규제를 확인해 개발가치를 따져봐야 한다.

2) 등기부 내역에서 등기상의 권리, 등기 분석하기

종합경매정보에 모여 있는 정보 중 등기부상 권리와 등기가 일자별

---

9) 부동산의 이용 실태를 알아보기 위해 부동산이 있는 현장에 직접 가보는 활동

로 정리된 내역표를 보고 1차적으로 인수 또는 소멸·말소에 대해 판단한다.

표면적으로 인수되는 권리나 등기가 있는 경우에는 종합경매정보 면을 보다 면밀히 살필 필요가 있다. 종합경매정보 면에 있는 '등기부' 메뉴를 클릭해 등기부를 불러내 권리나 등기의 원인 등 권리관계를 좀 더 상세하게 살피고 권리분석을 해야 하는 것이다. 여기서도 자료상의 권리분석으로 끝나서는 안 되고, 임장활동을 통해 점유관계 등을 조사해 종합적으로 권리분석을 해야 한다.

3) 임대차 현황 자료로 임대차 분석과 점유자 관련 권리분석

임대차 현황 부분에 나오는 전입일자(상가건물은 사업자등록 일자)와 등기부(토지, 건물이 별도로 있는 경우는 건물 등기부)상의 근저당권, 가압류, 압류 등기 중 가장 빠른 등기를 비교해 1차적으로 매수인이 인수해야 할 임차인이 있는지 파악한다.

그런데 이 1차적 분석에서 매수인이 인수하지 않아도 되는 임차인은 그대로 인수하지 않는 임대차로 확정해도 좋으나 1차적으로 파악된 인수 대상 임대차에 대해서는 좀 더 자세히 확인해봐야 한다.

'매각물건명세서' 메뉴에서 이를 불러내 점유자의 점유권원, 점유 부분, 임대차 기간, 확정일자, 배당요구일 등에 관한 내용과 등기사항 등에 관한 정보를 확인하고 임대차 분석을 보충한다.

참고로 이 '매각물건명세서'는 법원이 공식적으로 제공하는 정보로, 이를 믿고 권리분석을 했다가 실제는 이와 달라 낭패를 당했다면 구제받을 수 있는 법적 절차가 있다.

4) 기타 정보

임장조사를 하기 전에 우선 일차적으로 물건 선택을 하는 데 도움이 되도록 지도, 도면, 측면사진, 항공사진, 로드뷰 등의 자료를 제공한다. 또 민간 정보업체 자료에는 이용자가 경매분석을 하는 데 도움이 되도록 업체가 자체적으로 임장조사를 해 얻은 건물 정보, 주변 입지, 관리비 체납내역 등의 자료와 과거 실거래가 자료, 낙찰 사례 분석, 전문가의 의견 등 가공된 정보도 포함된다. 그러나 이 중 전문가의 의견은 참고만 하도록 한다. 즉, 이를 100% 신뢰하기보다는 어디까지나 자신의 발품과 노력을 들여 얻은 정보를 바탕으로 판단해야 한다.

아파트, 구분상가와 같이 관리비 체납내역을 파악해야 하는 경우는 입찰자 본인이 직접 관리소를 통해 관리비 체납내역을 알아보고 물건의 유형에 따라 유치권이나 법정지상권이 성립하는지 판단해야 한다. 이 경우 유치권과 관련해서는 점유관계를, 법정지상권과 관련해서는 건물의 실제 신축 시기를, 미등기된 건물인 경우에는 실소유자 등을 확인해야 한다.

입찰, 이보다 쉬울 수는 없다

복잡하고 어려운 듯하지만 알고 보면 입찰 준비나 입찰 방법도 어려울 것이 없다. 한번 정확히 알아두면 불필요한 컨설팅 비용도 절약할 수 있다.

🏠 입찰 준비

입찰장에 가기 전에 먼저 해당 물건이 입찰일 직전에 연기, 변경, 취하, 취소 등의 사유로 입찰목록에서 제외되지는 않았는지를 인터넷 등을 통해 확인하고 가도록 한다. 혹시라도 헛걸음을 하게 될 수도 있기 때문이다.

입찰장에 갈 때는 본인이든 대리인이든 입찰하고자 하는 사람의 신분증과 도장, 매수신청보증금을 필히 준비한다. 도장은 막도장이라도 상관없고, 매수신청보증금은 현금이나 수표는 물론 보증보험증권으로 준비해도 된다.

입찰자의 유형에 따라 입찰 준비서류는 조금씩 다르다. 자세한 준비서류는 다음과 같다.

본인이 입찰 시

① 주민등록증, 운전면허증, 여권 등 신분증

② 도장(막도장도 무방)

③ 매수신청보증금(최초 경매물건, 새 매각물건은 최저매각대금의 10% 이상)

※ 보증보험은 주로 법원 앞 보증보험 대리점 등에서 바로 가입할 수 있는데, 소액의 보험료를 지급하면 보증보험증권을 교부받을 수 있다. 미처 보증금을 현금으로 준비하지 못했다면 이 보증보험증권을 제출하는 것으로 대체할 수 있다.

개인의 대리인이 입찰 시

① 본인 인감증명서와 본인 인감이 날인된 위임장

② 대리인 신분증과 대리인의 도장(막도장도 무방)

③ 매수신청보증금

법인명의 대표이사 본인이 입찰 시

① 법인 등기부등본

② 대표이사 신분증과 대표이사 법인 인감도장

③ 매수신청보증금

법인명의 대리인이 입찰 시

① 법인 등기부등본

② 법인 인감증명서와 위임장

③ 대리인 신분증과 대리인 개인 도장

④ 매수신청보증금

2인 이상 공동입찰 시

① 공동입찰자 중 불참자의 인감증명서

② 불참자의 인감이 날인된 위임장

③ 공동입찰자 중 참석자의 신분증과 도장

④ 매수신청보증금

ⓐ 입찰서류 작성법

초심자 중에는 입찰서류 작성을 어려워하는 이들이 많다. 그래서 수백만 원에 달하는 비용을 지불해가면서 소위 입찰 브로커라고 하는 사람들에게 일을 맡기는 이들도 많다. 그런데 입찰서류 작성 등 입찰 요령에 대해 조금만 공부하면 이 비용을 절약할 수 있다.

입찰서류는 기본적으로 입찰표, 보증금을 담을 돈 봉투, 입찰표와 돈 봉투를 담을 겉봉투로 구성되어 있다. 만약 대리입찰일 경우에는 입찰자의 인감증명이 첨부된 위임장을 입찰표의 부속서류로 함께 제출해야 하고, 여러 명이 하나의 부동산을 공동으로 매수하고자 하는 경우에는 공동입찰신고서를 입찰표의 부속서류로 함께 제출해야 한다.

입찰표 작성하기

일반적인 경우 입찰표는 기일입찰표만 작성해 제출하면 된다. 기일입찰표 외에 기간입찰이 실시되는 경매의 경우는 기간입찰표라는 것을 작성해야 하는데, 기일입찰표 작성법만 이해하면 기간입찰표 또한 쉽게 응용할 수 있을 것으로 보고, 이 책에서는 기일입찰표 작성법만 설명하기로 한다.

  1) 기일입찰표 기재 항목

   ① 입찰기일

   ② 사건번호(물건번호가 있는 경우 사건번호와 물건번호)

   ③ 입찰자의 인적사항

   ④ 대리입찰의 경우 대리인의 인적사항

   ⑤ 입찰가격

   ⑥ 보증금액

   ⑦ 보증의 제공 방법 표시

   ⑧ 보증금 반환 영수 확인

  2) 기일입찰표 작성법

   ① 입찰기일

     입찰하는 당일의 연월일을 기재한다. 혹 이 난을 기재 누락할지라도 문제는 없다.

② 사건번호, 물건번호

입찰하려는 물건을 경매신청할 때 경매사건 번호를 부여해 경매를 진행하는 내내 해당 경매사건을 특정하는 번호로 사용하므로 모든 경매 관련 서류에 사건번호를 기재한다. 사건번호는 경매신청 연도, 사건번호의 약기부호, 일련번호로 구성된다. 예를 들어 사건번호가 '2018타경 1239호'일 경우 '2018'은 경매신청 연도, '타경'은 '경매신청사건'을 의미하는 사건번호의 약기부호, '1239호'는 일련번호를 의미한다.

입찰물건 중 사건번호와 함께 물건번호도 반드시 기재해야 하는 경우도 있다. 채권자가 채무자 소유의 여러 부동산을 함께 경매신청하면 각각의 여러 부동산을 개별매각하기 위해 각 부동산마다 사건번호 외에 물건번호를 따로 부여해 경매를 진행하게 된다. 이 경우 사건번호만 기재하게 되면 여러 부동산 중 입찰하고자 하는 부동산이 특정되지 않아 어느 부동산에 응찰하는 것인지 알 수 없어 입찰이 무효 처리된다. 따라서 이때는 반드시 사건번호와 함께 물건번호도 기재해야 한다.

③ 입찰자의 인적사항

'입찰자 본인'란에는 경매를 통해 소유권을 취득하고자 하는 사람의 이름을 적는다. 이 명의는 중간에 변경할 수 없다. 입찰자는 개인과 법인으로 나뉜다.

• 입찰자가 개인인 경우

기재사항은 한글로 기재하고, 숫자는 아라비아숫자로 기재한다. 성명, 주민등록번호, 주소, 전화번호를 기재한 후 성명 뒤에 도장을 찍는다. 주소는 주민등록상의 주소를 기재하는데, 향후 경매와 관련된 법원의 서류를 송달받을 주소가 현 거주지와 다른 경우에는 송달받을 거주지 주소를 주소신고서 서식에 기재하여 제출하면 된다.

- 입찰자가 법인인 경우

'성명'란에 'ㅇㅇ회사', '대표이사(또는 대표자 이사) ㅇㅇㅇ'를 반드시 함께 기재해야 한다. 그리고 성명 뒤에 법인 인감도장을 찍는다. 주민등록번호 대신 사업자등록번호와 법인등기 시 부여받은 법인등록번호, 법인 등기부상의 본점 소재지를 적는다.

법인의 경우에도 송달받을 수 있는 주소가 다를 경우 송달받을 주소를 신고할 수 있다. 법인의 경우는 법인의 대표자 확인을 위해 법인 등기부등본을 첨부해야 한다.

④ 대리인

입찰자 본인이 아닌 타인이 대리입찰을 할 때는 '본인'란도 기재해야 하지만 대리입찰자의 인적사항도 기재하고, '대리인 성명'란 뒤에는 대리인의 도장을 찍어야 한다. 이 경우 '본인'란에는 날인을 하지 않아도 무방하다. 대리입찰의 경우 입찰표 부속서류로 입찰자 본인의 인감도장이 찍힌 위임장을 제출하기 때문이다. 이 위임장으로 일단 입찰에 관한 권한을 부여받으면 이후 대리인이 본인을 대신해 법률행위를 하려고 할 때 더 이상 인감날인을 할 필요가 없다. 대리인 혼자 입찰에 관한 행위를 할 수 있고, 대리인만의 서명날인으로 입찰자 본인을 위한 입찰과 관련된 모든 행위를 할 수 있다. 위임장 제출 시에는 인감증명서도 함께 첨부해야 한다.

⑤ 입찰가격

입찰하고자 하는 금액을 기재하는 가장 중요한 난이므로 금액

단위에 맞게 또박또박 적는다. 이 금액란은 수정이나 가필을 할 수 없는 유일한 난이며, 수정이나 가필을 한 경우에는 입찰 후 응찰가 변조의 비리 발생을 원천 차단하기 위해 무효로 처리한다. 따라서 수정이 필요한 경우에는 새 입찰표에 다시 작성해야 한다. '입찰가격'란은 최종 입찰가에 대한 결심이 서고 마지막에 기재해 입찰표를 완성하는 것이 바람직하다.

⑥ 보증금액

보증금액 기재 방법은 입찰가격 기재 방법과 같다. 입찰할 물건마다 보증금액이 정해져 있는데, 최저입찰가의 10% 또는 20% 정도다. 매각조건에 따라 해당 보증금액을 산출해 그 금액을 기재하면 된다. 그런데 보증금을 산출할 때 끝자리 수를 잘라 1원이라도 적게 쓰면 무효 처리된다. 보증금을 더 많이 산출하는 것은 상관없다. 만일 '보증금액'란에 적정 금액 이상의 금액을 기재했다면 정확히 그 보증금액이나 그 이상의 금액을 제출해야 한다.

⑦ 보증의 제공 방법 표시

보증금을 현금이나 수표로 준비해 돈 봉투에 담아 제출하는 경우라면 '현금·자기앞수표'에 체크 표시를 하면 되고, 보증서로 대체할 경우라면 '보증서'에 체크 표시를 하고 겉봉투 안에 논 봉투 대신 보증서를 함께 넣어 제출하면 된다.

⑧ 보증금 반환 영수 확인

'보증금 반환 영수 확인'란은 낙찰에 실패해 즉석에서 보증금을 돌려받을 때 작성하면 되므로 입찰 시 미리 작성할 필요는 없다. 실수로 미리 작성했더라도 문제될 것은 없다.

만일 낙찰에 성공해 보증금을 돌려받지 않게 되는 경우라면 법원이 보증금을 보관하고 있다는 영수증을 작성해 교부하게 된다.

3) 공동입찰 시 입찰표 작성법

① 공동입찰신고서 작성법

여러 명이 공동으로 하나의 부동산을 입찰하고자 할 때 사건번호와 물건이 여러 개일 경우에는 물건번호도 적고 공동입찰자의 인적사항과 각각의 지분을 표시한 공동입찰자 내역을 기재한 공동입찰신고서를 작성해야 한다. 공동입찰신고서 하단에 공동입찰자 내역을 표시하면 되는데, 만일 공동입찰자 목록을 별지로 하여 제출할 경우에는 공동입찰신고서와 그 목록에 공동입찰자 전원이 간인을 찍어야 한다. 공동입찰신고서는 입찰표의 부속서류이고 입찰표가 주된 서류이므로 입찰표와 함께 제출해야 한다. 입찰표는 '성명'란을 제외하면 일반 입찰표 기재 방법과 동일하다. '성명'란에 '별지 공동입찰자 내역과 같음'이라고만 기재하면 되는 것이다.

공동입찰자 내역에는 여러 공동입찰자들의 인적사항을 기재해야 하는데, 입찰표의 '입찰자'란과 동일한 내용을 기재한다. 여기에 추가적으로 각자의 입찰금액 비율인 지분을 표시해야 한다.

② 공동입찰 시 불참자가 있을 경우의 위임장 작성법

공동입찰자 중 입찰 불참자는 대리입찰하는 사람에게 위임한다는 위임장을 작성해 제출해야 한다.

'대리인'란에는 대리인이 공동입찰자 중 한 사람이거나 타인이거나 상관없이 입찰하러 가는 사람의 인적사항을 기재하고, '본인'란에 공동입찰자 중 입찰 불참자들의 인적사항을 본인1, 본인2 등으로 기재하고 위임자들의 인감을 찍어야 한다. 위임장에 위임자의 인감증명서가 첨부되어야 함은 물론이다.

[표 5] 기일입찰표 양식

[전산양식 A3360] 기일입찰표(흰색)　　　　　　용지규격 210mm×297mm(A4용지)

(앞면)						

기 일 입 찰 표

지방법원　집행관　귀하　　　　　　　　입찰기일 :　년　월　일

사 건 번 호		타 경	호	물 건 번 호	※물건번호가 여러 개 있는 경우에는 꼭 기재	
입 찰 자	본인	성　명		㉑	전화 번호	
		주민(사업자) 등록번호		법인등록 번 호		
		주　소				
	대리인	성　명		㉑	본인과의 관　계	
		주민등록 번　호			전화번호	-
		주　소				

입찰 가격	천 억	백 억	십 억	억	천 만	백 만	십 만	만	천	백	십	일	원	보증 금액	백 억	십 억	억	천 만	백 만	십 만	만	천	백	십	일	원

보증의 제공방법	□ 현금·자기앞수표 □ 보증서	보증을 반환받았습니다. 　　　　　　　　　　입찰자　　　　㉑

주의사항.

1. 입찰표는 물건마다 별도의 용지를 사용하십시오. 다만, 일괄입찰 시에는 1매의 용지를 사용하십시오.

2. 한 사건에서 입찰물건이 여러 개 있고 그 물건들이 개별적으로 입찰에 부쳐진 경우에는 사건번호 외에 물건번호를 기재하십시오.

3. 입찰자가 법인인 경우에는 본인의 성명란에 법인의 명칭과 대표자의 지위 및 성명을, 주민등록란에는 입찰자가 개인인 경우에는 주민등록번호를, 법인인 경우에는 사업자등록번호를 기재하고, 대표자의 자격을 증명하는 서면(법인의 등기사항증명서)을 제출하여야 합니다.

4. 주소는 주민등록상의 주소를, 법인은 등기부상의 본점소재지를 기재하시고, 신분확인상 필요하오니 주민등록증을 꼭 지참하십시오.

5. **입찰가격은 수정할 수 없으므로, 수정을 요하는 때에는 새 용지를 사용하십시오.**

6. 대리인이 입찰하는 때에는 입찰자란에 본인과 대리인의 인적사항 및 본인과의 관계 등을 모두 기재하는 외에 본인의 위임장(입찰표 뒷면을 사용)과 인감증명을 제출하십시오.

7. 위임장, 인감증명 및 자격증명서는 이 입찰표에 첨부하십시오.

8. 일단 제출된 입찰표는 취소, 변경이나 교환이 불가능합니다.

9. 공동으로 입찰하는 경우에는 공동입찰신고서를 입찰표와 함께 제출하되, 입찰표의 본인란에는"별첨 공동입찰자목록 기재와 같음"이라고 기재한 다음, 입찰표와 공동입찰신고서 사이에는 공동입찰자 전원이 간인하십시오.

10. 입찰자 본인 또는 대리인 누구나 보증을 반환받을 수 있습니다.

11. 보증의 제공 방법(현금 자기앞수표 또는 보증서) 중 하나를 선택하여 ☑표를 기재하십시오.

[표 6] 위임장 양식

(뒷면)

위 임 장

대리인	성 명		직업	
	주민등록번호	-	전화번호	
	주 소			

위 사람을 대리인으로 정하고 다음 사항을 위임함.

다 음

지방법원   타경   호 부동산

경매사건에 관한 입찰행위 일체

본인 1	성 명	(인감인)	직 업	
	주민등록번호	-	전화번호	
	주 소			
본인 2	성 명	(인감인)	직 업	
	주민등록번호	-	전화번호	
	주 소			
본인 3	성 명	(인감인)	직 업	
	주민등록번호	-	전화번호	
	주 소			

* 본인의 인감 증명서 첨부
* 본인이 법인인 경우에는 주민등록번호란에 사업자등록번호를 기재

지방법원 귀중

입찰표의 유무효 처리 기준

[표 7] 기일입찰표의 유무효 처리 기준

번호	흠결사항	처리 기준
1	입찰기일을 적지 않거나 잘못 적은 경우	입찰봉투 기재사항에 의해 그 매각기일의 것임을 특정할 수 있으면 개찰에 포함시킨다.
2	사건번호를 적지 않은 경우	입찰봉투, 매수신청보증금 봉투, 위임장 등 첨부서류 기재사항에 의해 사건번호를 특정할 수 있으면 개찰에 포함시킨다.
3	매각물건이 여러 개인데, 물건번호를 적지 않은 경우	개찰에서 제외한다. 다만 물건의 지번, 건물의 호수 등을 적거나 입찰봉투에 기재되어 있어 매수신청 목적물을 특정할 수 있으면 개찰에 포함시킨다.
4	입찰자 본인 또는 대리인의 이름을 적지 않은 경우	개찰에서 제외한다. 다만 고무인, 인장 등이 선명하여 용이하게 판독할 수 있거나, 대리인의 이름만 기재되어 있으나 위임장, 인감증명서에 본인의 기재가 있는 경우에는 개찰에 포함시킨다.
5	입찰자 본인과 대리인의 주소, 이름이 함께 적혀 있지만(이름 아래 날인이 있는 경우 포함) 위임장이 붙어 있지 않은 경우	개찰에서 제외한다.
6	입찰자 본인의 주소, 이름이 적혀 있고 위임장이 붙어 있지만, 대리인의 주소, 이름이 적혀 있지 않은 경우	개찰에서 제외한다.
7	위임장이 붙어 있고 대리인의 주소, 이름이 적혀 있으나 입찰자 본인의 주소, 이름이 적혀 있지 않은 경우	개찰에서 제외한다.
8	한 사건에서 동일인이 입찰자 본인인 동시에 다른 사람의 대리인이거나, 동일인이 2인의 대리인을 겸하는 경우	쌍방의 입찰을 개찰에서 제외한다.

9	입찰자 본인 또는 대리인의 주소나 이름이 위임장과 다르게 기재된 경우	이름이 다른 경우에는 개찰에서 제외한다. 다만, 이름이 같고 주소만 다른 경우에는 개찰에 포함시킨다.
10	법인 입찰자의 경우 대표자의 이름을 적지 아니한 경우(날인만 있는 경우도 포함)	개찰에서 제외한다. 다만, 법인 등기사항증명서로 그 자리에서 자격을 확인할 수 있거나 고무인, 인장 등이 선명하여 용이하게 판독할 수 있는 경우에는 개찰에 포함시킨다.
11	입찰자 본인 또는 대리인의 이름 다음에 날인이 없는 경우	개찰에 포함시킨다.
12	입찰가격의 기재를 정정한 경우	정정인 날인 여부를 불문하고 개찰에서 제외한다.
13	입찰가격이 불명확하게 기재된 경우(예: 5와 8, 7과 9, 6과 0 등)	개찰에서 제외한다.
14	보증금액이 기재되지 않거나 기재된 보증금액이 매수신청보증금액과 다른 경우	매수신청보증금 봉투 또는 보증서에 의해 정해진 매수신청보증 이상의 보증을 제공한 것이 확인되는 경우에는 개찰에 포함시킨다.
15	보증금액을 정정하고 정정인이 없는 경우	
16	하나의 물건에 대해 같은 사람이 여러 장의 입찰표 또는 입찰봉투를 제출한 경우	입찰표 모두를 개찰에서 제외한다.
17	보증의 제공 방법이 기재되지 않거나 기간입찰표를 작성, 제출한 경우	개찰에 포함시킨다.
18	위임장은 붙어 있으나 위임장이 사문서로서 인감증명서가 붙어 있지 않은 경우, 위임장과 인감증명서의 인장이 다른 경우	개찰에서 제외한다.

입찰서류 입찰함에 투입

1) 입찰서류의 구성

① 입찰관계서

- 입찰표
- 공동입찰의 경우 공동입찰신고서 추가
- 대리입찰의 경우 입찰인의 위임장(인감증명서 첨부)
- 법인명의 입찰의 경우 법인 인감증명 첨부

② 보증금 넣을 소봉투

③ 입찰관계서와 소봉투를 함께 넣을 겉봉투인 대봉투

2) 입찰봉투 기재

입찰봉투에 매수신청보증금을 넣고 봉한 후 입찰보증금 봉투에 사건번호, 물건번호, 제출자 이름을 기재하고 날인하여 다시 큰 입찰봉투에 넣어 제출한다. 입찰봉투에는 사건번호, 물건번호, 입찰자의 이름을 기재하고, 날인은 하지 않아도 된다.

3) 입찰서류 입찰함 투입

① 입찰봉투와 주민등록증을 제출하여 본인임을 확인받은 후 입찰 봉투에 일련번호와 집행관의 간인을 받은 후 수취증을 받고 입찰 봉투를 입찰함에 넣는다. 개찰 결과 낙찰받지 못하는 경우에는 이 수취증을 제출하고 보증금을 반환받는다.

② 입찰마감 시간이 되면 집행관의 마감 선언과 함께 입찰이 마감된다.

개찰 절차

입찰 마감 후 개찰을 시작한다.

집행관은 입찰 마감 선언을 한 후 즉시 입찰함을 열어 사건번호별로 입찰기록을 정리해 입찰자가 있는 사건을 따로 구분지어 놓는다. 그리고 입찰자들 앞에서 입찰봉투만 개봉한 후 입찰표를 보고 사건번호, 해당 부동산, 입찰자명, 입찰가를 큰소리로 읽는다.

매수신청보증금 봉투는 최고가 매수신고를 한 입찰자의 것만 개봉해 매각조건으로 정해진 보증금액이 맞는지 확인한다. 이때 최고가 매수신고인이 보증을 제공하지 않았거나 매수신청보증금으로 정해진 금액에 미달하면 입찰 무효를 선언하고 차순위 가격으로 입찰한 자의 매수신청보증금 봉투를 개봉해 확인한다.

입찰표에 입찰가격만 기재하고 보증금 기재를 누락했을지라도 보증금 봉투에 들어 있는 보증금이 매각조건으로 정해진 금액에 맞으면 즉석에서 보정하게 한다. 그러나 입찰표에 보증금을 기재하고 보증금 봉투에 그에 해당하는 금액이 들어 있을지라도 입찰가격을 기재하지 않은 경우에는 입찰가를 알 수 없기 때문에 무효 처리한다.

집행관은 최고가 매수인을 최고한 후 적법한 차순위 매수신고가 있으면 차순위 매수신고인을 정한다. 최고가로 매수한 입찰자가 2명 이상인 경우에는 그들에게 다시 입찰을 하게 하는데, 추가입찰 시 입찰자는 처음의 입찰가보다 적은 금액으로 입찰할 수 없다. 추가입찰 결과 2명의 입찰자가 또 같은 금액을 입찰했다면 추첨을 통해 최고가 매수인을 선정한다.

마지막으로 최고가 매수신고인과 차순위 매수신고인을 제외한 낙찰에 실패한 응찰자들에게는 개찰 후 즉시 매수신청보증금을 반환한다.

차순위 매수신고

앞에서 말한 차순위 매수신고에 대해 알아보자.

차순위 매수신고는 차순위 매수신고자뿐만 아니라 그보다 낮은 가액으로 응찰한 사람들 중에서 그 신고 금액이 최고가 매수신고액에서 그 보증금액을 뺀 금액을 넘은 사람만 할 수 있다. 차순위 매수신고를 하면 최고가 매수신고인이 매각대금을 납부하지 않을 경우 재매각을 실시하지 않고 바로 차순위 매수신고인에게 매각을 허가한다.

매각허가를 받은 차순위 매수신고인도 매각대금을 납부하지 않아 재매각 절차가 진행될 경우에는 재매각 기일 3일 전까지 최고가 매수신고인과 차순위 매수신고인 중 먼저 매각대금을 납부한 매수인이 매각 목적물의 소유권을 취득한다.

🏠 제시 외 건물 등의 매수인 취득 여부

제시 외 건물이란?

건물 경매는 등기된 건물의 등기부상에 경매개시의 기입등기를 함으로써 그 건물에 한하여 매각이 된다. 이때 등기된 건물 외에 그와 함께 증축을 했거나 같은 대지 안에 그 건물과 연관이 있는 건물이나 별개의 건물이 있다면 등기된 건물 외의 다른 건물은 모두 '제시 외 건물'이라고 한다. 등기된 건물이라 해도 채무자의 소유가 아닌 건물이면, 이 또한 제시 외 건물이라고 한다.

등기된 건물 외에 채무자 소유의 미등기 제시 외 건물이 있다면 이 제시 외 건물은 입찰에 포함될까, 제외될까? 일정한 기준에 의해 입찰에 포함되기도 하고 입찰에서 제외되기도 한다.

법원경매 기록상 제시 외 건물의 매각포함 여부 문제

부합, 종물의 법리적 판단에 의해 제시 외 건물을 반드시 매각에 포함하는지, 아니면 매각에서 제외하는지를 경매 기록에 명확하게 표시하고 있는 것은 아니다. 그 기록이 잘못된 경우도 상당히 많다.

법원경매를 진행하는 부서에서 '매각포함'인데도 '매각제외'로 표시하는 경우가 간혹 있는데, 법리적 판단은 잘못되었더라도 실제로는 취득이 가능한 경우라면 부동산을 저가로 취득할 기회가 될 수 있고, 당사자끼리 분쟁이 있으면 소송을 통해 재판부에서 매각포함 여부를 제대로 판단할 것이다. 따라서 입찰자 스스로 제시 외 건물이 경매에 포함되는지에 관해 판단할 법률지식을 갖추는 것이 경쟁력이다.

매수 후 불법점유자 내보내기

경매를 통해 부동산을 매수했다면, 이제 부동산의 종전 소유자, 매수인에게 대항할 수 없는 임차인, 기타 점유자 들을 내보내야 한다. 언뜻 보기에는 그들과 대화로 풀어가면 잘 해결될 것 같지만 서로 사이가 좋은 관계도 아니고, 쫓겨날 판인 상대방은 절박할 수밖에 없는 상황이기 때문에 대화만으로 원만하게 해결하기는 어렵다.

이럴 때 간편하게 이용할 수 있는 것이 인도명령이라는 법적 절차다. 대화를 통해 해결하려다가 시간만 허비하며 험악한 일까지 겪고, 결국 인도명령 기회까지 놓치게 되는 경우도 있기에 이럴 때는 신속하게 법적 절차를 밟는 것이 더 효율적이다.

⌂ 종전 소유자와 외관상 불법점유자 내보내기

종전 소유자, 외관상 매수인에게 대항할 수 없는 임차인(최초 근저당권이나 가압류보다 늦은 세입자)과 점유자(유치권 주장자 제외)는 소송 대신 인도명령을 통해 집행권원을 확보한 후 강제집행 절차를 밟으면 신속하게 내보낼 수 있다.

집행비용은 대체로 집행할 매각물건 규모의 이사비용보다 조금 더 비싸다. 물론 그 비용은 강제집행을 신청하는 매수인이 예납을 하고 추후에 상대방에게서 받아낼 수 있는 집행권원으로, '집행비용 확정증명'을 통해 상대방에게서 채권을 회수할 방법은 열려 있으나 실제로 이를 받아내기는 어려운 경우가 많다.

🏠 부동산 인도명령 제도 활용하기

인도명령 제도

인도명령 제도는 공매에는 없고 오직 부동산경매에서만 이용할 수 있는 제도다. 대금납부일로부터 6개월 이내에 매수인이 법원에 신청하면 채무자, 종전 소유자 또는 부동산 점유자에게 부동산을 매수인에게 인도하도록 명령하는 제도로, 인도명령은 집행권원이다.

상대방에게 인도를 청구하는 소송을 하면 통상 수개월 이상 걸려 집행권원인 판결문을 얻게 되는 반면, 이 법적 절차는 신청하고 통상 수일 내에 '인도명령'이라는 집행권원을 얻게 된다.

인도명령의 상대방

인도명령의 상대방은 채무자, 종전 소유자와 임차인을 포함한 부동산 점유자 중 경매 기록상 매수인에 대항할 수 없는 자를 말한다.

1) 채무자

부동산을 점유하고 있는 채무자를 말한다.

2) 종전 소유자

종전 소유자는 직접 점유 여부와 상관없이 인도명령의 상대방이 될 수 있다.

3) 임차인을 포함한 부동산 점유자

직접 점유자로서 경매 기록상 표면적으로 매수인에 대항할 수 없는 점유자이며, 매수인에게 권리를 주장할 수 없는 점유자라고 매수인 측이 밝혀냈더라도 경매 기록상 매수인에 대항할 수 있는 외관을 갖추었다면 그에 대해서는 법원에 인도명령 대상자로 신청할 수 없다. 유치권 신고를 한 점유자도 대상자에서 제외된다.

인도명령의 재판

서면심리 외에 필요하다고 인정되면 상대방 심문이나 변론을 통해 결정할 수 있다. 법원은 채무자, 소유자 외의 점유자에 대해 인도명령을 하려면 그 점유자를 심문해야 한다. 매수인에 대항할 수 있는 권원에 의해 점유하고 있지 않음이 명백할 때는 심문 절차를 생략할 수 있다. 다만 심문에 불응하면 그대로 인도명령을 내릴 수 있다.

인도명령이 내려진 이후 점유자가 바뀌면 대금납부일로부터 6개월 이내에 한해 그 바뀐 점유자를 상대로 인도명령을 다시 신청할 수 있다.

기타 유의사항

1) 부동산 일부 인도명령

그 일부를 특정하기 위해 정확한 실측도면이 필요한 것은 아니고, 감정인의 감정서, 집행관의 현황조사보고서에 첨부된 도면을 이용해 신청할 수 있다.

2) 송달만으로 효력이 발생하는 인도명령

다른 재판은 결정 후 항고가 없거나 항고가 기각확정되어야 비로소 집행력이 생기지만 인도명령은 송달만으로도 효력이 발생하므로 즉시 항고가 있어도 집행정지 효력이 생기지 않는다(민사집행법 제15조제6항). 집행받을 자에게 송달하는 것이 집행개시 요건이 아니므로(민사집행법 제39조제1항) 상대방에게 송달할 정본을 신청인에게 교부하여 집행관으로 하여금 집행 시 상대방에게 송달하게 해도 무방하다.

3) 인도명령 상대방의 인적효력 범위

채무자와 한 세대를 구성하여 공동생활을 영위하는 가족에게도 효력이 미치므로 공동생활 가족 중 1인을 채무자로 하는 인도명령만으로 다른 가족 모두에 대해 인도집행이 가능하다.

낙찰 후 불법점유자 내보내기

인천 계양구 다세대주택의 전 소유자 인도집행 사례

경매물건을 낙찰받아 등기를 마쳤다고 해서 경매가 끝난 것이 아니다. 그 주택에 아직 살고 있는 종전 소유자나 후순위 임차인 등을 내보내야 하는 큰 숙제가 남아 있기 때문이다.

그동안의 경험으로 보면 일반적으로 후순위 임차인보다는 종전 소유자를 내보내는 것이 더 힘들다. 후순위 임차인은 배당받을 경우 매수인에게 명도확인을 위한 협조를 구해야 하기 때문에 협상의 여지가 있지만 종전 소유자는 대부분 버틸 수 있을 때까지 버티는 경우가 많다.

C씨가 경매로 낙찰받은 인천의 다세대주택에는 종전 소유자가 살고 있었는데, 낙찰 후 처음 찾아갔을 때 C씨에게 우호적인 태도를 보였다. 그는 '경매하는 사람들에 대한 좋지 않은 선입견이 있었는데, 선생님은 참 인자하신 것 같다'는 덕담을 건네면서 다음 달에 들어올 돈이 있으니 한 달만 기다려주면 더 있으라고 해도 꼭 나갈 테니 걱정 말라고 했다. C씨는 그 말만 믿고 전화번호만 받아들고 돌아왔다.

그런데 한 달이 지나도 연락이 없어 다시 찾아가보니 '들어오기로 한 돈이 예상보다 늦어질 것 같으니 며칠만 기다려달라'고 양해를 구했다. 그러기를 몇 차례 반복하더니 3, 4개월쯤 지나자 급기야 태도가 돌변한 종전 소유자는 욕설과 험악한 분위기로 위협을 하기 시작했다. 처음 우호적인 태도를 보였던 것은 시간을 벌기 위한 위장에 불과했던 것이고, 그 과정에서 인간적으로 웅대한 낙찰자는 강단 없고 우유부단한 사람이 되고 말았다. 애초에 대화를 통해 순순히 해결해보려고 했던 낙찰자가 만만해 보였던 것이다.

낙찰자는 '낙찰 후 곧바로 법적으로 인도명령 신청을 하고 강제집행절차를 밟았더라면 대략 1개월이면 해결할 수 있었을 텐데……' 하고 후회하며, 그제야 법적 절차를 밟기 시작했다. 그 후 인도명령이 떨어지는 데 3일, 항고기간 7일, 강제집행 신청 후 기일지정 15일, 총 25일 만에 종전 소유자를 내보낼 수 있었다.

다만 강제집행을 하기 위해서는 이사 비용보다 비싼 집행비용을 선납해야 한다. 물론 그 비용은 상대방에게 청구해서 받아낼 수 있지만, 상대방에게서 그 돈을 받아내기란 현실적으로 어려운 일이다. 그 비용을 조금이라도 절약하기 위해서는 일단 강제집행 절차를 바로 진행하는 것이 좋다. 강제집행 예고문이 담긴 계고장을 부착하는 단계까지는 몇 만 원 정도만 들이면 되지만, 실제로 집행을 실행하게 되면 백여 만 원의 집행비를 선납해야 하므로 강제집행 실행 직전에 계고장으로 상대방을 압박해 협상에 나서도록 하는 것이 일반적이다. 이렇듯 선납 비용을 절약하고, 절약한 비용의 일부를 상대방을 설득하는 데 쓰면 더 효율적으로 건물을 인도할 수 있다. 즉, 이사비를 지급하는 등의 보상으로 종전 소유자 스스로 집을 비우도록 하는 것이다.

제2부

경매의 성패를
좌우하는 분석의
모든 것

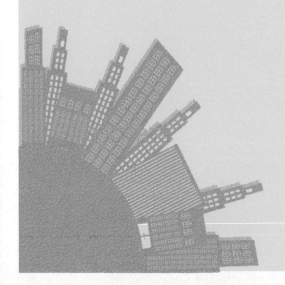

1장

물건분석과 종합분석

• • •

물건 자체를 분석할 때 보통은 아주 일부분만을 막연하게 알고 하는 경우가 많다. 전혀 체계적이지 못한 단편적이고 불완전한 지식과 감으로 판단하는 것이다. 그러면서 그 예측과 판단을 남들은 하지 못하는, 자신만 하는 기발한 생각이라고 착각하며 경매에 임한다. 사람들은 작은 물건 하나를 사더라도 가성비를 따져보고 산다. 그런데 고가의 부동산을 취득하면서는 그 가격만큼의 노력을 기울이지 않는 것이 현실이다.

부동산 취득 시 취득 가격 대비 가치를 극대화하기 위해서는 취득 가능 예상가격 대비 가치를 평가해야 하고, 그와 함께 기존에 부동산상에 있던 권리들과 처분제한 등의 흠결이 있는지를 분석해야 한다. 부동산은 고액으로 취득해도 매각이 어렵거나 아예 이용가치가 거의 없어 재매각이 불가능할 수도 있다는 점에 유의해야 한다. 도로 등 공법제한 문제로 개발이 불가한 토지나 상권이 취약한 상가건물, 주위에 빈집이 많고 슬럼화되어가는 지역의 주택 등 다양한 이유로 취득 후 재매각이 거의 불가할 수 있다.

부동산을 취득할지 말지를 결정하기 위해서는 권리분석과 함께 예상 취득가격의 평가가치를 종합적으로 분석해야 하는데, 이를 '종합분석'이라 한다. 가령 물건분석 결과 취득할 만한 부동산이 현재의 시세(시장가치)보다 저렴하다 하더라도 권리분석 결과 권리하자로 인해 심각한 문제가 있다면 응찰해서는 안 된다. 그리고 권리하자로 인해 금전적으로 일정액을 추가로 부담해야 한다면, 그 추가 비용이 포함된 취득가액과 시장가치를 비교해 최종 결정을 내려야 한다.

• • •

물건분석과 종합분석

물건분석은 왜 해야 하나?

부동산을 취득하려는 목적은 크게 임대, 재매각, 단순 사용 등으로 나눌 수 있다. 그 목적이 무엇이든 간에 효과를 극대화하기 위해서는 부동산을 덮어놓고 사서는 안 된다. 우선, 왜 투자 목적을 따져봐야 하는지 그 구체적인 이유를 살펴보자.

🏠 구입 가격과 가치의 차이

부동산은 같은 가격에 취득하더라도 어떤 물건을 선택하느냐에 따라 가치가 제각각이고, 토지의 경우 토지이용규제의 공법규정으로 인해 고가에 취득하더라도 토지를 사적으로 전혀 사용할 수 없는 경우도 있다. 반대로 도로에 접하지 않은 맹지는 저가에 거래되는 경우가 많은데, 국공유지에 해당하는 구거(수로) 등을 이용해 맹지 탈출을 함으로써 실제 토지의 가치를 높일 수도 있다.

부동산의 3가지 가치

부동산의 가치는 취득 목적에 따라 사용 가치와 임대수익 가치, 그리고 매매시장 가치로 나눌 수 있다. 부동산 취득 목적이 임대나 재매각에 있지 않고 단순히 거주 등 사용을 위한 것이라면 부동산을 사용할 사람의 취향에 맞춤으로써 사용 가치를 높일 수 있을 것이다. 가령 공기 좋은 곳을 1순위로 꼽는 사람은 자연에 가까운 곳을 선택함으로써 사용 가치를 높이는 것이 최상의 선택일 것이다.

여기서는 부동산 취득의 3가지 목적 중 빈도가 적은 단순 사용 목적은 생략하고 임대 목적 투자와 재매각 목적 투자에 대해서만 다루기로 한다.

구입가격 대비 임대수익 가치는 제각각

임대수익을 목적으로 부동산에 투자하는 경우 취득금액 대비 임대수익은 지역, 부동산 종별 및 개별 부동산에 따라 차이가 있다. 구입가 대비 임대수익은 월 임대수익률로 간편하게 구할 수 있고, 이를 기준으로 투자 여부를 결정할 수 있다. 대체로 토지와 부동산 가격이 지나치게 높은 지역보다는 보통 수준인 지역의 임대수익률이 높다.

임대수익은 부동산의 종류에 따라 다른데, 주택은 대체로 안정적인 편이다. 상가건물은 개별건물에 따라 공실 등의 위험이 높고 상권 변동 등의 영향을 받기 때문에 불안정한 편이다. 토지는 부동산 가격에서 많은 부분을 차지하는데, 지가가 높은 지역에서는 토지상에 있는 건물 면적이 비교적 크고 층수가 많은 건물일수록 임대수익률이 높을 수밖에 없다. 상가용 건물의 경우 상권뿐 아니라 공실률도 임대수익을 목적으로 하는 투자의 성패를 좌우할 수 있다.

🏠 기타 물건분석의 필요성

실제 부동산 현황과 등기부, 대장 등은 공부와 다를 수 있다

공부(토지대장, 건축물대장, 부동산등기부)에 표시된 부동산의 구조, 내역, 면적, 신축 연도 등이 실제 부동산 현황과 차이가 있을 수 있다.

단독주택, 근린주택의 경우 차이가 나는 경우가 더 많고, 심지어 매각대상 부동산이 서류상의 건물은 존재하지 않고 다른 건물이 지어져 있는 경우, 건물이 타인 소유의 토지에 걸쳐 있는 경우, 건물이 속한 대지의 일부가 경매에 포함되지 않은 경우, 타인 소유 건물의 대지 일부가 포함된 경우 등 부동산 현황을 꼼꼼히 분석해야 함은 물론이다. 토지의 경우 입체적 지형, 진입도로 확보 여부도 확인해야 한다.

기타 불법건물 부분, 부합물·종물 여부, 건물의 상태, 하자상태 등 실로 확인해야 할 부분이 많다.

감정가와 실제 시세의 차이 조사

감정가가 실제 시세보다 높은 경우가 대부분이고, 그 차이가 매우 심한 경우도 있다. 반대로 감정가가 실제 시세보다 낮은 경우도 종종 있으므로 시세 조사는 경매분석에서 매우 중요한 부분을 차지한다. 시세 조사 시 해당 부동산의 매매 용이성 정도를 알아보는 것도 잊지 말아야 한다.

토지의 부동산 공법상 이용 제한사항 파악

토지이용계획확인서를 교부받거나 관할관청에 문의해 토지의 공법상 이용제한을 세밀히 살펴 목적하는 개발이 가능한지, 건축이 가능한지와 재개발 · 재건축 분양자격 취득여부 등을 확인할 필요가 있다.

분할, 가공, 용도 변경 가능성과 용이성 확인

분할, 가공, 용도 변경 등으로 부동산의 가치를 높일 수 있는 물건의 경우 실물과 주변 입지를 고려해 그 변경 가능성을 확인할 필요가 있다.

중장기 투자의 경우 잠재가치와 미래가치 파악

해당 부동산이나 주변의 호재 또는 악재가 될 시설입지 계획, 도로의 신설과 폐지 계획, 기타 교통여건 변동, 지역 · 지구 · 구역 등 변경 예정 사항을 예측하고, 조세 · 금융 · 공급정책 변경과 국지적 수급 불균형 예측 등을 통해 부동산 수요와 공급을 예측할 필요가 있다.

맹지와 맹지 접한 진입로 있는 토지 함께 취득

화성시 장외리 토지경매 사례

이 물건은 4개 필지 중 164-19 한 필지만 진입도로가 없고 맹지라는 이유로 다른 필지(344,000원/㎡)에 비해 감정가가 저렴(180,000원/㎡)하게 평가되었는데 면적이 2,323㎡로 넓어 전체적으로는 380,972,000원만큼 낮은 금액이다. 이 낮게 평가된 맹지는 이와 접한 다른 진입로 있는 토지들을 함께 취득하기 때문에 진입로를 확보에 문제가 없어 실제로는 낮게 평가된 금액만큼 이득을 볼 수 있는 경우이다.

이에 더하여 164-19 토지는 임야이지만 개발행위 허가를 득하여 대지로 외관상 형질변경이 완료된 상태로 형질변경을 위한 개발비용의 절감 혜택도 볼 수 있는 기회의 물건이다.

아래 그림을 보면 이해에 도움이 된다.

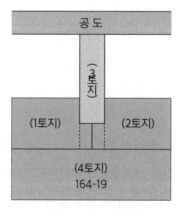

취득 목적에 따른 물건분석

재매각 목적 투자는 단기투자인지 장기투자인지에 따라 각각 물건분석 항목이 다르다.

🏠 단기 재매각 목적 부동산의 물건분석

경매로 취득한 부동산을 중개업소 등을 통해 단기 재매도하려 한다면 현재 시세인 매매시장 가치와 비교해 어느 정도의 매매차익이 생기는지를 따져봐야 하는데, 이때 거래의 빈도도 함께 파악할 필요가 있다. 거래 빈도가 뜸하면 매도가격을 낮춰야 하거나 아예 팔리지 않을 수도 있다. 따라서 취득한 부동산이 원활하게 팔릴 것인지, 그 경우 시세는 얼마가 될지를 파악해야 한다.

취득 후 한동안 보유하지 않고 바로 재매도할 목적의 투자라면 향후 가격변동 요인이 될 만한 사항들을 파악하고 분석할 필요가 있다. 왜냐하면 현재의 입지조건과 가까운 장래의 입지조건의 변화가 이미 가격에 반영된 경우가 많기 때문이다. 예를 들어 몇 년 후에 지하철이 개통

될 예정이고 어떤 시설이 들어설 예정이지만, 이런 호재가 이미 현재의 부동산 가격에 어느 정도 반영되어 있을 수도 있다.

그러니 투자 예정 부동산을 지금 되팔면 얼마에 팔릴 것인지만 알면 된다. 일반적으로 중요하게 생각하는 대중교통 환경, 인구유입 시설, 접근의 편리성 등을 파악해야 할 것 같지만 바로 되팔 것이기 때문에 매매가 쉽게 이뤄질 수 있는 가격대만 알면 충분하다.

오히려 이미 세상에 다 알려진 호재가 있는 부동산은 경매로 결코 싸게 살 수 없다. 주변에 대규모 개발계획이 있는 부동산은 적정한 금액보다 더 많이 올라 있고 경쟁도 심해 매우 높은 낙찰가로 매수하게 될 수도 있다. 이렇게 현재 시세보다 훨씬 비싸게 사게 될 경우에는 되팔면 오히려 손해보는 경우가 많아 저자는 대단위 개발계획이 있는 지역의 부동산은 경매를 통해 사지 말 것을 권한다.

단기 재매각 목적 부동산의 물건분석은 토지나 일부 종류의 부동산을 제외하고는 대부분 간단하다. 그렇다고 시세만 파악하면 되는 것은 아니다.

공동주택, 단독주택, 상업용 건물, 토지 등 부동산 종류에 따라 추가적인 물건분석이 필요한데, 뒤에 나오는 〈재매각 목적의 부동산 종별 물건분석〉(본문 94쪽)에서 설명하기로 한다.

⌂ 중장기 보유 목적 부동산의 물건분석

중장기 보유 후 매각해 매매차액을 얻을 목적으로 투자하는 경우, 보유하는 동안 앞으로 시장가치가 상승하거나 하락할 요인이 있는지 미래가치를 예상해볼 필요가 있다.

미래가치의 등락요인은 우리나라의 경우 매우 다양하고, 여러 요인들이 복합적으로 작용해 전문가들조차도 예측 결과가 매우 다른 경우가 많다. 이것만 봐도 미래가치 예측이 어렵다는 것을 알 수 있다. 저자또한 나름의 주관에 의해 내놓는 견해이므로 저자와는 다른 견해도 있을 수 있을 것이다.

부동산 시세 등락은 경제 호·불황 등 전국적으로 영향을 미치는 요인도 있을 수 있으나, 국지적 요인에 의해 지역적으로 미칠 영향을 예측하는 것이 중요하다. 국지적 등락요인은 전국적 등락요인과 국지적등락요인이 함께 작용한다.

등락요인으로는 경제 호황과 불황에 따른 구매력 증감, 조세·금융·공급조절을 포함한 부동산정책의 변경, 금리변동, 매도자와 매수자의심리, 해당 지역·해당 부동산의 질과 희소성 등에 의한 수요 공급의 불일치를 들 수 있으며, 이런 개별 요인들은 복합적으로 작용해 부동산 시세의 등락을 초래한다.

심지어는 일부 세력들의 시세 조작이나 담합에 의해 시세가 움직일수도 있어 미래시세를 점치기는 매우 어렵다. 공동주택, 단독·다가구주택, 상업용 건물, 토지 등 물건의 종류에 따라서도 차이가 있다.

부동산 종류별 물건분석은 〈재매각 목적의 부동산 종별 물건분석〉(본문 94쪽)에서 다루기로 한다.

🏠 임대 목적 부동산의 물건분석

임대 목적 투자는 주거용 건물과 상가용 건물 투자로 나누어 살펴본다. 우선 주거용 혹은 상가용 건물의 임대 목적 투자에 필요한 공통적 물건 분석 항목은 다음과 같다.

공통적 분석 내용

1) 임대시세 파악

상가는 평당 임대시세와 공실률도 함께 조사하고, 주택은 해당 주택의 품질에 맞는 임대시세, 임대 활성도도 함께 파악

2) 사회간접자본(SOC) 등 확충 계획

도로신설 확장 계획, 녹지 공간·학교·관공서·생활편의시설 등 확충 계획, 지하철 개통·역 신설 예정·인구 유입을 가져올 시설개발 계획과 인구이동 예상

3) 정책적 원인과 국지적 수급 불균형으로 인한 가격변동 예상

4) 건축법령 위반사항 등 파악

불법 용도 변경, 증·개축, 구조 변경 및 그 정도, 사용검사 미필 및 미필사유, 이행강제금 부과 여부, 내시 일부 누락 취득, 건물의 타인 토지 침범 여부 등 파악

5) 기타 흠결사항

혐오기피시설 근거리 설치 여부 및 설치예정 여부, 심각한 물리적 하자, 흉한 소문 등 파악

재매각 목적의 부동산 종별 물건분석

단기 재매각 목적 부동산에 대해 물건분석을 할 때 주거용 건물의 경우는 분석 내용이 단순하지만, 상업용 건물과 토지는 분석할 항목도 다양하고 변수도 많아 복잡하다.

🏠 단기 재매각 목적 부동산의 종별 물건분석

취득 후 즉시 매각을 목적으로 투자하는 경우에는 향후 미래의 가치가 오를 것인지 내릴 것인지를 예상할 필요는 없고, 단지 당장 팔릴 수 있는 물건인지, 얼마에 팔릴 것인지만 확인하면 된다.

보통 선호하지 않는 주택은 거래 가격이 낮기는 하지만 매도가 불가능한 것은 아니다. 조건이 불리해 싸게 나온 주택이 오히려 실속이 있을 수 있다. 다만, 해당 부동산이 거래를 하는 데 있어서 심각한 장애 요인이 있는지는 확인해야 한다.

주거용 건물의 물건분석 내용

① 쉽게 팔릴 수 있는지와 어느 정도 가격에 팔릴지 파악

② 건축법상 위반사항과 그 정도

  불법 용도 변경, 증·개축, 구조 변경 정도, 사용검사 미필 여부, 이

  행강제금 부과 여부

③ 주변과의 권리분쟁 문제

  대지 일부 누락 여부와 그 내용, 타인 토지 침범 여부와 그 정도

④ 심각한 물리적 하자 유무와 그 정도

  건물의 균열·누수 등, 재매각이 거의 불가능한 수준의 심각한 물

  리적 하자로 거액의 수리비를 요하는지 여부, 주택의 단열상태 정

  도, 계단이 너무 가파르거나 지나치게 폭이 좁지는 않은지 여부

⑤ 흉한 소문, 분쟁관계, 혐오시설 등

  사건 발생 등으로 흉가로 소문나지는 않았는지 여부, 심각한 층간

  소음 등 문제가 가볍지 않고 그 해결 또한 어려운 경우, 상습 침수

  지역, 산사태 우려 지역, 공기 오염이 심한 건물, 주변 악취나 소

  음의 정도

⑥ 제시 외 건물의 취득 가능 여부

⑦ 재개발, 재건축 지역의 경우 절차 진행 정도, 조합원 자격취득 여

  부, 평당 권리가액의 예상액 파악

⑧ 평당 관리비

상업용 건물의 물건분석 내용

① 매매시세와 임대시세, 임대가 원활한지 여부

  상가는 매매가 원활하지 않아 매매시세 파악이 어려움. 주위 실거

래 사례에서 평당 얼마에 매매되었는지 파악해 시세 예측

② 상권이 한동안 안정적으로 유지될지 여부

　 상권이 좋아도 상가 수가 너무 많지는 않은지 확인

③ 공실 여부

④ 예상 임대수익률 산출

※ ⑤~⑪은 '주거용 건물의 물건분석 내용'의 ②~⑧과 같음

⑤ 건축법상 위반사항과 그 정도

⑥ 주변과의 권리분쟁 문제

⑦ 심각한 물리적 하자 유무와 그 정도

⑧ 흉한 소문, 분쟁관계, 혐오시설 등

⑨ 제시 외 건물의 취득 가능 여부

⑩ 재개발, 재건축 지역의 경우 절차 진행 정도, 조합원 자격취득 여부, 평당 권리가액의 예상액 파악

⑪ 평당 관리비

토지의 물건분석 내용

① 시세와 거래 활성도

② 지역, 지구, 구역 등에 의한 건축규제의 공법제한 사항 파악

③ 임야, 농지의 개발 가능성, 농지취득자격증명서 발급 가능성

　 산지전용, 농지전용이 가능한지 관공서에 문의. 산지의 경우 개발이 유리한 준보전산지 여부, 입목도·경사도 상태 확인. 농지의 경우 개발이 어려운 진흥지역인지 그 외 지역인지와 농지전용 조건에 부합하는지 여부

④ 토지의 모양, 도로와의 관계 확인

입체적인 토지의 모양 확인, 건축법상 인정되는 도로와 접하는지 여부, 법면이나 경사로 인해 토지 사용에 불리한 부분이 있는지, 맹지 탈출이 쉬운지, 도로와의 관계, 토지 모양에 따라 건축의 모양새가 좋은지, 토지의 경계 확인

⑤ 입지분석

　주변 시설물의 상태와 개발 정도, 개발이 진행되고 있는지, 악취, 소음시설이 근거리에 위치하는지 여부

⑥ 형질 변경 비용 추산

🏠 중장기 보유 목적 부동산의 종별 물건분석

주거용 건물의 물건분석 내용

※ ①~⑧은 '단기 재매각 목적 부동산의 종별 물건분석' 중 주거용 건물의 경우와 같음

① 쉽게 팔릴 수 있는지와 어느 정도의 가격에 팔릴지 파악

② 건축법상 위반사항과 그 정도

③ 주변과의 권리분쟁 문제

④ 심각한 물리적 하자 유무와 그 정도

⑤ 흉한 소문, 분쟁관계, 혐오시설 등

⑥ 제시 외 건물의 취득 가능 여부

⑦ 재개발, 재건축 지역의 경우 절차 진행 정도, 조합원 자격취득 여부, 평당 권리가액의 예상액 파악

⑧ 평당 관리비

※ ⑨ 이후는 중장기 보유 목적의 경우에만 필요한 물건분석 항목으로, 중장기적으로 향후 가치 증감 요인이 추가됨

⑨ 교통여건의 변화

도로확충, 도로신설 계획, 지하철 개통, 역 신설 예정 등

⑩ 주변 시설계획, 주변 개발계획

호재나 악재가 될 시설의 입지계획, 인구유입에 영향을 미치는 주변시설 개발계획, 랜드마크가 될 만한 시설 유치 계획

⑪ 학군 변경이나 학교 신설, 폐교 계획

⑫ 지역, 지구, 구역 변경(신설, 변경, 해제) 계획

⑬ 주변환경, 진출입 여건 변경 계획

녹지환경 확충, 개천 복개, 교량 설치, 간선도로 진출입로 설치 계획 등

⑭ 정책 변경에 의해 해당 지역의 수요와 공급에 영향 미칠 요인 발생 예측

⑮ 지역주민의 경제적 수준

상업용 건물의 물건분석 내용

※ ①~⑪은 '단기 재매각 목적 부동산의 종별 물건분석' 중 상업용 건물의 경우와 같음

① 매매시세와 임대시세, 임대가 원활한지 여부

② 상권이 한동안 안정적으로 유지될지 여부

③ 공실 여부

④ 예상 임대수익률 산출

⑤ 건축법상 위반사항과 그 정도

⑥ 주변과의 권리분쟁 문제

⑦ 심각한 물리적 하자 유무와 그 하자 정도

⑧ 흉한 소문, 분쟁관계, 혐오시설 등

⑨ 제시 외 건물의 취득 가능 여부

⑩ 재개발, 재건축 지역의 경우 절차 진행 정도, 조합원 자격취득 여부, 평당 권리가액의 예상액 파악

⑪ 평당 관리비

※ ⑫~⑱은 '중장기 보유 목적 부동산의 종별 물건분석' 중 주거용 건물의 물건분석 내용 ⑨~⑮와 같음

⑫ 교통여건의 변화

⑬ 주변 시설계획, 주변 개발계획

⑭ 학군 변경이나 학교 신설, 폐교 계획

⑮ 지역, 지구, 구역 변경(신설, 변경, 해제) 계획

⑯ 주변환경, 진출입 여건 변경 계획

⑰ 정책 변경에 의해 해당 지역의 수요와 공급에 영향 미칠 요인 발생 예측

⑱ 지역주민의 경제적 수준

⑲ 상가 출입구가 통행인의 주 통행로상에 있는지 여부, 공동주택의 주 줄입구로 예정된 경우 그 예정 수 줄입구와 상가의 출입구가 바로 연결되는지 여부

⑳ 최소 비용으로 리모델링 가능한지 여부

㉑ 상권을 변동시킬 대규모 인구 유입 유도시설 계획과 그 시설이 미칠 영향 예측

토지의 물건분석 내용

※ ①~⑥은 '단기 재매각 목적 부동산의 종별 물건분석' 중 토지의 물건분석과 같음

① 시세와 거래 활성도

② 지역, 지구, 구역 등에 의한 건축규제의 공법제한 사항 파악

③ 임야, 농지의 개발 가능성, 농지취득자격증명서 발급 가능성

④ 토지의 모양, 도로와의 관계 확인

⑤ 입지분석

⑥ 형질 변경 비용 추산

⑦ 도시계획 변경, 국토이용계획 변경 예측

⑧ 교통여건의 변화

　도로확충, 도로신설 계획, 지하철 개통, 역 신설 예정

⑨ 주변 시설계획, 주변 개발계획

⑩ 학군 변경이나 학교 신설, 폐교 계획

⑪ 지역, 지구, 구역 변경 계획

⑫ 주변환경, 진출입 여건 변경 계획

⑬ 정책 변경에 의해 해당 지역 토지의 수요 변동 예상

⑭ 부근 개발 중인 시설물의 질, 거주민의 수준

⑮ 당해 지역 토지에 영향을 미칠 법령변경, 고시의 변경 움직임

🏠 토지경매의 물건분석

기본 점검사항

개발가능 여부

1) 개발행위허가 기준 부합 여부

① 건축법상 진입도로 확보 여부(※별도 설명)

② 오폐수 배출 국공유지 하천과 연결 가능 여부

③ 국계법 지역, 지구, 구역 등에 의한 개발 가능 여부(※별도 설명)

④ 각종 토지규제가 포함된 특별법 규제를 피할 수 있는지 여부

　(※별도 설명)

⑤ 농지 및 산지의 경우 전용 가능성(※별도 설명)

⑥ 기타 개발행위 허가기준 적합성(※별도 설명)

시세 및 현황조사

1) 시세조사: 거래가 뜸한 곳은 시세정보가 부정확할 수 있음에 유의하고, 매도호가가 아닌 쉽게 거래될 수 있는 시세를 알아봐야 한다.

2) 현황조사의 내용

① 등기부와 토지대장 차이(면적, 지목) 확인

② 공부상 지목과 현황 지목의 차이 확인

　- 현황 농지

　- 현황 도로

　- 폐도로

　- 구거이나 사실상은 비구거

　- 염전, 주차장, 목장용지, 묘지 등 실제는 다른 용도로 사용

③ 등기부와 토지대장의 차이(면적, 지목) 검토

④ 부합물 확인

⑤ 토지 모양, 향, 상태 확인

- 토지 모양, 입체적 모양 확인

  - 토지 모양이 정방형에 가까운지

  - 도로와의 높이 차이, 법면, 석축상태, 토지의 함몰 정도, 경사도

- 토지의 상태

  - 산지의 경우 악산 여부, 자연림 상태 여부, 입목도

- 남향 건축물에 적합한지

3) 주변환경, 입지(특히 현 시세에 미반영된 경우)

- 주변 개발상태, 개발 중인지

  - 주변에 양호한 주거시설이 있는지

- 상업시설, 편익시설이 근거리에 위치하는지

- 간선도로와의 접근성

- 도시의 경우 직장 접근성

- 혐오시설(악취공해, 소음 등 시설)의 이격거리

- 상습 침수지역, 산사태 우려 지역 여부

- GTX, 지하철 경전철 수혜지역 여부, 정차역 근접성

- 유동인구 유입시설 근접성

토지의 틈새물건

1) 모양의 흠결 극복 가능성

2) 맹지 탈출 가능성

3) 고가 토지와 인접 저가 토지의 경우

4) 토지 지분이 재건축

　• 재개발 조합원 자격취득 가능한지

5) 분할 경제성 토지

6) 표면적 지분 물건

7) 염전, 주차장, 잡종지, 목장용지 등의 저가취득

8) 알박기 토지

　• 유의할 사항

　　이미 건물 대지에 포함되는 나대지로 보이는 물건

　　알박기당하는 토지

　　농취증 발급이 불가한 농지

　　혐오시설 근접토지 등

권리분석에 필요한 사실관계

- 묘지의 존재와 망인과 토지 소유권 관계, 매장시기, 무연고 분묘 여부

- 농지상 농지법 위반(전용절차 위반), 건물 유무와 사전 농취증 신청

- 토지상 건물이 아닌 입목(입목등기나 명인방법이 아닌 입목)의 존재 여부, 미완성건물, 이농 가능 선물 소재 여부(부합물 여부)

- 유치권자의 점유 여부, 현수막 소재 여부

- 공사비 채권의 소멸시효 완성 여부

- 지상 타인 소유 건물이 소재할 경우 건물 소유자 파악과 법정지상 권 성립여부 확인을 위한 기타 사실관계 파악(※별도설명)

건축법상 도로 및 도로요건

건축법상 도로의 정의(법2조 ①항 11호) 및 건축허가 요건

보행과 차량통행이 가능한 4m이상 ①법령상 도로와 예정도로 및 ② 건축허가(신고)시 허가권자가 위치 지정 공고한 도로

위치 지정→ 공고→ 도로관리대장에 등재, 도로지정은 되었으나 도로관리대장에 등재되지 않은 경우가 종종 있음→ 관할관청 확인이 필요하다.

〈건축허가 요건〉

위 건축법 2조 ①항 11호에서 정의한 도로에 2m이상 접하여야 한다 (법44조)

[예외규정]

①해당 건축물의 출입에 지장 없다고 인정

②건축물 주변 공지 있는 경우→ 광장, 공원, 유원지, 통행가능 공지 (령28조)

③농막을 건축하는 경우

④건축물 연면적 2,000㎡이상 6m이상 도로에 4m이상 접(영28조)

[도로접면 의무 및 도로지정 등에 대한 적용제외](법3조 ②항)

도시지역, 지구단위계획구역 외의 면 지역은 2m이상 도로접면 의무와 도로지정공고 절차 없이도 현황도로를 진입로로 하여 건축 가능.

즉 건축법상 도로요건 갖춘 도로가 아니어도, 또 진입로에 2m이상 접하지 않아도 무방… 지자체 확인 필요사항.

• 산지전용허가(임야의 개발행위허가)를 받아야 하는 임야의 경우는 타인 소유인 진입도로가 도로지정 공고되었다 하더라도 도로 사용

• 승낙을 받아야 한다는 주장이 있음(근거: 산지관리법 시행령 별표4의 10

호를 그렇게 해석)→ 관공서 확인 필요

- 또한 산지전용허가(임야의 개발행위 허가)를 받아야 하는 경우, 다른 인근 토지 소유자에게 진입도로 사용의 도로 사용·승낙이 있어 도로지정, 공고 동의를 하였다고 하더라도 미개발 부지인 경우 상하수도 등 인입 시 별도 도로사용 승낙을 받아야 하므로 그 승낙 없이 건축이 불가능하다는 의견도 있음→ 해당 관청 확인 필요

[4m이상 요건 예외](시행령 3조의 3)

①차량통행용 도로 설치 곤란지역은 도로폭 3m~2m

②막다른 도로의 길이에 따라 2m에서 6m(읍면지역은 2m~4m)

[2조 ①항 11호 및 2m이상 도로접면 의무의 적용완화]

(법5조)(시행령6조 ① 7의 2)

도시지역, 지구단위계획구역이 아닌 읍, 동 지역의 조례에 정한 건축물 (주로 단독주택, 작물재배사)은 건축법상 도로요건 적용 완화(시, 군 조례 참조)

[기존 건축물에 관한 특례](법6조→ 시행령6조의 2)

기존 건축물이 건축법에 저촉되더라도 조례에 정하는 바에 따라 건축 가능

법령상 도로

1) 국계법상 도시계획시설로 신설 고시한 도로

2) 도로법상 신설 고시한 도로(고속국도, 국도, 지방도, 군도 등)

3) 개인이 사도 개설 신청하여 그 허가를 받아 신설한 도로

4) 농어촌도로정비법상 신설한 면도, 리도, 농도

인근 토지의 건축허가(신고)시 위치 지정 공고된 도로(법45조)

허가권자는 도로로 지정, 공고할 토지의 이해관계인(주로 토지소유자)의 동의를 받아 도로로 위치지정 공고할 수 있다.

[예외]

① 이해관계인이 해외거주로 동의 곤란

② 오랫동안 주민의 관습상도로(주민이 오랫동안 통행로로 이용하고 있는 사실상의 통로)로 해당 조례로 정하는 경우

건축법상 도로의 종류별 유의사항

1) 도로법상 도로

① 종류

고속국도/ 일반국도/ 특별시, 광역시도/ 지방도/ 시도/ 군도/ 구도

② 접도구역의 문제

③ 도로법상 도로와 진입로 연결문제

연결허가/ 연결허가 금지구간

도로점용허가

2) 기부채납에 의한 국·공유도로

누구나 진입도로로 사용 가능

3) 사도법에 의한 사도

누구나 진입도로로 사용 가능

단지 내 사도는 사도법 적용 제외

배타적 사용(사도법 3조)

4) 국계법에 의한 도시계획시설로 설치된 도로

완충녹지 주의

5) 농어촌도로정비법 도로

면도, 리도, 농도

농도는 농업용 목적 외로 사용제한(농업인주택, 농업시설은 가능)

6) 국·공유지 구거, 하천의 점용허가로 맹지 탈출

토관, 시멘트 구조물 등으로 복개하여 국·공유지의 구거, 하천을 점
용허가받아 진입로 확보 가능

지역, 지구, 구역에 의한 토지규제

1) 지역지정

모든 토지는 각각 특정지역으로 지정되어 있고, 각 지역별로 허용되
는 건축물의 종류, 건폐율과 용적률은 법령에 의해 정해진다.

2) 지역의 종류

    도시지역

    비도시지역

3) 도시지역 ┬ 주거지역 ┬ 전용주거지역: 1, 2종
                          └ 일반주거지역: 1, 2, 3종
           ├ 상업지역 - 중심, 일반, 근린, 유통상업지역
           ├ 공업지역 전용, 일반, 준공업지역
           └ 녹지지역 ┬ 보전녹지
                          ├ 생산녹지
                          └ 자연녹지

4) 비도시지역 ┬ 관리지역 - 보전/ 생산/ 계획관리지역
              ├ 농림지역
              └ 자연환경보전지역

5) 지구지정

동일지역 내에서라도 지구지정으로 건축을 제한하거나 특별한 개발 목적의 지구지정은 그 목적에 맞추어 인센티브를 주는 지구도 있다.

6) 지구의 종류

① 경관지구

    자연, 수변, 시가지경관지구

② 미관지구

    중심지, 역사문화, 일반미관지구

③ 고도지구

    최저, 최고고도지구

④ 방재지구

⑤ 개발진흥지구

    지구지정 목적에 맞추어 건축규제를 오히려 완화, 인센티브 제공

    - 주거개발/ 산업개발/ 관광·휴양개발/ 복합개발/ 특정개발 진흥지구

⑥ 취락지구

    취락 집중화 정비 위한 지구지정

    - 건폐율, 용적률 완화/ 개발제한구역 내 주거·생활편익시설 설치 가능

⑦ 문화자원보존지구

7) 용도구역의 지정 토지규제

시가지의 무질서한 확산 방지, 계획적이고 단계적인 개발, 수산자원 의 보호 육성을 위한 토지이용에 관하여 당해 용도지역의 이용제한 범 위를 더욱 강화하기 위해 설정하는 구역으로 다음 3가지가 있다.

① 개발제한구역

일명 그린벨트라고 하며 도시의 무질서한 확산 방지와 도시 주변
의 자연환경을 보전할 수 있도록 도시개발을 강력히 제한하기 위
해 설정한 구역으로 원칙적으로 건축, 용도변경, 형질변경 등 일
체 개발행위가 제한되는 구역이다.

② 시가화조정구역

도시의 무질서한 시가화 방지, 단계적 개발을 도모하기 위해 5년
이상 20년 이내의 기간 동안 시가화를 유보하기 위해 지정한다.

③ 수산자원보호구역

수산자원의 보호 • 육성을 위하여 필요한 공유수면이나 그 인접
토지에 대해 지정한다. 농어가주택, 수산자원 보호 • 육성시설 등
은 허가를 득하여 건축할 수 있다.

각종 특별법에 의한 토지규제

- 임야의 개발규제
- 농지의 규제(개발과 취득 자체 규제)
- 군사에 관한 법령
  군사시설보호법(제한 · 통제보호구역), 군용항공기지 법령
- 물에 관한 규제
  하천법, 수도법(상수원보호구역), 한강수계보호규제
- 공원 및 문화재 관련법 규제
  자연공원법, 문화재보호법 등
- 환경보호 관련 규제
  생태계보전 관련 법률규제(비오톱 등급 등), 오폐수처리 규제, 백두대

간보호, 습지보전법
- 도로에 관한 규제 법령
  접도구역 규제, 건축법상 인정 도로
- 기타
  수도권정비법, 도시 및 주거환경정비법 등

기타 토지규제

- 일정범위 구간을 계획적으로 개발하기 위한 지구단위계획구역 제도
- 재정비촉진지구 지정 확인
- 농지의 토지이용 규제
  1) 농지취득자격증명제
  2) 농지전용허가
  3) 농지의 종류: 농업진흥지역 ┌ 진흥구역
                              └ 보호구역

        일반농지
- 산지의 토지이용 규제
  산지의 구분

  ┌ 보전산지 ┌ 공익용보전산지
  │   └ 임업용보전산지
  └ 준보전산지

개발행위 허가제도

개발행위의 대상(령 51조)
1) 건축물의 건축: 「건축법」 제2조 제1항 제2호에 따른 건축물의 건축

2) 공작물의 설치: 인공을 가하여 제작한 시설물(「건축법」 제2조 제1항 제
2호에 따른 건축물을 제외한다)의 설치

3) 토지의 형질변경: 절토(땅깎기)·성토(흙쌓기)·정지(땅고르기)·포
장 등의 방법으로 토지의 형상을 변경하는 행위와 공유수면의 매
립(경작을 위한 토지의 형질변경을 제외한다)

4) 토석채취: 흙·모래·자갈·바위 등의 토석을 채취하는 행위. 다
만, 토지의 형질변경을 목적으로 하는 것을 제외한다.

5) 토지분할: 다음 각 목의 어느 하나에 해당하는 토지의 분할(「건축
법」 제57조에 따른 건축물이 있는 대지는 제외한다)

　가. 녹지지역·관리지역·농림지역 및 자연환경보전지역 안에서 관계
법령에 따른 허가·인가 등을 받지 아니하고 행하는 토지의 분할

　나. 건축법」 제57조 제1항에 따른 분할제한면적 미만으로의 토지
의 분할

　다. 관계 법령에 의한 허가·인가 등을 받지 아니하고 행하는 너
비 5미터 이하로의 토지의 분할

6) 물건을 쌓아놓는 행위: 녹지지역·관리지역 또는 자연환경보전
지역 안에서 건축물 울타리 안(적법한 절차에 의하여 조성된 대지에 한한
다)에 위치하지 아니한 토지에 물건을 1월 이상 쌓아놓는 행위

국토계획법 시행령 별표 허가기준(별표 1의 2)

1) 공통분야

　① 조수류, 수목 집단서식지, 우량농지 아니고 보전 필요 없을 것

　② 역사/문화/향토적 가치, 국방 목적에 의한 원형보존 필요 없
을 것

③ 형질변경, 토석채취는 조례기준 적합할 것

(경사도, 임상(林相), 표고(標高), 인근도로 높이, 배수, 기타)

④ 3항 완화규정

지형여건, 스키장, 풍력발전시설 등 조례기준이 불합리하다고
인정되는 경우 환경오염 방지, 경관조성 등 조치 포함된 개발은
도시계획위원회 심의로 기준완화 가능

2) 도시계획/계획사업 조화

① 지역별 개발규모, 건축제한 기준 적합

② 허가제한지역이 아닐 것

③ 도시계획사업 부지가 아닐 것

④ 개발시기, 시설설치가 계획사업에 지장 없을 것

3) 주변지역 조화

① 건축물, 공작물이 주변 경관, 미관 훼손하지 않을 것
높이 형태 색채 조화, 경관계획 수립 시 그에 적합

② 대기, 수질, 토지오염, 소음, 진동, 분진이 심하지 않을 것
위 방지 가능 조경, 녹지공간, 완충지대 설치도 허가조건 시 가능

③ 녹지 축 절단이 없을 것, 배수 변경으로 하천, 호소(湖沼), 습지로
유수를 막지을 것

4) 기반시설

① 주변교통 지장 초래하지 않을 것

② 도로 건축법 적합

③ 조례로 정하는 건축물의 용도, 규모, 층수, 도로 너비 등 기준 적합

2장

권리분석,
정확하게 이해하기

• • •

경매를 하는 사람들 대부분이 권리분석 중 아주 단순한 권리소멸, 인수 정도의 지식만 갖추고선 자신은 경매에 필요한 지식과 요령, 예측 능력에서 앞서 있다고 자부하곤 한다. 그러나 실제로는 경매를 제대로 하기 위해 무엇을 얼마나 알아야 하는지조차 모르고 있는 경우가 대부분이다.

권리분석을 정확하게 이해하기 위해서는 부동산상 권리의 종류와 구조를 완전히 이해하고 권리분석의 원리를 터득해야 한다. 부동산경매 권리분석에서 중심이 되는 권리인 저당권 등 담보권과 가압류 등기에 관한 효력을 정확하게 알고 나면 권리분석의 원리에 대해 제대로 이해할 수 있게 된다.

• • •

권리분석, 정확하게 이해하기

권리분석, 왜 해야 하나?

경매를 통해 부동산을 취득하는 경우 소유권을 취득하는 사람이 미처 생각지 못했던 다른 권리로 인해 소유권 행사를 제한당하거나 소유권을 상실하게 되는 경우가 있을 수 있다. 이런 상황들에 대해 입찰 전에 미리 점검을 하게 되는데, 이 절차를 '권리분석'이라 한다.

즉, 경매로 부동산을 취득한 경우에는 부동산상에 이미 존재하고 있거나 소유권 이외의 다른 물권과 어떤 조치가 등기되어 있거나 법률에서 정한 요건을 갖춘 종전 소유자에 대한 채권 중에서 저당권이나 압류 등기에 앞서 발생한 권리를 부동산 취득자가 대신 떠안게 되는 경우도 있다. 또 종전 소유자에 대해 소유권에 관한 권리를 가진 자가 소유권을 가져가면서 경매의 매수인이 소유권을 잃게 되는 최악의 상황이 벌어지기도 하고 또한 매수인이 소유권을 취득할 때 비로소 예상치 못한 다른 권리를 떠안게 되는 경우도 있는데, 부동산경매 절차에서 그 여부를 분석하는 것이 바로 권리분석이다.

권리분석 실력을 갖추고 있다면 소유권 이외의 다른 권리를 떠안게 되는 문제나 소유권을 상실할 위험을 피할 수 있고, 더 나아가 권리분석 실력이 출중할 경우에는 외관상 문제가 있는 물건의 권리관계를 분석해 실제로는 문제가 없는 물건이라는 사실을 밝혀냄으로써 경매에 성공하게 되는 경우도 있다. 반면, 권리분석을 모르고 경매를 한다면 뜻하지 않게 불리한 권리를 인수하게 되어 금전적으로 낙찰대금 이외의 상당한 정도의 추가비용을 부담하게 되거나 부동산에 권리를 행사하지 못하게 되기도 하고, 심할 경우 소유권을 상실하게 될 수도 있다.

🏠 권리분석의 문제

재화인 유체동산(동산)을 매수하면 물건 자체를 건네받는 것으로 동산을 취득하게 되지만, 움직일 수 없는 부동산을 매수하면 물건 자체를 취득하는 것이 아니라 소유권이라는 권리만 취득하게 된다.

그런데 부동산을 목적으로 하는 권리에는 소유권만 존재하는 것이 아니고 소유권과 별개로 독립적이고 배타적인 다른 권리가 존재할 수 있다. 이에 더해 현 소유권자나 새로운 소유권을 취득할 사람에게 주장할 수 있는 권리, 즉 채권이 존재할 수도 있다.

매매 등 일반적 방법으로 소유권을 취득할 때 이미 존재하고 있는 다른 권리가 있는 경우라면, 그 권리자가 해당 권리를 행사할 수도 있기 때문에 새로운 소유권자는 그 부동산을 사용하거나 수익을 내거나 처분하는 등의 권리를 행사하는 데 있어서 제한 또는 제약을 받을 수 있고, 심한 경우 아무런 권리를 행사하지 못하게 될 수도 있다. 또 처분금지의 가처분 등 제한조치의 등기가 있는 경우, 이로 인해 새 소유권자가 소유권을 상실하게 될 수도 있다.

소유권을 제한하는 권리나 제약조치

1) 소유권 외의 부동산상 권리

부동산상 권리 중에는 물권과 대항력 요건을 구비한 채권이 있다.

① 물권

물권에는 소유권과 저당권, 전세권 등이 있다. 물권은 대인적(對人的) 권리가 아니고 대세적(對世的) 권리이며, 직접적·배타적·독점적으로 목적물을 지배할 수 있는 주인적 권리이다.

• 저당권

저당권이 설정되면 그 저당권을 가진 자는 채권회수를 목적으로 소유권을 제한할 수 있으며, 부동산의 환가가치를 소유권보다 우선하여 지배할 수 있게 된다. 즉, 저당권은 배타적·독점적 환가가치 지배권을 갖는다.

• 전세권

전세권(세입자가 등기부상에 전세권자로 전세권등기가 된 경우) 역시 소유권을 제한한다. 전세권자는 전세권설정 이후 전세권 기간 동안 부동산에 대한 사용 권한은 물론 수익(세를 놓아 보증금, 월세 등 수취)에 대한 권리를 독점하게 된다. 즉, 전세권자가 사용·수익 측면에서 전세권 계약 기간 동안 부동산의 실질적인 주인이 되는 것이다.

② 부동산상 권리 중 물권 외의 권리

물권 외의 다른 권리, 즉 채권은 현재 소유권자나 새로 소유권을 취득할 사람에 대해 그 권리를 주장할 수 있는 권리인데, 소유자와 임대차계약을 체결하고 관련 법령 규정에 의한 대항력 요건을 구비한 임차권자와, 현재 또는 종전 소유자에게 소유권 등의 이전청구권이 있는 사람이 부동산상에 가등기나 가처분을 해놓은 경우이다.

부동산에 소유권이전청구권을 가등기한 사람은 가등기한 날짜로 소급해서 본등기의 순위 효력이 발생해 향후 새로운 소유자에게 소유권이 이전되더라도 후에 본등기를 함으로써 그 목적 권리를 취득하게 되고, 그로 인해 새로운 소유자는 소유권을 박탈당하게 된다.

2) 소유권자에게 부담을 주는 보전조치

권리는 아니지만 소유권자나 새 소유권자가 될 사람에게 처분제한의 효력이 발생하여 소유권에 제한을 가하는 조치로, 가압류와 가처분 등기가 있다.

[표 8] 권리 등의 인수 시 권리하자 유형

인수되는 권리 등	권리하자로 발생하는 문제
저당권	환가가치 침해(저당권자의 환가가치 우선)
전세권	사용·수익 불가, 전세권 종료 시 전세금 추가부담
임차권등기나 선순위 대항력임차권	사용·수익 불가, 향후 임차보증금 반환 의무

유치권	사용·수익 불가, 유치권 피담보채권 변제해야 인도 가능
가등기	소유권 박탈될 수도 있음
가처분	소유권 박탈될 수도 있음
예고등기	소유권 박탈될 수도 있음
법정지상권	새 토지 소유권자가 지상건물 철거 불가로 토지 사용 불가
환매권	통상 저가에 환수당함
별도등기	대지권 박탈당하거나 건물부지의 사용 일부 제한
대지권 미등기	대지권 박탈당하거나 건물부지의 사용 일부 제한

원인별 소유권 이전의 부동산상 권리 승계 비교

1) 소유권 이전 시 매매와 경매의 차이

매매로 소유권을 이전할 경우 소유권 외에 기존의 부동산상 권리가 그대로 유지되며, 이를 '인수주의'라 한다. 반면 경매는 경매를 부치는 권리인의 담보물권(저당권 등)과 집행권원을 획득한 일반 금전채권자의 채권을 변제하기 위한 빚잔치로, 저당권과 압류 등기 및 이들보다 늦은 권리 등이 소멸·말소되는 것이 원칙이며, 이를 '소멸주의'라 한다.

2) 소유권 이전의 원인별 소유권 외 권리의 승계 문제

매매·증여는 새 소유자가 부동산상 권리에 한해 모두 떠안는 조건으로 승계한다고 하여 '특정승계'라 하고, 상속의 경우는 부동산에 대한 권리뿐만 아니라 피상속인의 모든 채무를 상속인이 떠안는다고 하여 '포괄승계'라 한다. 이때 교환도 매매의 일종으로 본다.

매각의 경우는 부동산상의 권리 중에서도 저당권과 (가)압류는 모두 소멸·말소되고, 그보다 늦은 권리들도 소멸·말소되어 제한적으로만 승계된다.

🏠 저당권과 (가)압류의 효력이 권리분석의 원리

저당권의 의미와 효력

(근)저당권은 금전채권의 회수를 담보하기 위해 채무자의 부동산을 담보물로 하여 향후 권리 행사 시 소유자나 후순위 권리자에 우선하여 경매 결과 환가대금을 취할 수 있는 권리이다. 채권회수를 위해 경매신청 등의 권리를 행사할 때 저당권 설정 당시의 권리 상황으로 권리관계가 동결된 조건으로 경매가 진행되어 (근)저당권의 후순위 권리에 대한 우선권이 보장된다. (근)저당권 채권자가 경매를 통해 채권을 회수하고자 할 때 그 저당권 설정 이후 발생한 권리나 조치의 등기 등은 모두 소멸·말소되거나 낙찰받은 매수인에게 권리를 주장할 수 없는 조건으로 경매가 진행되는 것이다.

(근)저당권의 의미와 효력을 열거하면 다음과 같다.

① 설정 당시의 순위와 권리관계의 담보가치 확보, 금액가치의 지배권

② 설정 당시의 권리 상황으로 동결된 조건으로 경매 절차를 진행하여 그 환가금액으로 채권회수

③ 설정 이후 권리나 등기, 임차권 등의 운명

- 설정 이후 등기된 권리는 저당권의 권리 실행에 의한 경매 절차로 환가가치를 향유할 때 그 권리가 매수인에게 부담이 되지 않는 조건이 됨
  - 물권은 매수인이 소유권을 이전할 때 소멸됨
  - 등기된 채권은 등기부에서 말소되고, 매수인에 대한 대항력이 소멸됨
- 설정 이후 등기된 (처분금지)가처분은 저당권 권리 실행에 의한

경매 절차로 매수인에게 소유권이전등기 시 말소되어 가처분으로 인한 문제에서 해방되나 일부 말소되지 않는 가처분의 특례도 있음

④ 토지상에 저당권 설정 당시 법정지상권 성립관계가 적용됨

- 설정 당시 나대지였지만 이후 지상 건축물을 신축하고 그 후 토지만 경매한 경우 법정지상권은 성립하지 않음
- 설정 당시 토지에 지상 건축물은 있었지만 토지 소유자와 지상 건축물 소유자가 다른 경우에도 법정지상권은 성립되지 않음

(가)압류의 의미와 효력

1) 압류의 뜻

판결확정 등을 확보한 금전채권자가 채무자의 부동산 소유권에 압류를 하면 그 물건 압류 당시의 현금화 가치(환가가치)를 유지할 수 있게 하기 위해 압류 이후에 물건상 권리와 등기가 새로이 발생하더라도 매수인이 그 권리와 등기로 인한 부담을 떠안지 않게 된다. 압류 당시의 권리관계로 동결된 조건으로 부동산이 매각됨으로써 향후 채권자가 채권회수를 함에 있어서 미처 예측하지 못한 불이익을 당하지 않을 수 있게 된다.

2) 압류의 효력

매수인이 소유권을 취득할 경우 사후에 압류 등기보다 늦은 권리들은 압류 효력에 의해 소멸되거나 말소되거나 대항력이 없게 된다.

압류등기보다 늦은 등기부상의 물권은 소멸되고 채권 등기, 보전처분 등기는 말소된다. 예를 들어, 주택임대차계약 시 임차인이 대항력 요건을 구비하지 않았거나 구비했더라도 그 시기가 (가)압류 설정 이후

라면 그 임차인은 매수인에게 임차인으로서의 권리를 주장할 수 없고, 매수인이 소유권을 취득한 이후에도 계속 점유하고 있다면 불법점유에 해당하므로 매수인에게 즉시 주택을 비워주어야 한다.

① 압류 이후 발생한 소유권 외 전세권 등의 물권이 소멸한다.

② 압류 이후 저당권은 배당 측면에서 압류에 우선하는 우선변제권이 없게 된다.

③ 매수인은 압류 이후 발생한 임차권을 배척할 수 있게 된다(임차권은 매수인에게 대항력이 없음).

④ 압류 이후 부동산등기부상의 가등기와 처분금지가처분등기는 말소된다.

⑤ 압류 이전에 대항력 요건을 구비한 임차인일지라도 압류 당시 보증금을 이후에 증액한 경우, 매수인은 압류 당시의 임차보증금만 인수한다.

3) 가압류

판결확정 등 집행권원 확정 전에 잠정적으로 임시의 압류조치를 법원에 신청하고 법원이 이를 받아들여 가압류조치를 하게 되면 임시로 압류와 같은 효력이 발생한다. 향후 채권자가 승소판결 확정 등 집행권원을 획득한 후 '본압류로의 전이 신청'을 하면 가압류는 가압류할 당시의 상태로 소급하여 본압류로 전환되고, 확정적으로 채권자로서의 권리를 행사할 수 있게 된다. 만일 가압류 채권자가 패소하거나 채무의 변제 등이 있게 되면 집행취소 절차를 통해 가압류가 해제될 수도 있다.

가압류 채권자가 승소를 한다고 전제하는 경우에는 가압류는 곧 압류와 동일하다고 보고 권리분석을 하면 된다.

경매의 종류별 권리변동

경매의 종류마다 경매를 부칠 수 있는 권리가 각각 다르고, 매각 절차에서의 권리변동 또한 다르게 나타난다.

⌂ 종류별 경매의 매각 절차에 의한 권리변동

강제경매의 권리변동

채무자가 채권자에게 금전채무를 지급이행하도록 하는 판결 등이 확정되었음에도 이를 이행치 않는 경우 이를 강제로 이행하도록 강제집행 신청을 할 수 있는데, 부동산으로 채무이행을 강제하기 위한 강제집행인 부동산강제경매는 이의 실효성을 뒷받침하기 위해 경매 절차 개시와 함께 압류조치를 한다.

압류조치 없이 강제경매를 진행했을 경우 도중에 소유권이 이전되면 경매를 지속할 수 없게 되기도 하고, 또 부동산상 다른 권리가 발생하면 매수인이 인수해야 하는 상황이 초래된다. 경매신청 채권자가 경매신청 당시 정상적으로 매각될 부동산에 대해 경매신청 이후 채무자

등이 권리변동을 일으키도록 하게 되면 사후 매각을 방해할 수 있게 되어 강제집행의 실효성이 떨어진다.

강제경매는 경매개시와 함께 압류조치가 내려지기 때문에 압류 이후 매수인에게 불리한 권리의 설정이나 변동, 소유권 이전 등 일체의 처분행위는 그 효력이 없게 되어, 매수인은 그 권리의 설정 등으로 인한 문제로부터 자유로워진다.

압류 이후의 소유권 이전, 다른 물권의 설정·변경은 매수인이 소유권을 취득한 이후에 무효 처리된다.

가압류의 경우에는 가압류 채권자가 향후 판결 등이 확정되어 법원에 그 증서를 제출하면 가압류할 당시 일자로 소급하여 가압류가 정식 압류로 변경되며, 가압류는 소급적으로 압류와 같은 법적 효력을 갖게 된다.

| ¹가압류 | → | ²물권 설정 | → | ³임차권 발생 | → | ⁴경매개시 압류 | → | ⁵매수인에게 소유권 이전 |

매수인에게 소유권 이전 시 4 이후가 아닌 1 이후 2는 소멸하고, 3은 매수인에 대한 대항력이 없으며, 1과 4는 말소된다.

임의경매의 권리변동

금전채무자가 채권자에게 금전채무의 지급을 담보해주기 위해 (근)저당권을 설정하고 향후 채무자의 채무불이행으로 채권자가 저당권을 실행, 즉 임의경매를 신청해 저당권이 설정된 부동산으로부터 강제로 채권을 회수하고자 할 경우, 저당권의 효력(표 9 참조)에 의해 저당권 설정 당시의 기존 권리관계 외에 저당권 설정 이후 발생한 권리와 매수인에게 불리한 등기사항은 소멸·말소된다. 그리고 당시의 소유자에 대한 임대차 관계는 매수인이 떠안지 않게 된다.

| ¹저당권 | → | ²다른 물권
설정 | → | ³가처분 또는
가등기 | → | ⁴임차권
발생 | → | ⁵경매개시,
압류 | → | ⁶매수인에게
소유권 이전 |

매수인에게 소유권 이전 시 1 이후 2는 소멸하고, 3은 말소, 4는 매수인에 대한 대항력이 없고, 1과 5는 말소된다.

[표 9] 저당권의 본질

권리 설정 당시의 담보가치 확보

⇩

담보가치에 상응하는 환가금액을 회수할 수 있는 권리 행사 (담보권 실행 경매 ⇨ 임의경매)
설정 당시의 권리관계 상황으로 동결한 조건에서 경매 절차 진행 ⇨ 저당권 설정 이후 발생한 등기부상 권리나 등기는 소멸·말소 ⇨ 저당권 설정 이후 임차인의 권리는 매수인에 대항력 주장 불가

⇩

매수인 입장에서는 저당권보다 늦은 권리나 등기, 임차권은 소멸·말소 또는 임차권은 인수 대신 임차인 명도 가능

형식적경매의 권리변동

공유물분할을 위한 경매 등 형식적경매는 채권회수를 위한 실체적경매가 아니고, 단지 부동산을 환가하여 현금화할 필요가 있을 때 진행되는 경매인데, 경매개시결정과 동시에 압류조치 결정이 내려져 경매가 진행된다. 따라서 그 압류조치 이후의 권리들은 소멸 · 말소 또는 매수인에게 대항력을 행사할 수 없는 조건으로 매각된다.

🏠 모든 경매의 공통적 권리변동 사항

① 경매개시와 동시에 내려진 압류 이전의 가압류나 저당권을 중심으로 한 담보권이 존재하면 그 가압류나 담보권 이후 권리들이 소멸·말소되는 조건으로 매각된다.

② 원칙적으로 담보권, (가)압류는 매각 절차로 모두 소멸·말소된다.

③ 유치권은 원칙적으로 유치권이 저당권, (가)압류보다 늦게 성립되었더라도 매수인이 인수하는 조건으로 경매가 진행된다. 다만 유치권자가 경매를 신청한 경우에는 유치권자 배당에 참여하게 되면서 권리가 소멸되는 조건으로 매각된다.

④ 강제경매나 형식적경매에서 (가)압류보다 먼저 저당권이 설정되어 있거나 임의경매에서 저당권보다 먼저 (가)압류가 있는 경우 그 저당권이나 (가)압류 이후 권리 등은 소멸·말소 또는 대항력이 없게 된다.

부동산 관련 권리와 등기의 분류

부동산과 관련된 권리 중 권리분석 대상이 되는 권리와 보전조치의 등기에 관해 구조적으로 이해해야 권리분석을 제대로 이해할 수 있다.

부동산과 관련된 권리에는 등기부에 올라 있는 권리가 있고, 등기부에는 올라 있지 않지만 매각되는 부동산 소유자에게 주장할 수 있는 권리가 있다. 또 (근)저당권, 전세권 같은 물권과 임차권, 등기청구권 등의 채권이 있다.

물권과 일정 요건을 구비한 채권은 부동산상의 권리로, 매매·증여·경매로 소유권을 취득하는 사람 입장에서 권리분석 대상이 되는 권리이고, 부동산상 권리가 되지 못하는 일반채권은 새 소유자에게 권리를 주장하지 못하고 배척당하는 권리이므로 새 소유자가 될 사람들에게는 권리분석의 대상이 아니다. 일정 요건을 구비한 채권이란, 등기한 채권이나 주택임대차보호법 등 법률에서 정한 요건을 구비한 임차권 등의 채권을 말한다.

권리분석 대상 중에는 권리 이외의 보전조치 등기가 있다. 그중 처분금지가처분은 가처분 이후 어떤 권리의 설정이나 소유권 이전 등을 막기 위한 조치이다. 설령 어떤 권리를 설정하거나 소유권이전등기를 하더라도 그 효력을 인정하지 않고, 향후 가처분 신청을 한 채권자가 부동산에 대한 권리를 취득할 때 그 권리에 불리한 영향을 줄 수 있는 권리 등이 모두 소멸·말소되어 그 효력을 상실하게 된다. 즉, 가처분이 선순위로 등기된 부동산을 경매로 취득할 때 그 가처분은 말소되지 않고, 그로 인해 경매로 취득한 소유권이전등기가 오히려 말소될 수 있다. 따라서 가처분은 권리분석 시 중요하게 다뤄야 한다는 점을 기억하자.

[표 10] 부동산 관련 권리 구조

등기부상 권리	부동산상 권리와 등기	주인적 권리 (부동산 확보 목적)	본권		소유권
			제한물권		전세권
					근저당권
		권리보전 등기 (소유권 확보 목적)	보전 등기		가등기
					환매권
			보전조치		가압류
					가처분
미공시 권리	사람 위의 권리	소유권자에 대한 권리	손님적 권리	일반 채권	대항력 있음	임차권등기
						임차권(전입)
					대항력 없음	임차권(미전입)
						무상임차권
						세금
						일반 금전채권

※ 채권의 대항력: 해당 권리자가 대항력 요건 구비 이후의 권리를 취득하거나 등기한 당사자인 부동산 소유자 이외의 모든 사람(실제는 이 중 당해 부동산과 권리관계를 형성하게 되는 사람들로 한정됨)에 대해 해당 권리를 주장할 수 있고, 이 권리와 양립 불가능하거나 권리의 다툼이 있는 경우 해당 이해관계인에 대하여 이 권리가 우선하게 되는 힘

[표 11] 부동산과 부동산 소유자에 대한 권리의 구조

	소유자 개인에 대한 권리	부동산상 권리				
	부동산 소유자에 대한 권리			등기부상 권리와 등기		
		주택상가건물임대차보호법상 대항력 요건 구비한 임대차	(배상을 위한 추가 요건 구비)	등기한 채권, 보전 등기	보전처분 등기	물권
사용에 관한 권리	일반 임차권, 사용차권은 사용만 가능	• 주민등록 등재한 주택임차권 • 사업자등록 한 상가임차권		• 임차권 등기 • 주택상가 임차권 등기		전세권(사용·수익권)
금전적 청구권	• 일반 금전채권(보증금미반환채권 등 포함) • 연체세금	위 임차권의 배당요구(해지 전제)로, 보증금 반환채권의 금전채권	확정일자 또는 소액보증금 요건 구비 후 배당 참여		가압류(환가금 배당 통한 채권변제충당권)	(근)저당권(환가금지배권)
등기 청구권	• 등기청구권(소유권 이전, 각종 권리 설정)			가등기	가처분	

🏠 부동산 관련 권리의 분류

배타적 직접지배권 유무에 따른 분류

• 물권: 권리 범위 내에서 부동산에 대해 직접적 · 독점적으로 지배

(지배권)하는 대물적 권리를 말한다.

- (일반)채권: 상대방인 소유자 개인에 대해 부동산과 관련하여 일정한 의무이행을 요구할 수 있는 권리(청구권)로, 대인적 권리이다.

권리 성립 원인에 따른 분류

- 약정권리: 당사자 약정에 의해 각 당사자별로 상대방에 대해 주장할 수 있는 내용의 권리로, 권리 발생일은 계약이 완성된 날이다. 이행조건이 있는 경우는 조건을 이행한 날이 권리 발생일이 된다.
- 법률권리: 법률적 사실이나 법률적 절차 및 법률규정에 의해 발생하는 권리로, 다음 3가지가 여기에 해당된다.
  - 등기권리: 일반물권과 등기한 채권(임차권등기, 환매권, 가등기)으로, 권리 발생일은 등기 접수일이다. 등기하기 전에는 권리의 효력이 없다.
  - 법률사실 권리: 상속, 신축, 낙찰의 사실이 발생하면 그 발생일에 권리가 성립된다.
  - 법정권리: 법정지상권, 법정임차권, 유치권은 요건 구비 시 해당 권리가 성립된 것이고, 주택·상가 임차인은 주민등록 전입 등 대항력 요건을 구비하면 계약을 체결한 임대인은 물론 누구에게나 임차권을 주장할 수 있는 법정대항권이 발생한다.

목적에 따른 분류

- 이용권: 부동산을 직접 이용 혹은 이용을 청구할 수 있는 권리이다.
- 환가배분참여권: 부동산 소유자에게 금전 지급을 청구하거나 부동산의 환가가치액에서 공·경매 시 자기 몫을 배당받을 수 있는

권리이다.

- 복합권: 당초에는 이용권으로 부동산을 이용할 수 있고, 약정기간 종료 또는 해지 시 임대인 또는 설정자 등에게 보증금 등의 반환을 청구할 수 있는 권리이다.
- 등기청구권: 매매계약, 임대차계약, 권리설정계약 등의 사유로 해당 권리의 등기를 청구할 수 있는 권리이다.

권리 실현 형태에 따른 분류

- 일반권리: 대부분의 권리로, 당해 권리를 행사하여 권리를 실현할 수 있다.
- 권리보전 권리: 본권[10] 순위를 확보하면서 안전하게 취득할 목적으로 본권 취득 전 그 본권을 보전할 수 있는 등기의 청구권이 확보되어 있다는 등기를 미리 한 후 소유권 등 본권을 취득한 후 권리 실현을 할 수 있는 권리이다. 가등기, 환매권 등이 여기 속한다.

권리 대상에 따른 분류

- 부동산상의 권리(물적권리): 부동산 자체에서 권리를 행사할 수 있는 권리로, 제3자에 대한 대항력이 있는 권리이다.
- 부동산 소유자에 대한 권리(인적권리): 부동산과 연계되지 않고 단지 부동산 소유자에 대해서만 청구 가능한 권리로, 제3자 대항력이 없는 권리이다.

---

10) 법률상 정당하게 물건을 점유할 수 있는 권리

물(物)권(權)에 대한 권리별(물적권리의 세분) 분류

- 부동산에 대한 권리: 부동산을 목적으로 하는 권리, 부동산에 대해 직접 행사하는 권리 등 대부분의 권리가 여기에 해당한다.
- 물권에 대한 권리: 부동산상의 특정 물권 자체를 목적으로 하는 권리로, 예를 들면 전세권에 대한 저당권, 근저당권에 대한 권리질권 등이 있다.

공시성에 따른 분류

- 공시권리: 부동산등기부에 등재된 권리, 즉 등기부에 의해 공시되고 있는 권리를 말한다.
- 미공시권리: 부동산등기부에 등재할 수 없거나 등재되지 않은 권리로, 예를 들면 주택 · 상가임차권, 유치권, 법정지상권, 차지권 등이다.

점유 여부에 따른 분류

- 점유권리: 목적물을 점유함으로써 행사하는 권리로, 유치권 · 임차권 · 전세권 등이 있다.
- 비점유권리: 목적물을 점유하지 않으면서 행사하는 권리로, 예를 들어 저당권·청구권 등이 있다.

권리 행사의 적극성 여부

- 적극권리: 적극적으로 권리를 행사하여 직접 수혜를 얻는 권리로, 각종 청구권, 사용 · 수익권, 환가배분참여권이 여기에 해당한다.
- 소극권리: 직접 권리를 행사하는 대신 타인의 부당한 행위를 소극

적으로 피할 수 있는 권리로, 인도거절권, 방해받지 않을 권리, 청구당하지 않을 권리가 있다.

권리자의 수에 따른 분류

- 단독권리: 권리자가 1명인 경우로, 대부분의 권리는 단독권리이다.
- 공동권리: 권리자 2명 이상이 공동으로 권리를 보유하고 있는 경우로, 상속이나 공동투자 등을 통해 하나의 부동산을 2명 이상이 공동으로 소유하는 경우를 말한다.

제3부

부동산경매의 핵심,
임대차 권리분석 심층 해설

1장

임차권

• • •

임차권은 '임차인의 권리'의 줄임말로 임대차에 의해 발생하는 임차인 측의 권리이며, 임대차는 본래 임대인과 임차인 사이에 맺는 권리관계에 지나지 않는다. 그러나 주택임차권, 상가임차권, 농지 및 토지임차권 중 일부는 당사자 외의 해당 부동산의 새 소유자와 부동산에 관한 권리를 취득하는 이해관계인들에게 그들의 권리를 주장할 수 있는 소위 대항력이라는 법률적 효력을 갖는다. 따라서 임차권이 매수인에 대해 대항력이 있는지에 관한 권리분석이 필요하다. 임대차계약과 관련된 권리분석을 정확하게 하기 위해서 부동산 임대차의 종류와 각각의 특징 및 대항력 요건, 우선변제권 등에 대해 알아야 한다.

• • •

임차권

임차권 일반

임차권과 관련해서는 우선 토지와 건물의 종류별 임대차와 각각의 차이에 대해, 그리고 임차권 보호에 관한 근거 법령과 각 임차권의 세부적인 권리에 대해 알아보자.

🏠 임차권의 개념과 종류

임차권이란

임차권이란, 임차인의 권리를 말하며, 적법한 임대차계약 당사자 중 일방인 임차인이 계약의 내용에 따라 자신의 의무사항을 이행하고 임대인에 대해 요구할 수 있는 사항의 이행을 청구할 수 있는 권리이다.

임대차계약은 당사자 일방이 상대방에게 목적물을 사용·수익하게 할 것을 약정하고 상대방이 이에 대해 차임을 지급할 것을 약정함으로써 그 효력이 발생한다. 이는 당사자 간의 의사표시만으로도 계약이 성립하고, 일정한 규정이나 방식을 따를 필요가 없는 계약이다(민법 제618조). 계약 당사자들끼리 계약과 관련해 결코 다툴 일이 없다면 계약서를 작성할 필요 없이 구두계약만 맺어도 충분할 것이다. 굳이 임대차계약서를 작성하는 것은 필요 시 증거 서류로 삼을 수 있기 때문이기도 하고, 또한 그 내용을 기억하는 데 도움이 되기 때문이기도 하다.

부동산 임차권의 종류

민법 제618조 임대차 규정은 부동산뿐만 아니라 동산에도 적용하는 규정이지만 여기에서는 부동산 임대차에 대해서만 서술하기로 한다.

부동산 임차권은 토지와 건물로 나뉘고, 토지는 다시 건물 소유 목적의 임차권, 농지임차권, 기타 토지임차권으로, 건물은 다시 주택임차권, 상가건물임차권으로 나뉜다. 임차권의 종류에 따라 특별한 규정이나 특별법이 적용되어 임차권의 권리 내용도 다를 수 있다.

- 토지임차권
  - 건물 소유 목적의 임차권(건물 유지 위한 갱신청구권 등)
  - 농지임차권(농지법 적용, 대항력 규정, 수익권 규정)
  - 기타 토지임차권(일반 임대차 규정만 적용)
- 건물임차권
  - 주택임차권(주택임대차보호법 적용, 대항력, 우선변제권 등)
  - 상가건물임차권(상가건물임대차보호법 적용, 대항력, 우선변제권, 갱신청구권 등)

임차권의 내용

1) 사용제공 청구권

임차 부동산을 사용할 수 있도록 요구할 권리이며(민법 제618조), 다음의 2가지로 나눌 수 있다.

① 목적물인도청구권

계약 체결 후 계약 내용상 임차인이 지급해야 할 임차보증금 등을 지급이행하면 임차인에게는 비로소 임대인에 대한 목적물인도청구권이 발생한다. 현실적으로는 보증금 등의 지급과 동시에 임대인이 임차인에게 인도를 해주므로 이 권리를 행사할 일이 거의 없다.

② 사용적합상태유지청구권(민법 제623조)

임차인에게는 임대인에게 계약존속 중 목적물을 사용에 적합한 상태로 유지시켜 달라고 요구할 권리가 있다. 여기에는 방해배제청구권, 목적물수선청구권, 계약해지·해제권, 안전배려청구권 등이 있다.

• 방해배제청구권

제3자의 점유침탈 등 사용상 방해 행위 발생 시 방해 상태 제거를 요구할 수 있다.

• 목적물수선청구권

목적물이 사용에 부적합한 상태인 경우 임대인에게 수선을 요구할 수 있다. 다만 임차인의 부주의나 과실로 인해 발생한 고장 등의 경우는 수선을 요구할 수 없다.

• 안전배려청구권

임대인은 임대물 사용상 위험을 피하도록 배려해야 하기 때문에 필요 시 안전수칙 등을 설명·고지해야 하고, 이에 대해 임차인은 그 의무이행을 촉구할 수 있다.

• 담보책임요구권

목적물의 일부 멸실 등 사용에 부적합한 흠결이 있을 때 임차인은 하자를 해결해달라고 요구할 권리가 있다.

2) 존속기간에 관한 권리

① 존속기간 보장권

약정기간 동안 임대차 존속 보장을 받을 수 있는 권리이다.

② 법정갱신에 관한 권리

임대차는 존속기간 만료 전 상호 갱신거절의 의사가 없을 경우에는 계약이 갱신된 것으로 간주하고, 새로운 존속기간은 미정인 상태로 일단 임대차관계가 유지된다.

③ 계약기간 미정 시 해지 유예기간의 제도

계약기간을 정하지 않은 임대차계약이라 하더라도 즉시 임대차 해지를 할 수 없다. 임대인이 해지통고를 한 경우에는 6개월, 임차인이 해지통고를 한 경우에는 1개월(주택 및 상가건물 임대차 보호법에서는 3개월)이 경과해야 해지의 효력이 생긴다(민법 제635조). 또한 주택임대차나 상가임대차의 경우 기간을 정하지 않았거나 단기 임대차계약을 맺었더라도 임차인은 임대인에게 2년과 1년의 임대차 기간을 주장할 수 있다.

④ 갱신청구권

건물이나 기타 공작물의 소유를 목적으로 하거나 식목, 채염, 목축을 목적으로 한 토지임대차에서 건물, 수목, 기타 토지상의 시설이 현존하는 상태로 기간이 만료한 때에 임차인은 계약의 갱신을 청구할 수 있다.

주택임차인에게는 갱신청구권이 없고 상가임차인에게는 10년 범위 내의 갱신청구권이 있다.

⑤ 사유발생 시 계약해지·해제권

임대인이 목적물 제공 의무, 사용적합 상태유지 의무를 이행하지 않을 경우 목적물 인도 전에는 계약을 해제할 수 있고, 목적물을 인도받아 사용 중인 경우에는 계약을 해지할 수 있다.

3) 금전적 보상청구권

임차인은 임차인이 임차 목적물과 관련하여 들인 비용이나 부속물 매수청구, 차임의 감액청구 등에 기인하여 임대인에게 금전적으로 보상을 받거나 차임 지급을 거절할 수 있다.

① 비용상환청구권

임차인이 임차 부동산과 관련해 지출한 필요비 및 유익비[11]에 대하여 임대인은 일정 범위 내에서 상환의무를 진다.

② 부속물매수청구권

임차인이 임대인의 동의를 얻어 임차 부동산에 부착한 물건 또는 설비는 임대차 종료 시 임대인이 매수하도록 청구할 수 있다(민법 제646조). 또한 건물이나 기타 공작물의 소유 또는 식목, 목축을 목적으로 한 토지임대차에서 그 기간이 만료하였으나 건물, 수목, 기타 토지상의 시설이 현존하는 상황에서 임대인이 임대차계약 갱신을 거절하는 경우에는 임차인은 상당한 가격으로 그 건물, 수목, 공작물 등을 매수하도록 청구할 수 있다(민법 제643조).

③ 차임감액청구권

임대차 기간 중 임차 부동산에 대한 공과부담의 증감, 기타 경제사정의 변동으로 약정한 보증금이나 차임이 적당하지 않게

---

11) 필요비는 아니지만, 물건을 개량하여 그 물건의 가치를 증가시키는 비용

된 경우에 당사자는 상대방에게 앞으로 수수할 차임 등의 증감을 청구할 수 있다(민법 제628조). 즉, 임차인은 위의 사정이 발생하였을 경우 계약상 정해진 보증금이나 차임을 감액해 줄 것을 임대인에게 청구할 수 있다.

임차 부동산이 임차인의 과실 없이 일부 멸실되거나 사용하기에 부적합하게 된 경우에는 차임 등 감액청구를 할 수 있다(민법 제627조).

④ 사용 부적합 시 차임지급거절권

임차인이 임대차 목적을 달성하기에 곤란할 정도로 사용하기에 적합하지 않을 경우에는 차임 지급을 거절할 수 있다.

4) 임차권등기청구권

반대 약정이 없을 경우 임차인은 임대인에게 임차권설정등기 혹은 주택 및 상가 임차권설정등기를 해 줄 것을 요구할 권리가 있고, 임대인은 이에 협력해야 한다(민법 제621조).

🏠 토지임차권

건물 등 소유 목적의 토지임차권

건물이나 공작물을 소유하기 위해, 또는 식목, 목축, 염전 운영을 위해 타인의 토지를 임차하는 경우에 해당한다. 토지상의 건물, 공작물이나 식목, 목축, 염전 시설은 쉽게 철거 · 이동할 수 없다는 특성이 있는데, 이 경우 임차인은 임대차 기간이 종료되기 전 갱신청구를 할 수 있다.

한편 건물처럼 등기를 할 수 있는 토지상의 시설에 건물등기를 하면 임차권등기를 한 것으로 본다. 토지 임차인이 건물등기를 한 경우에는 대항력을 갖게 되는 것이다. 단, 토지 임대인이 토지를 소유하고 있는 동안 등기를 한 경우에 한하며, 임차권등기로 보는 시점이 최초 저당권, (가)압류 설정 시기보다 늦다면 임차권등기는 공·경매를 통한 매수인에게는 대항할 수 없게 되어 퇴거 및 철거를 당할 수 있다.

농지임차권

농지는 원칙적으로 임대를 금지하고 있으며, 일정 면적 이하 상속받은 농지 등 농지법에서 정한 특별한 경우에 한하여 임대가 가능하다. 임대차계약을 맺은 농지 임차인의 경우는 등기 없이도 관할관청의 확인을 받아 확인대장에 등재하면 그다음 날부터 새 소유자 등 이해관계인에 대하여 임차권 효력을 주장할 수 있다(농지법 23조).

기타 토지임차권

건물 등을 소유하기 위해, 또는 식목, 경작 등을 위해 타인의 토지나 농지를 임차하는 경우 외에 시설 설치 없이 물건을 적치하는 등의 목적으로 타인 소유의 토지를 임차하는 경우에는 민법의 일반 규정만 적용되어 타 임차권에 비해 보호받을 수 있는 권리가 다소 미약하다.

토지 임차인은 매매, 경매 등으로 소유권이 이전되면 새 소유자에게 임차권을 주장할 수 없고, 임차한 토지를 인도해주어야 한다.

2장

주택임대차 권리분석

· · ·

주택임대차는 임차권등기를 하는 경우가 그리 많지 않아 등기부에 등재되지 않는 경우가 일반적이며, 법원의 임대차 정보만으로는 임차권의 존재 유무가 불투명하기 때문에 응찰자는 권리분석 시 사실관계를 스스로 파악하여야 하는데 사실조사 확인이 어려운 현실이다.

  임차인을 가장한 임차권인지 가려내고, 외관상 대항력을 갖춘 것으로 보이는 권리가 실제로 대항력이 있는지도 가려내려면 심층 분석을 할 수 있는 법률지식과 요령이 필요하다. 또한 선순위 임차인으로 매수인이 임차권을 인수하는 조건이더라도 배당 시 얼마나 배당되는지, 인수할 임대차 잔여 보증금이 정확히 얼마인지를 알기 위해서는 배당에 관한 지식도 충분히 공부해야 한다. 아울러 임차권 양도와 전대로 인해 예기치 않게 후순위 임차권을 인수하게 되는 경우도 있는데, 이를 피하기 위해서라도 철저하게 지식을 갖춘 상태에서 입찰에 임해야 한다.

· · ·

주택임대차 권리분석

주택임대차 권리분석

주택임대차보호법에서 정한 주택임차인이 행사할 수 있는 권리의 범위, 주택임대차로 인정될 수 있는 건물의 범위에 대해 공부하고, 다른 임차인과 달리 주택임차인에게만 주어지는 법률적 특혜사항, 특히 대항력과 상대적 또는 절대적 우선변제권 등에 관해 알아본다.

🏠 주택임차권의 핵심

주택임차권

임대차의 목적 부동산이 주거용 건물이면 주택임대차에 해당한다. 주택임대차보호법에 의해 보호받는 주택의 세입자는 월세로 임대차계약을 맺은 임차인뿐만 아니라 등기부상 전세권등기를 하지 않고 전세계약을 맺은 전세 세입자도 포함한다. 미등기된 채권적 전세계약자에게도 본법을 적용하기로 규정함으로써(주택임대차보호법 제12조) 민법의 임대차 편과 주택임대차보호법상의 권리가 발생한다. 보증금이 전세금에 육박할 정도로 많고 월차임(月借賃)이 매우 소액인 임대차와 전세계약은 실제 내용상 그 차이가 크지 않은 경우도 있지만 월세나 전세 세입자 모두 임차인이며, 전세 세입자의 권리는 전세금을 임차보증금으로 하는 일종의 주택임차권이라 할 수 있다.

주택임차권은 주택(건물 부분만)상의 권리로, 그 첫 번째 권리는 건물 사용권이다. 계약상의 존속기간까지 건물을 점유하고 용도대로 사용할 수 있는 권리이다. 두 번째 권리는 계약 종료나 계약 해지를 정지 조건으로 하는 보증금 반환과 건물 점유 반환이 동시에 이행되도록 청구할 수 있는 권리이다.

세 번째 권리는 기타 사용과 계약기간, 해지, 비용청구 등의 부수적 권리이다. 이런 권리는 임대차 관련 법(민법 임대차 편, 주택·상가건물임대차보호법)에 의해 주어지거나 임대차계약으로 특별히 주어질 수도 있다. 주택임차인이 대항력 요건을 구비한 경우 새 소유자는 임대인의 지위를 승계하는 것이므로 당연히 임차인의 모든 권리까지 떠맡게 된다.

주거용 건물의 범위

주택임대차보호법을 적용받는 주거용 건물이란, 건축법상의 단독 및 공동 주택을 말한다. 공부상 주택일 필요는 없고 실제상 주택용도의 구조로 되어 있어 사람이 의식주를 해결할 수 있는 건물이면 된다.

임대 기간 중에 비주거용 건물을 주거용으로 개조한 경우, 주택임대차보호법이 적용되기 위해서는 임대차계약 당시에 임대건물이 이미 주거용도로 사용 가능한 상태여야 한다. 따라서 계약 당시 점포용이었다면 이후 임차인이 임의로 주거용으로 개조하더라도 주택임대차보호법을 적용받을 수 없다. 다만 임대인의 승낙을 얻어 주거용으로 개조한 경우에는 개조한 때부터 주택임대차보호법을 적용받을 수 있다.

주거와 타 용도를 겸하는 건물은 주 용도가 주거이면 전체적으로 주택임차권을 인정한다. 주 용도의 판단은 면적, 구조 및 유일주거 등 판단 근거가 복합적이다. 유일주거란, 임차인에게 주택이라고는 해당 임차주택밖에 없음을 의미한다.

주택임차권자의 권리

주택임대차보호법을 적용받는 권리자는 원칙적으로 개인에 한하고, 법인과 법인격 없는 사단재단 등은 제외된다. 다만 다음의 경우에는 법인도 주택임대차보호법의 보호 대상에 포함된다.

- 국민주택기금 대출 전세 임대주택을 지원하는 LH공사, 지방공사
- 중소기업 기본법상 중소기업이 직원용 주택을 임차하고, 직원이 주택을 인도하고 주민등록 전입을 하는 경우는 대항력을 인정한다. 단, 해당 주택에 2013년 8월 12일 이전에 저당권이 설정돼 있는 경우에는 주택임대차보호법이 적용되지 않는다.

• 보증금 반환채권을 양수한 금융기관의 우선변제권 승계와 임차권 등기명령 대위[12] 신청권이 있음

주택임차인에게 주어지는 특권

주택임차인의 주거 안정을 위해 주택임대차보호법에서는 임차인에게 여러 법률적 혜택을 부여하고 있는데, 그중 주요 특권 3가지를 꼽으면 다음과 같다.

① 일정 요건을 구비하는 것을 전제로 임대차계약 당사자인 임대인에게만 미치는 임차권의 효력, 소위 대항력이 누구에게나(제3자에게도) 인정된다.

② 역시 일정 요건을 추가로 구비하면 압류재산 공·경매 절차에서 채무자 재산 매각대금으로 보증금 반환채권을 변제받는 데 참여해 후순위 채권자보다 우선하여 돌려받을 수 있다.

③ 일정 요건을 구비한 소액임차인은 매각대금 배당 시 일정 금액 범위 내에서 가장 먼저 변제받을 수 있다(표 12 참조).

주택임차인에게 주어지는 그 밖의 법률적 특혜

앞에서 말한 특권 외에도 계약서에 내용을 담았는지 여부와 상관없이 임차인에게만 유리한 편면적(片面的) 강행규정으로 다음의 5가지 특혜조항이 있다.

1) 임차권등기명령 신청권

임대차가 종료되었음에도 임차보증금을 돌려받지 못한 임차인은 임

---

12) 채권자가 자기 채권의 충분한 변제를 확보하기 위해 채무자에게 속하는 권리를 대신 행사할 수 있는 권리

대인의 협조 없이 임차권등기를 할 수 있다. 관할법원에 임차권등기명령을 내려달라고 요청하는 임차권등기명령 신청 절차를 밟는 것이다. 임차권등기가 되면 그 임차인은 주민등록을 옮기거나 이사를 가더라도 등기로 인해 대항력이 유지된다(주택임대차보호법 제3조의3).

2) 선순위 임차권의 보증금보장 규정

선순위 임차인이 배당요구로 배당에 참여하였으나 일부일지라도 배당을 덜 받게 되는 경우, 그 임차권은 매수인에게 대항력이 있어 매수인으로부터 잔여 임차보증금을 완전히 변제받기 전까지 주택을 계속 점유할 수 있다(주택임대차보호법 제3조의5).

3) 기간에 대한 특혜

① 기간 미정 혹은 2년 미만으로 정한 임대차는 2년으로 본다. 임차인만 은 자신의 사정에 의해 짧게 정한 기간이 유효함을 주장할 수 있다.

② 묵시적 갱신과 계약의 해지 특례

임대인이 임대차 기간 종료 6개월 전부터 1개월 전까지의 기간 중에 임차인에게 연장을 거절 또는 계약조건을 변경해야 연장한다는 뜻을 통지하지 않으면 임대차 기간이 끝난 때에 종전 임대차와 보증금, 차임 등이 동일한 조건으로 연장된다.

이렇게 연장이 된 경우는 계약기간을 정하지 않은 상태에서 연장이 된 것으로, 언제든지 임대차 해지 절차를 밟을 수 있지만 연장된 날로부터 2년 동안 임대인은 해지 절차를 밟을 수 없다. 기간 미정 임대차를 2년으로 보는 규정은 임대인만 구속하고, 임차인이 해지를 원할 때는 임대인에게 해지 통지를 하면 3개월이 경과되는 날 해지가 되는 것으로 본다. 임차인은 그날부터 보증금 반환청구를 할 수 있다.

4) 보증금, 차임증액 제한

임대차 기간 중 보증금 및 차임은 세금, 공과금 증감이나 경제사정의 변동으로 증액이 필요한 때에만 증액할 수 있다. 증액은 5% 이내에서만 가능하고, 한 번 증액하면 1년 이내에는 다시 증액하지 못한다. 만일 이를 어기고 증액했다면 추후 부당증액분에 대하여 반환청구할 수 있다(주택임대차보호법 제7조).

한편 일반 임대차는 임대차 기간 중이라도 증액 사유가 발생하면 비율 제한 없이 항상 증액할 수 있다. 임대차계약은 계약을 통해 차임 등을 정했더라도 경제환경적 사정의 변경으로 당초에 정한 금액이 부적합한 상황이 오면 임대차 기간 중에라도 언제든 증액이나 감액을 할 수 있도록 법률로 규정하고 있다. 이는 당사자가 당초 계약 시 이 규정을 무시하기로 합의했더라도 무효가 되는 강행규정이기도 하다.

5) 주택임차권등기의 소급효력 특례

일반 임차권등기는 등기한 날부터 제3자 대항력이 생긴다. 그러므로 저당권 등보다 빨리 임대차계약을 맺었더라도 정작 임차권등기가 늦었다면 그 임차권은 저당권 등보다 후순위 권리가 된다.

이에 비해 주택임차권등기를 하는 경우 등기하는 날보다 먼저 주민 등록을 전입한 날과 주택을 점유하기 시작한 날을 등기부에 표시하도록 하여 등기일 이전에 이루어진 전입과 점유개시일에 제3자 대항력 효력이 소급 발생하도록 하고 있다. 이에 더해 전입과 점유개시일 외에 계약서상 확정일자를 추가로 표시하도록 해 공·경매로 주택이 매각될 시 등기만으로도 배당 순위에 따른 배당을 받을 수 있게 했다.

주택임차인의 특권, 대항력

경매 공부를 한 사람들이 가장 잘못 알고 있는 부분은 주택임차권의 대항력 개념과 대항력의 효력에 관한 것이다. 대항력이 해당 부동산의 새 소유권자나 권리 취득자 등에게 어떻게 행사될 수 있는지를 정확히 알아야 임차권자로서의 권리를 제대로 행사할 수 있다.

🏠 대항력이란?

임차인이 임대차계약 당사자인 임대인뿐만 아니라 새로운 소유자 등 제3자에게 자신의 임대차 관계를 수상할 수 있는 권리를 '대항력'이라 한다. 누구에게나 그 권리의 효력을 주장할 수 있다는 측면에서 대항력은 물권에 가깝다.

주택임대차의 대항력 구비요건

주택임대차계약을 체결한 임차인은 주택 인도와 주민등록 전입을 모두 갖춘 날의 다음 날부터 주택임차권의 대항력 효력을 갖게 된다.

1) 대항력 구비요건 3가지

① 적법한 주거용도의 건물에 대한 임대차계약을 체결해야 하는데, 법률적 흠이 없는 계약이어야 한다. 이때 공부상이 아닌 실제 용도가 주거용이어야 하고, 공부상 주거용이 아닌 건물은 계약서상에 주거용도로 표기되어야 한다.

② 적법하고 정확한 주소, 특히 특수주소(동, 호수)로 전입해 일정기간 동안 주민등록을 유지해야 한다.

③ 실제로 주택을 인도받아 일정기간 동안 계속적으로 점유해야 한다.

2) 권리효력의 발생시점, 대항력 취득요건 및 존속요건

① 대항력 구비요건 3가지를 모두 구비한 다음 날 0시(대법원 1999. 5. 25. 선고 99다9981 판결)부터 효력이 발생한다. 3가지 요건을 다른 날 구비한 경우에는 요건을 모두 구비한 날, 즉 가장 늦은 요건 구비일을 기준으로 그다음 날 효력이 발생한다.

② 주택임대차보호법 제3조제1항에 따라 주택임차인에게 주택을 인도하고 주택 소재지에 주민등록을 등재하면 제3자에 대하여 물권에 버금가는 강력한 대항력이 생긴다. 이처럼 주택을 인도하고 주민등록 전입신고를 하는 것을 '대항력 취득요건'이라 한다.

이 2가지를 구비했지만 인도에 이은 점유를 해제하거나 주민등록을 다른 곳으로 이전하면 대항력이 소멸되므로 일정기간 대항력 구비요건을 유지해야 하는데, 그 일정기간 동안 대항력 요건을 유지해야 하는 것을 '대항력 존속요건'이라 한다.

제3자에 대한 대항력에서 제3자가 새로운 소유권자일 경우에는 새 소유권자가 소유권을 취득하는 날 자정까지 대항력 요건을 유지해야 한다. 제3자가 소유권 외의 다른 권리를 취득한 자일 경우, 그 권리가 존재하고 있는 동안은 대항력 요건을 구비하고 있어야 한다.

3) 적법한 계약

① 건물대장이나 등기부상 용도는 비주거용이라 하더라도 실제 주거용도이거나 주거 가능한 용도이면서 주거용도로 임대차계약이 체결되어 있어야 한다.

② 적법한 임대권이 있는 자와 계약을 체결해야 한다.

③ 적법한 대리권이 있는 자와 계약을 체결해야 한다.

4) 적법한 주민등록 전입

① 임차인이 세대주 또는 세대원 또는 동거인으로 전입해도 무방하다.

② 임차인의 가구원 일부가 전입해도 무방하고, 그 시점부터 요건이 구비된 것으로 본다.

주민등록은 임차인 본인뿐만 아니라 그 배우자나 자녀 등 가족의 주민등록을 포함한다. 주택임차인이 그 가족과 함께 주택에 대한 점유를 계속하고 있으면서 가족의 주민등록을 그대로 둔 채 임차인만 주민등록을 일시적으로 다른 곳으로 옮기더라도 가족의 점유와 주민등록이 유지되는 한 임대차의 제3자에 대한 대항력을 상실하지 않는다(대법원 1996. 1. 26. 선고 95다30338 판결).

③ 가구원 일부의 범위는 공동주거생활, 공동가정경제 생활의 일원이어야 하며, 호적상의 관계가 아님에 유의해야 한다.

④ 정확한 지번으로 전입해야 한다. 지적법상 부번 포함한 번지와 일치해야 한다. 예컨대 '10-1번지'를 '10번지'나 '10-2번지'로 전입한 경우는 부적법한 전입으로 주택임차권 효력이 없다.

⑤ 정확한 특수주소로 전입해야 한다. 다세대주택이나 아파트 등 공동주택에는 번지 외에 해당 동호수의 표시가 있는데, 이를 '특수주소'라 한다. 이 특수주소의 표시에 있어서도 건축물대장에 표시된 그대로 전입신고를 해야 한다. 예컨대 '1동 101호'를 '1동 11호'나 '가동 101호'로 표시하거나 '가동 B101호'를 '가동 101호'나 'A동 B101호' 등으로 표시하면 부적법한 전입으로 대법원판례에서 정한 바 있다.

⑥ 외국인이 주택을 임차해 입주한 경우에는 전입신고를 어떻게 해야 할까? 주민등록법 시행령 제6조에서는 외국인은 주민등록에 관한 신고 대신에 출입국관리법에 의한 외국인 등록을 하면 된다고 규정하고 있다. 출입국관리법 제31조 및 제36조에 의하면 90일을 초과하여 국내에 체류하는 외국인은 외국인등록을 해야 하고, 등록 외국인이 체류지를 변경한 때에는 변경된

체류지에 전입신고를 해야 한다고 규정하고 있다. 따라서 외국인의 경우 외국인 등록 및 체류지 전입신고를 하면 대항력 요건인 주민등록을 갖추었다고 볼 수 있다.

⑦ 다가구용 단독주택 일부를 임차하고 입주한 경우에는 해당 지번만으로 전입하면 되고, 내부적으로만 통용되는 호실을 특수주소로 하여 전입할 필요는 없다.

건축법령에 한 채의 건물이 2필지 이상에 걸쳐 건축된 경우에는 이를 하나의 대지로 규정하고 있고, 행정관서에서도 위와 같은 경우 주민등록상에 한 필지의 지번만을 기재하고 있으므로 여러 필지의 지번 중 하나만 기재한 주민등록도 유효한 공시 방법이 될 수 있다.

⑧ 다가구용 단독주택의 경우 건축법이나 주택법상 이를 공동주택으로 볼 근거가 없어 단독주택으로 보아야 한다. 따라서 주민등록법 시행령 제5조제5항에 따라 임차인이 위 건물의 일부나 전부를 임차하여 전입신고를 하는 경우 지번만 기재하는 것으로 충분하다. 임차인이 위 건물의 지번으로 전입신고를 한 이상 일반 사회통념상 위 건물에 위 임차인이 주소 또는 거소를 가진 자로 능복되어 있다고 인식할 수 있어 임대차 공시 방법으로 유효하다. 또 위의 임차인이 위 건물 중 종전에 임차하고 있던 부분에서 다른 부분으로 옮기면서 그 옮긴 부분으로 다시 전입신고를 했다 하더라도 이를 달리 볼 것은 아니다(대법원 1998. 1. 23. 선고 97다47828 판결).

5) 전입에 대한 주요 판례

① 주민등록이 어떤 임대차를 공시하는 효력이 있는가의 여부는

일반 사회통념상 그 주민등록으로 해당 임대차 건물에 임차인이 주소 또는 거소를 가진 자로 등록되어 있는지를 인식할 수 있는가의 여부로 결정된다.

실제 지번인 '산53의 6'이나 등기부상 지번인 '산53'과 일치하지 아니하는 '53의 6'에 등재된 주민등록은 주택임대차보호법 제3조제1항 소정의 대항요건으로 유효하지 않다(대법원 2000. 6. 9. 선고 2000다8069 판결).

② 신축 중인 연립주택 중 1세대를 임차한 자가 주민등록 전입신고를 할 때 호수를 기재하지 않은 채 그 연립주택 부지의 지번만으로 전입신고를 했다가 이후 위 연립주택의 준공검사를 하면서 건축물관리대장이 작성되자 호수를 기재해 주소 정정신고를 했다. 이 경우 임차인의 최초 전입신고에 따른 주민등록으로는 일반 사회통념상 임차권자가 세대별로 구분되어 있는 위 연립주택의 특정호수에 주소를 가진 자로 등록되었다고 제3자가 인식할 수 없을 것이므로 그 주민등록은 위 임대차의 공시방법으로 유효하다고 볼 수 없다(대법원 2000. 4. 7. 선고 99다66212 판결).

③ 부동산등기부상 건물의 표제부에 'A동'이라고 기재되어 있는 연립주택의 임차인이 전입신고를 하면서 주소지를 '가동'으로 신고했으나 주소지 대지 위에는 2개 동의 연립주택 외에는 다른 건물이 전혀 없고 그 2개 동도 층당 세대수가 한 동은 4세대, 다른 동은 6세대로 크기가 서로 달라 외관상 혼동의 여지가 없으며, 실제 건물 외벽에는 '가동', '나동'으로 표기되어 있어 실생활에서 그렇게 불러 왔다. 이 경우 사회통념상 '가동', '나동',

'A동', 'B동'은 표시 순서에 따라 각각 같은 건물을 의미하는 것이라고 인식될 여지가 있고 더욱이 경매 기록에서 경매목적물이 'A동'과 '가동'으로 병기되어 있었던 이상 경매가 진행되면서 낙찰인을 포함해 입찰에 참가하고자 한 사람들도 위 임대차를 대항력 있는 임대차로 인식하는 데 아무런 어려움이 없었다면 위 임차인의 주민등록은 임대차의 공시 방법으로 유효하다(대법원 2003. 6. 10. 선고 2002다59351 판결).

④ 원래 단독주택으로 건축허가를 받아 건축되고 건축물관리대장에도 구분소유가 불가능한 건물로 등재된 이른바 다가구용 단독주택에 관해 나중에 집합건물의 소유 및 관리에 관한 법률에 의해 구분건물로 등기되었음에도 불구하고 소관청이 종전에 단독주택으로 등록한 일반 건축물관리대장을 그대로 둔 채 집합건축물관리대장을 작성하지 않은 경우를 보자. 주민등록법 시행령 제9조제3항에 따라 임차인이 위 건물의 일부나 전부를 임차해 전입신고를 하는 경우에는 지번만 기재하는 것으로 충분하고, 나아가 그 점유부분까지 기재할 의무나 필요가 있다고 할 수 없으며, 임차인이 위 건물의 지번으로 전입신고를 한 이상 일반 사회통념상 그 주민등록으로도 위 건물에 위 임차인이 주소 또는 거소를 가진 자로 등록되어 있는지를 인식할 수 있는 경우에 해당된다. 따라서 전입신고 시 지번만 기재했어도 임대차의 공시 방법으로 유효하다(대법원 2002. 3. 15. 선고 2001다80204 판결).

⑤ 주택의 인도와 주민등록이라는 임대차의 공시 방법은 어디까지나 등기라는 원칙적인 공시 방법에 갈음하여 마련된 것이고, 제3자는 주택의 표시에 관한 사항과 주택의 권리관계에 관한

사항을 통상 등기부에 의존하여 파악하므로, 임대차 공시 방법으로서의 주민등록이 등기부상 주택의 현황과 일치하지 않는다면 원칙적으로 유효한 공시 방법이라고 할 수 없다. 다만 주택의 소유권보전 등기가 이루어진 후 토지의 분할 등으로 인하여 지적도, 토지대장, 건축물대장 등의 주택 지번 표시가 분할 후의 지번으로 등재되어 있으나 등기부에는 여전히 분할 전의 지번으로 등재되어 있는 경우에는 임차인이 주민등록 전입신고를 함에 있어 토지대장 및 건축물대장과 일치하게 주택의 지번과 동호수를 표시했다면 설사 그것이 등기부 기재사항과 다르더라도 일반의 사회통념상 임차인이 그 지번에 주소를 가진 것으로 제3자가 인식할 수 있다고 봄이 상당하므로 임대차 공시 방법으로 유효하다(대법원 2001. 12. 27. 선고 2001다63216 판결).

⑥ 처음에 다가구용 단독주택으로 소유권보존등기가 된 건물의 일부를 임차한 임차인이 이를 인도받고 임차건물의 지번을 정확히 기재하여 전입신고를 하고 주택임대차보호법 소정의 대항력을 적법하게 취득했다면 위 임차인은 나중에 다가구용 단독주택이 다세대주택으로 변경되더라도 이미 취득한 대항력을 상실하지 않는다(대법원 2007. 2. 8. 선고 2006다70516 판결).

⑦ 경매 절차를 거쳐 주택을 매수한 자가 매각물건명세서에 기재 공시된 내용을 기초로 권리신고 및 배당요구를 한 주택임차인의 배당 순위가 1순위 근저당권자보다 우선한다고 신뢰해 임차보증금 반환 채무를 인수하지 않는다는 전제하에 매수가격을 정해 낙찰받아 주택에 관한 소유권을 취득한 경우, 주택임차인이 1순위 근저당권자에게 무상거주확인서를 작성해 준 사실이

있어 임차보증금을 배당받지 못하게 되었더라도 그 이유로 매수인에게 주택임대차보호법상 대항력을 주장할 수는 없다(대법원 2017. 4. 7. 선고 2016다248431 판결).

⑧ 대항력과 우선변제권을 갖춘 주택임대차계약이 갱신(약정갱신, 묵시적 갱신 포함)된 경우 종전 보증금의 범위 내에서 최초 임대차계약에 의한 대항력과 우선변제권이 그대로 유지된다(대법원 2012. 7. 12. 선고 2010다42990 판결).

⑨ 임대차보호법상의 대항력 또는 우선변제권 등을 취득한 후에 그 목적물의 소유권이 제3자에게 양도되면 임차인은 그 새로운 소유자에 대하여 자신의 임차권으로 대항할 수 있고, 새로운 소유자는 종전 소유자의 임대인으로서의 지위를 승계한다. 그러나 임차권의 대항 등을 받는 새로운 소유자라 할지라도 상호간의 의사에 따라 자유롭게 그들 사이의 법률관계를 새롭게 맺는 임대차계약을 다시 체결할 수 있다.

따라서 새로운 소유자와 임차인이 동일한 목적물에 관하여 종전 임대차계약의 효력을 소멸시키려는 의사로 그와는 별개의 임대차계약을 새로이 체결하여 그들 사이의 법률관계를 이 새로운 계약에 의해 규정할 수 있다. 그 경우 종전의 임대차계약은 그와 같은 합의의 결과로 그 효력을 상실하게 되므로 다른 특별한 사정이 없는 한 이제 종전의 임대차계약을 기초로 발생했던 대항력 또는 우선변제권 등도 종전 임대차계약과 함께 소멸하여 이를 새로운 소유자 등에게 주장할 수 없다고 할 것이다(대법원 2013. 12. 12. 선고 2013다211919 판결).

⑩ 주택의 소유권보존등기가 이루어진 후 토지의 분할 등으로 인

하여 지적도, 토지대장, 건축물대장 등 주택의 지번이 등기부상 지번과 달라진 경우 토지대장 및 건축물대장상의 지번에 따른 주민등록이 유효한 임대차의 공시 방법이 된다(대법원 2001. 12. 27. 선고 2001다63216 판결).

6) 실제 인도

① 인도

인도란, 주택에 대한 지배를 현실적으로 이전받는다는 의미이다. 실제 입주는 하지 않더라도 인도는 가능하다.

② 인도의 종류

현실 인도 외에 간이인도, 점유개정 등이 있다.

• 간이인도(형식적 인도)

임차인이 이미 점유하고 있는 상황이면 임대인과 임차인 간의 의사만으로도 인도가 이루어진 것으로 본다. 예를 들면, 소유자가 변경되어 새로 임대차계약을 체결하거나 전세를 월세로 변경해 새로 계약을 체결하는 경우에 해당한다.

• 점유개정

점유 권리가 달라진 경우 권리변동일에 인도가 이루어진 것으로 본다. 예컨대 전 소유권자가 점유하고 있던 부동산을 매각하면서 새 소유권자와 임대차계약을 맺어 임차인이 되는 경우, 전 소유권자가 임차인으로 지위가 변경되는 시점은 새 소유자의 소유권이전 등기일이고, 또 임차인 자격으로 새 소유권자로부터 부동산을 인도받은 시점 또한 새 소유자의 소유권이전 등기일로 본다.

대항력의 효력

1) 새 소유자에 대해

새 소유자에게 대항력이 있다는 말은 무슨 의미일까? 임대차 주택의 양수인 및 임대 권리를 승계한 사람은 임대인의 지위를 승계하게 되어 임차인이 임대차계약의 효력으로 발생하는 모든 권리 내용을 새 임대인에게 그대로 주장할 수 있다는 의미이다.

2) 중복된 임차 관련 권리자에 대해

앞서 대항력을 갖춘 임차인이 있고, 이후 같은 주택, 같은 공간에 이와 겹치는 전세권이나 임차권등기가 뒤늦게 설정된 경우에는 앞선 임차권 대항력이라는 효력으로 인해 후속 중복적인 전세권과 임차권등기는 효력을 갖지 못한다. 따라서 앞서 대항력을 갖춘 임차인은 말소등기 청구를 통해 후속 임차 관련 권리에 대해 권리등기의 말소 절차를 진행할 수 있다.

3) 이후 담보권자에 대해

담보권보다 빠르게 대항력 요건을 구비한 임차인이 있는 경우에는 담보권 실행 경매 시 임대차를 인수하는 조건으로 매각되거나 임차권이 담보권보다 앞서서 우선변제권을 행사할 수 있으므로 결과적으로 담보권을 제약하게 된다. 즉 담보권에 앞서는 소위 선순위 임차권은 매수인이 인수하는 조건으로 경매가 진행되어 통상 임차보증금 정도로 저가 매각이 되어 담보권이 임차권으로 인해 불이익을 당하는 결과가 초래된다.

4) 이후 기타 권리자에 대해

대항력 요건을 구비한 임차인이 있는 상태에서 가등기, 가처분 등을 한 권리자들은 장차 권리를 행사하게 되더라도 임차권을 직접 떠안는 식으로 본 권리를 취득하게 된다.

[표 12] 주택임차인에게 주어지는 특권

		임차권이 유지될 때	임차권이 해지되면서 보증금 반환 채권을 가지고 배당	
		(제3자에 대한) 대항력 [제3조제1항]	(공·경매 매각대금의 배당재단에서) 순위변제권[제3조2]	소액우선변제권[제8조]
권리 내용		당사자 외 제3자인 주택 양수인 등에게 임차인의 권리(기간 사용·수익, 계약종료 해지 시 보증금 반환청구 등의 권리)를 인수하게 할 수 있는 권리	확정일자 임차인은 보증금 반환채권을 공·경매로 매각되는 채무자(물상보증인 포함)의 부동산 매각대금의 배당재단으로 후순위 권리자에 우선하여 순위에 따라 변제받는 권리	소액임차인의 경우 보증금 반환채권 등 일정액에 한하여 공·경매로 매각되는 채무자(물상보증인 포함) 부동산 매각대금의 배당재단으로 다른 권리보다 가장 우선하여 변제받을 권리
기본 요건		대항력 요건 • 적법한 임대차계약 • 주택의 인도(인도로 점유 시작 후 지속) • 주민등록 전입(전입 상태 계속 유지)	좌측의 대항력 요건 3가지 구비 및 계약서에 확정일자 받음	좌측의 대항력 요건 3가지 구비 • 확정일자는 불필요 • 보증금액은 일정 금액 이하
추가적 요건 및 권리 효력	매매 등으로 소유권 변동 시	새 소유자 및 이해관계인에 대해 임차권 주장 ※ 대항력 발생시점 　3가지 요건 구비한 다음 날(0시)부터 대항력 발생 • 새 소유자가 소유권 이전하기 하루 전까지는 대항력 요건 구비 • 매수인에 대해 임차권이 소멸되지 않고, 계속 권리의 효력 주장	-	-
		• 대항력 요건 구비일의 익일이 소멸기준등기[담보물권, (가)압류의 등기, 경	• 배당요구 종기일 이전에 배당요구 • 배당요구 종기일까지	• 대항력 요건을 경매기입등기일 이전에 구비 • 보증금이 일정 금액 이

		매기입등기]보다 빠를 것	3가지 요건 유지	하일 것
발생시기	공·경매 등으로 소유권 변동 시	• 매수인이 소유권 취득 시까지 3가지 요건 유지	※ 우선변제권 발생시기: 3가지 요건 구비일 익 일과 확정일자일 중 늦은 일자	• 배당요구 종기일까지 3 가지 요건 유지
권리의 성격		부동산상(건물)의 권리. 계약 당사자 이외 사람으 로, 건물의 새 소유자나 건 물상 물권자, 건물 소유자 에 대한 채권자로서 등기한 채권자 등에게 권리 효력	임대차 해지를 전제로 한 보증금 반환청구의 일반 채권을 소유자의 경매되 는 부동산에서 변제받을 수 있는 권리	좌동

🏠 매각 절차 시의 대항력 행사

공·경매 매각 절차가 아닌 일반매매, 증여, 상속 등으로 소유권이전을 할 때는 주택임차인이 대항력 요건을 구비하기만 하면 그다음 날부터 소유권이 이전될 경우 새 소유자에 대해 대항력을 행사할 수 있게 돼 임차권을 주장할 수 있다. 그런데 공·경매 매각 절차에서는 최초의 담 보권이나 가압류, 압류보다 먼저 대항력 요건을 갖춘 소위 선순위 임차 인에 한해 매수인에게 대항력을 행사할 수 있나.

소유권이 바뀌어도 전 소유자를 임대인으로 고정 가능

소유권 이전으로 임차인에게 새 소유자에 대한 대항력이 발생했다는 것은 새로운 소유자가 임대인의 지위를 떠안게 되었고 종전의 소유자 는 임대인의 지위에서 벗어나게 되었다는 의미이다. 임차인은 종전 소 유자와 임대차관계가 형성되어 있었지만 소유권이 변동되면서 이제는 새 소유자와 임대차관계를 형성하게 된 것이다.

이때 임차인이 새 소유자보다는 종전 소유자와 임대차관계를 유지하고 싶다면 소유권 이전 후 지체 없이 종전 소유자와 현 소유자에게 그 의사를 통지함으로써 새 소유자 대신 종전 소유자를 임대인으로 고정하여 그로부터 임대차 보증금을 반환받겠다는 선택을 할 수도 있다.

대항력이 미치는 인적 범위

① 매매, 교환, 증여, 상속, 대물변제, 재산분할, 공용징수, 경매 등의 원인으로 임차주택의 소유권을 취득한 사람

② 무허가 미등기주택의 사실상 양수인

무허가 미등기주택도 그 상태 그대로 거래의 대상이 되는데, 이때 양수인이 그 주택에 관하여 법률상 소유권을 취득하는 것은 아니지만 사실상 독점적·배타적으로 사용·수익 처분을 할 수 있는 권리가 있는 것이 사실이다. 그리고 이들은 임대인의 지위를 승계할 수 있는 지위에 있다. 주택임대차보호법 제3조제4항에 임차주택의 양수인에 기타 임대할 권리를 승계한 자를 포함한다고 되어 있는데, 이는 이들이 임대인의 지위를 승계하는 자에 포함된다는 근거이다.

매각 절차에서 임대차 대항력 발생 여부

① 1번 담보물권이나 첫 (가)압류보다 먼저 대항력 요건을 구비한 임차권은 주택 매수인에게 대항력이 있다.

② 주택임대차는 주택만을 임차물로 하는 것으로, 주택임차권자는 임차주택이 아닌 해당 대지만 매각한 매수인에게는 임차권을 주장할 수 없다.

③ 부분전세권자[13]가 경매신청이나 배당요구를 한 경우, 부분전세권보다 늦은 임차권은 대항력 효력이 있을까? 부분전세권보다 후순위라도 저당권이나 (가)압류보다 대항력 구비일이 빠른 선순위 임차인은 건물 매수인에 대해 대항력이 있다. 부분전세권이 미치는 공간과 별개 공간의 임차권은 전세권보다 늦더라도 후순위라 할 수 없다.

④ 건물 전부전세권[14]보다 늦은 임차권의 경우 전세권자가 아닌 소유권자가 중복해서 전세권을 설정하고 타인에게 다시 임대를 한 경우 이는 불법이고 중복 임대차는 무효이므로 그 임차인은 대항력을 따지기에 앞서 임대차 자체가 인정되지 않는다. 또한 전세권자가 타인에게 임대하여 전세권보다 후순위가 된 임차권은 건물 매수인에게는 권리 행사를 할 수 없고 단지 전세권자에게만 임차권을 행사할 수 있다.

⑤ 토지와 지상건물의 선순위 저당권 설정일자가 다를 경우는 주택임차권은 건물만을 임차물로 하는 것이므로 토지상 저당권은 상관없고 지상건물만의 선순위 저당권을 기준으로 대항력 여부를 판단하면 된다.

⑥ 공동소유로 매수한 경우는 공동소유자 모두에 대해 대항력이 있다. 공동임대인이 된 공동매수인들은 보증금 반환 채무에 관해 불가분채무로 연대책임을 진다. 공동소유자들은 그들 내부적으로만 공동소유 비율에 의해 부담을 나누고, 임차인은 공동소유자 중 누구에게라도 전액 보증금 반환을 청구할 수 있다.

---

13) 부동산 일부에 대한 전세권
14) 부동산 전부에 대한 전세권

⑦ 소유권청구권 가등기에 기한 본등기를 한 경우는 가등기보다 선순위 임차인인지, 후순위 임차인인지에 따라 달라진다. 가등기에 기한 본등기로 새 소유권자가 된 새 소유자에 대해 가등기보다 선순위 임차인은 대항력이 있고 가등기보다 후순위 임차인은 대항력이 없다.

⑧ 처분금지가처분한 권리자에 대한 대항력 여부는 처분금지가처분 후 소유권을 취득한 권리자에 대한 임차권자의 대항력이 가처분보다 빨리 구비되었는가, 늦게 구비되었는가에 따라 전자는 대항력이 있고 후자는 대항력이 없다.

⑨ 대항력이 있는 임차인이 매수인인 경우에는 법리적으로 혼동을 초래할 수 있으므로 원칙적으로 임차권 자체가 소멸한다. 소유권자가 임대인과 임차인의 2가지 지위를 동시에 갖게 되는 것은 아무런 실익이 없기 때문이다. 그러나 임차권에 질권[15]이 설정되어 있거나 (가)압류 등 제3자의 권리가 얽혀 있는 경우에는 그 질권자 등의 권리를 해할 수 없으므로 소멸하지 않는 예외가 있다.

⑩ 실제는 선순위 임차인이지만 은행대출을 위해 무상으로 거주한다는 각서나 확인서를 써준 임차인은 경매 절차에서 선순위 임차인이라고 주장하더라도 신의성실의 원칙이나 금반언(禁反言)의 원칙[16]에 위배되어 대항력이 인정되지 않는다.

---

15) 채무자가 돈을 갚을 때까지 채권자가 담보물을 간직할 수 있고, 채무자가 돈을 갚지 아니할 때는 그것으로 우선변제를 받을 수 있는 권리
16) 영미법에서, 일단 행한 표시나 행위에 대하여 그와 반대되는 주장을 법률상으로 못하게 되어 있는 원칙

임차인의 주민등록 전입일자 정보

법원은 경매절차 개시결정을 하고 난 후 입찰을 준비하고자 부동산 현장에 출장하여 현황조사와 임대차 등 점유관계 조사를 하는데 이때 점유자를 만나 임대차 내용에 대한 진술을 듣고 법원에 임대차 신고 및 배당요구를 촉구한다. 만약 폐문부재 등으로 만나지 못하면 점유자가 나중에 인식할 수 있도록 임대차신고 등에 관한 안내문을 넣어둔다.

또한 점유자를 만나든 만나지 못하든 주민센터로부터 주민등록등본을 발급받은 후 이를 참고로 주민등록표 상에 소유자 외의 세대가 존재할 경우 그 사람이 진정한 임차인인지의 여부와 상관없이 매각물건명세서에 임차인이라고 표기하면서 성명과 전입일자를 기재하고, 보증금 등 나머지 사항은 임차인의 권리신고가 없을 경우 '미상'이라고 기재하는데 이런 점유 추정자를 모두 임차인이라 할 수는 없다.

점유 추정자가 임차인이 아닐 수도 있고 소유자와 공동생활 가족관계일 수도 있는데, 보통의 입찰 참여자들은 법원 매각물건명세서에 임차인이라고 기재되어 있으면 임차인으로 단정하고 만다.

임차인이 법원 안내에 따라 임대차 관계 권리신고를 한 경우에도 그 임대차가 진정한 임대차가 아닐 수도 있다. 의심의 정황이 있는 임대차는 밝혀내기 쉽지 않은 여건이지만 여러 방법으로 사실관계를 조사해 보는 것이 성공경매의 기회를 살리는 한 방법이다.

경매 참여자는 누구든지 주민센터의 세대확인 가능

경매기간 중에 임차인의 주민등록이 변동되는 경우가 있을 수 있다. 선순위임차인이더라도 경매기간 중 주민등록 사항이 변동될 수 있는데 이때는 선순위였던 임차권은 대항력을 상실한 임차인으로 전락하게 된다.

이를 확인하기 위해 전국 어느 주민센터 등 상관없이 경매정보지를 지참하고 '전입세대 열람' 신청을 하여 전입세대주 이름, 전입일자 등이 표시된 전입세대확인서를 발급받아 확인할 수 있다.

외국인의 전입일자 정보

2023년 6월 이전에는 외국인 세입자가 스스로 법원에 외국인체류확인서 등을 첨부한 임대차신고를 하기 전에는 외국인 세입자의 전입일자를 알기 어려웠다.

다행히 2023년 6월 14일부터 출입국관리법 개정으로 제88조의 3 규정에 의해 부동산경매에 입찰하려는 사람들은 외국인의 체류확인서를 열람하거나 교부받을 수 있어 지방 출입국 관서 또는 읍 · 면 · 동에 경매정보지를 첨부하여 신청할 수 있다. 외국인이 재외동포인 경우에는 체류확인서 대신 외국국적동포거소확인서로 전입일자를 확인할 수 있다.

권리신고 없는 임차인이 월세 임차인
양천구 다세대주택의 선순위임차인 사례

서울 양천구 신정동에 위치한 감정가 3억1천만 원인 다세대주택이 3차례 유찰 끝에 최저기준가가 118,270,000원로 저감되어 입찰기일을 앞두고 있었다. 계속 유찰된 이유는 권리신고는 하지 않았지만 소재지에 최초 저당권보다 1년 앞서 주민등록을 등재한 세입자로 의심되는 세대가 있었기 때문이다.

이 물건에 관심을 갖고 있던 지인이 야간에 임장을 해보니 전등이 켜져있는 것으로 보아 누군가 거주하고 있는 것 같았다. 소유자는 타지에 주소를 두고 있고 세입자로 보이는 주민등록 등재자가 거주하고 있다고 볼 수밖에 없는데, 그 점유자가 권리신고를 하지 않은 점으로 보아 혹 월세 세입자가 아닐까 싶었다.

전세 세입자라면 확정일자도 받고 권리신고도 하는 것이 일반적이고, 또한 전세 선순위세입자가 있음에도 후에 저당권을 설정하고 대출해 줄 금융기관이 없을 것이고 만약 월세에 보증금이 소액일 경

우라면 보통 경매절차 진행 기간 중에는 월세를 연체하므로 회수할 보증금이 크지 않을 것이다.

혹시 이 세입자가 월세라는 정보를 타인에 알리지 않고 있다가 여러 차례 유찰되어 초저가로 낮춰진 다음 자신이 입찰에 참여하여 저가취득을 노리고 있을 수 있다는 점을 염두에 두고 1억3,100만 원에 응찰하였는데 예상대로 세입자도 입찰에 참여하였고 지인이 100만 원 정도 높게 입찰하여 간발의 차이로 낙찰받았다.

나중에 알게 되었지만 그 세입자는 보증금 1,000만 원에 월 차임 60만 원의 월세 세입자였던 것이다. 아마도 선순위의 월세 세입자가 살고 있는 주택이 경매에 나온다면 자신의 임대차 내용을 발설하지 않고 초저가로 주택을 장만할 기회를 잡으려고 할 것이다.

배당요구를 한 임차인의 전세권을 인수한 경우
선순위 전세권이 설정된 경기도 부천의 아파트 사례

경기도 부천에 있는 이 아파트는 전세권자보다 늦은 저당권자가 경매를 신청한 경우였다. 전세권자는 주택임차인으로서 배당요구는 했으나 전세권을 등기하고 주민등록을 다른 지역으로 전출한 상태였기 때문에 임차권자로서는 배당을 받지 못하는 상황이었다.

이 아파트를 낙찰 받은 E씨는 이 물건에 입찰할 때 주택임차인이 저당권 설정일보다 먼저 세 들어 살고 있었고 배당요구도 했기 때문에 저당권보다 먼저 배당 순서가 돌아와 전액 배당받을 것이라고 확신했다. 따라서 전세권에도 문제가 없을 것으로 보고 감정가 3억 원의 85%에 입찰해 2억 5,500만 원에 낙찰을 받았다. 이 임차인이 주민등록을 유지하고 있지 않

입찰 보증금 2,100만원

전세권 2억 3.000만 원
+ 낙찰대금 2억 5,500만 원

기 때문에 대항력 요건을 구비하지 못해 배당을 받을 수 없는 경우라는 것을 간과한 것이다. 결국 저당권보다 앞선 선순위 전세권은 낙찰자가 그대로 떠안게 되므로 전세권 2억 3,000만 원을 인수하면 결과적으로 E씨는 4억 8,500만 원에 아파트를 취득하게 되는 셈이었다.

뒤늦게 이러한 권리관계를 알게 된 낙찰자는 고심 끝에 잔금을 납부하지 않음으로써 더 큰 부담을 떠안지 않기로 했다. 대신 입찰보증금 2,100만 원은 포기해야만 했다. 그나마 피해를 최소화하는 가장 좋은 방법이 보증금을 포기하는 것이라고 판단했던 것이다.

E씨는 한때 경매 교육을 받은 적이 있어서 권리분석에는 어느 정도 자신감이 있었다고 하는데, 아무래도 깊이 있는 지식이 부족했던 것 같다. 얕은 지식으로 섣불리 경매에 참여했다가 함정에 빠진 안타까운 사례이다.

주택임차인의 상대적 우선변제, 우선변제

주택임차인은 공·경매 절차가 진행되면 주택임대차보호법에 의해 소송이나 강제집행 신청 절차를 생략하고 단지 배당요구를 하는 것만으로 주택임대차 보증금을 변제받을 수 있다. 공·경매 절차에서 주택임차인이 배당받을 수 있는 방법에는 2가지가 있다.

첫 번째, 대항력 요건을 갖추고 계약증서상 확정일자를 갖추면 후순위 권리자나 기타 채권자보다 상대적으로 우선하여 보증금 전액을 변제받을 수 있다. 두 번째, 대항력 요건만 구비한 자로써 보증금이 일정액 이하인 임차인은 보증금 전액이 아닌 법정한도 내에서 어떤 채권보다 우선(실제는 일부 임금채권과 우선 순위가 같음)하여 변제받을 수 있다(표 13, 14 참조).

첫 번째 방법을 '상대적 우선변제(이 책에서는 가끔 '상대적 우선변제' 대신 '순위우선변제'라는 용어를 혼용함)'라 하고, 두 번째 방법을 '우선변제'라 한다. 상대적 우선변제는 후순위 권리자보다 우선하여 변제받는 것이고, 우선변제는 다른 담보물권자나 어떤 권리자보다 가장 우선하여 변제받는 것이다.

시중에 나와 있는 대부분의 경매 관련 서적에서는 상대적 우선변제를 그냥 '우선변제'라 하고 우선변제를 '최우선변제'라 하고 있는데, 이는 법률 이론적으로 인정된 공식 명칭이 아니다. 시중에서 많이 사용하고 있으나 상대적 우선변제를 그냥 '우선변제'라고 하는 것은 분명 문제가 있다. 후순위 권리자에 대해서만 상대적으로 우선하는 것을 그냥 '우선변제'라고 하는 것은 잘못이고, '최우선변제'라는 말도 '우선변제'라는 말로 충분하다. 다만 저자의 이런 주장에도 불구하고 일반인들이 우선변제, 최우선변제라는 용어에 익숙해져 있기에 이 책에서는 기존의 용어와 법률적 용어를 혼용하기로 한다.

2가지 우선변제를 받기 위해 임차인은 임대차 해지 의사가 담긴 배당요구를 해야 하는데, 이로써 임대차계약을 해지하고 임차보증금 반환청구권이 발생하여 배당에 참여할 수 있다. 배당요구는 배당요구 종료기일까지 해야 하며, 이때까지 배당요구를 하지 않으면 배당을 받을 수 없다. 배당요구 대신 경매를 신청해도 배당을 받을 수 있다.

우선변제와 관련해 주택임대차보호법에서는 임차인에게 2가지 특혜를 부여하고 있다.

첫 번째 특혜는 집행개시 조건의 완화이다.

임차보증금 반환청구권도 본래 동시에 이행해야 하는 채권이었다. 하지만 1999년 1월 20일까지는 임차인이 보증금 반환청구소송을 하거나 판결 등을 얻어 강제경매 등을 신청하거나 아니면 단순히 보증금 반환청구만 하려 해도 반대의무의 이행, 즉 명도를 먼저 이행하고 난 후 상대방에게 청구할 수 있었다. 그러다 1999년 1월 21일, 주택임대차보호법이 개정(3차)되면서 임차인은 먼저 집을 비워주는 불편함 없이 주택을 계속 점유한 상태에서 보증금 반환청구소송 및 경매신청 등을 할 수 있게 되었다.

두 번째 특혜는 배당에 참여해도 임대차가 존속된다는 것이다. 대부분의 금전채권은 배당 절차에 참여하면 저당권, 전세권 등 부동산상의 권리와 가압류 등 채권관련 보전조치 등이 모두 소멸·말소된다. 채권자가 배당요구를 해 전액 배당받든 일부만 배당받든, 심지어는 한푼도 배당받지 못하더라도 배당요구를 한 채권은 경매 절차를 거치면서 부동산상 권리와 등기가 소멸·말소되는 것이다. 그러나 특별하게도 주택임대차보호법상 대항력을 갖춘 선순위 임차인은 배당에 참여해 일부만 배당받게 될 경우 미배당 잔여액을 매수인으로부터 별도로 변제받을 수 있고, 임차보증금을 전액 수령할 때까지 주택임차권은 매수인이 임대인의 지위를 승계하여 존속하게 된다.

🏠 주택임차인의 상대적 우선변제권

우선변제권의 법적 지위

임차보증금의 우선변제권은 후순위 권리자나 기타 채권자보다 우선하여 변제받을 수 있다는 점에서 저당권 등 담보물권과 유사하다. 상대적 우선변제권과 일반 담보물권은 소액보증금 우선변제권에 대해 우선을 허용하는 배당방법이 동일하여 배당절차에서 거의 동일한 지위를 갖는다.

상대적 우선변제권의 요건과 효력

1) 상대적 우선변제권의 요건

상대적 우선변제권이 생기기 위해서는 기본적으로 대항력 요건인 점유와 주민등록 전입을 마치고 더불어 임대차계약 증서상에 확정일자를 받아야 한다. 확정일자를 받았다 하더라도 대항력 요건이 일부라도 구비되지 않았다면 우선변제권은 발생하지 않는다.

그리고 위의 대항력 요건을 구비한 상태를 최소한 배당요구 종기일까지 유지하고 있어야 한다. 대항력 요건을 중도에 일탈한 상태가 되면 우선변제권이 소멸된다. 또 한 가지 중요한 것은 배당요구 종기일 이전까지 배당요구를 꼭 해야만 우선변제권을 행사할 수 있다.

배당요구를 꼭 해야 하는 이유는 임차보증금 반환청구권이 생기기 위해 임대차 해지가 전제되는데, 배당요구 행위에는 임대차 해지의 의사가 담겨 있기 때문이다. 다만 경매기입등기 전에 주택임차권등기를 했다면 자동적으로 배당에 참여하게 되므로 배당요구를 굳이 따로 하지 않아도 된다.

배당요구 종기일 이전에 배당요구를 했다가 역시 종기일 이전에 철회할 수도 있다. 주택임차권등기가 되어 있다면 당연배당에 해당하게 되어 배당요구를 했다가 철회하더라도 배당을 받을 수 있게 된다.

상대적 우선변제권의 요건에 대해 요약하면 다음과 같다.

① 대항력 요건(점유, 전입) 구비 및 배당요구 종기일까지 유지

② 계약증서상의 확정일자

③ 배당요구

2) 상대적 우선변제권의 효력 범위

① 대상 물건의 범위

• 주택과 대지를 모두 포함한 매각대금에서 배당 가능

• 대지만 경매돼도 우선변제권 행사 가능

② 우선변제를 당하는 권리의 범위

- 후순위 권리자
  - 후순위 저당권에 의해 담보된 채권
- 후순위의 일반 조세채권(법정기일[17]이 늦은 세금)
※ 다만 당해세[18]는 상대적 우선변제 채권보다 우선하여 배당된다.
- 납부기한이 늦은 공과금 채권
- 산재보험, 의료보험, 국민연금 등
- 순위우선변제 임차인 간 후순위의 상대적 우선변제 임차권
- 후순위로 (가)압류한 일반채권자
※ 선순위로 (가)압류한 일반채권자는 상대적 우선변제 임차권
  과 선후관계가 아닌 동순위 관계로 배당된다.

확정일자

1) 확정일자의 의의

확정일자란, 증서 원본에 대하여 그 작성한 일자에 관한 완전한 증거가 될 수 있도록 법률상 일자에 관한 공증력이 인정되는 일자로, 당사자가 문서 작성일자를 변경하지 못하도록 하는 효과가 있다.

임대차계약서상 확정일자는 공증인 사무소, 공증인가 법률사무소, 등기소, 동 행정복지센터 등에서 원본 서류상에 기재해준다. 2013년 이전까지는 확정일자 부여 기관의 확정일자부에 문서의 제목과 확정일자, 신청인 등만 기재하게 돼 있었는데, 2014년부터는 ① 임대차 목적물 및 소재지 ② 임대인, 임차인의 인적사항 ③ 보증금 및 차임 ④ 임대차 기간과 확정일자를 기재하고 있어 이제는 임대차와 관련된 정보를

---

17) 세금이 매겨진 날짜로, 신고납부 세금은 신고한 날. 고지서발부 세금은 고지서 발부일이 세금이 매겨진 날이다.
18) 경매 목적 부동산 자체에 부과된 국세와 지방세

한꺼번에 확인할 수 있는 길이 열리게 되었다.

2013년 이전에는 확정일자를 받은 임대차계약서의 내용을 확정일자를 받은 후 임의로 변경·수정하더라도 사실관계를 확인하기 어려웠으나 이제는 확정일자부 기록이 남아 있으므로 임대차계약서를 변경·변조하기가 쉽지 않다. 해당 주택에 이해관계가 있는 사람이 임대차 정보를 확인하고 싶을 경우 확정일자부 열람 신청을 하면 쉽게 확인할 수 있게 된 것이다.

이해관계자로는 ① 해당 주택의 임대인, 임차인 ② 소유자 ③ 등기부상 권리자(가압류, 가처분권자 제외) ④ 임차권을 승계받은 금융기관 ⑤ 임대차계약을 체결하려는 자(소유자 동의 필요)가 있다.

다만, 확정일자를 부여받은 임대차 내용을 확인하기 위해서는 해당 주택의 임대차계약서에 확정일자를 부여한 기관을 알아야 한다.

2) 확정일자 부여 기관

① 주택 소재지의 지방행정기관

- 읍면사무소, 동 주민센터
- 시(특별시, 광역시, 특별자치시 제외), 군, 구의 출장소

② 지방법원, 지원 및 등기소

③ 공증사무소

3) 확정일자 제도의 입법취지

확정일자 제도는 당사자끼리 남몰래 공모하여 임대차계약서를 소급 작성하거나 허위로 계약서를 작성하는 것을 방지하는 데 그 입법취지가 있다. 임대차계약은 당사자 간에 의사가 합치되면 사실과 다른 임대차계약, 존재하지 않는 계약을 존재하는 계약으로 얼마든지 조작할 수도 있어 선의의 제3자의 권리를 해칠 위험이 있다.

확정일자 제도는 이런 위험을 조금은 감소시킬 수 있지만 2013년까지는 제도 자체가 불완전해 계약 내용 자체는 규제할 수 없었다. 그러다 2014년 이후 확정일자 부여 기관에 임대차 내용을 기록하게 되면서 어느 정도 허위 임대차계약을 감소시키는 데 도움이 되게 되었다.

4) 확정일자 부여 시기와 우선변제권

상대적 우선변제권을 취득하기 위해서는 배당요구 종기일 이전까지만 확정일자를 부여받아 법원에 배당요구를 하면 배당에 참여할 수 있다. 그렇다고 해서 배당요구 종기일 무렵에 확정일자를 부여받으면 배당 순서가 그만큼 뒤로 밀려 배당 시 매우 불리할 수도 있다.

확정일자를 부여받으면 당일에 법정 담보물권을 취득한 것으로 본다. 그러나 상대적 우선변제를 받으려면 확정일자뿐만 아니라 대항력 요건을 구비해야 한다. 따라서 2가지 조건을 모두 갖춘 후에야 비로소

담보물권의 효력을 취득하게 된다. 다시 말하자면 대항력 요건을 구비한 다음 날과 확정일자를 부여받은 날 중 더 늦은 날에 법정 담보물권의 효력이 발생하는 것이다. 예를 들어, 1월 5일 대항력 요건을 구비하고 같은 날 확정일자를 받았다면 1월 5일의 다음 날인 1월 6일과 1월 5일 중 늦은 날인 1월 6일을 기준으로 우선변제권이 생긴다.

5) 확정일자 받은 계약서 원본 분실 시 대처요령

기존에는 확정일자 부여 기관의 확정일자 기재부에 임대차 내용이 남아 있지 않았기 때문에 계약서를 분실해 다시 계약서를 작성한 경우라도 날짜를 소급해 확정일자를 받을 수 없었다. 그러나 2014년 이후에는 확정일자를 받은 계약서의 내용이 확정일자부에 기재되어 있기 때문에 계약 내용을 증명받아 임차권을 주장할 수 있고, 배당요구 등을 할 수 있게 되었다.

6) 전세권설정등기를 확정일자로 간주

임차인이 별도로 전세권설정등기를 했으나 계약서상 확정일자를 받지 않은 경우, 전세권설정계약서가 첨부된 등기필증에 남아 있는 등기 접수일자를 확정일자로 볼 수 있다(대법원 2002. 11. 8. 선고 2001다51725 판결). 따라서 전세권자는 굳이 확정일자를 받지 않았더라도 대항력 요건을 구비한 임차인이면 상대적 우선변제권자로서 배당요구를 할 수 있다.

배당요구

1) 배당요구와 권리신고

임차인은 경매 절차에서 대부분 권리신고와 배당요구를 함께한다. 임차인은 권리신고만 하는 경우와 권리신고, 배당요구 2가지를 모두

하는 경우, 2가지를 모두 하지 않는 경우의 3가지가 있다.

임차인이 권리신고만 하면 배당은 원하지 않고 경매 절차에서 임차인이라는 이해관계인으로서 각종 통지를 받거나 이의를 제기하는 등의 권리를 누리게 된다. 따라서 권리신고도 하지 않은 임차인은 이러한 권리를 누릴 수 없다.

권리신고를 하지 않고 배당요구만 하는 것은 허용되지 않는다. 권리신고를 함께해야 임차권의 대항력 여부도 파악할 수 있기 때문이다.

배당요구는 배당요구 종기일 내에 해야만 배당을 받을 수 있지만 권리신고는 경매 절차 진행 기간 중 언제라도 할 수 있다. 배당요구는 배당요구 종기일 내에 했다가 그 기간 내에 철회할 수도 있다. 그러나 배당요구를 배당요구 종기일 이후에 하게 되면 배당요구를 하지 않은 것으로 본다. 그러나 법원기록의 '배당여부'란에는 배당요구를 기한 내에 했는지를 표시하지 않고 배당요구서를 제출한 날짜만 기재한다. 따라서 만일 기한이 지나 배당요구를 한 경우 날짜를 신경 써서 보지 않으면 배당요구를 했다고 착각할 수 있다.

2) 배당요구권자와 당연배당권자

일반적으로 임차인은 배당요구를 해야 배당 절차에 참여할 수 있다. 배당요구가 없으면 배당을 받지 못한다. 선순위 임차인은 배당요구를 하지 않더라도 임차보증금에 관해 매수인이 새 임대인이 되어 책임을 떠안기 때문에 일부러 배당요구를 하지 않는 경우도 있다. 그런 의미에서 배당요구는 임차인이 선택할 수 있는 권리이기도 하다.

가령 선순위 임차인으로서 저렴한 전월세로 살고 있는 경우, 배당요구를 하면 보증금을 돌려받는 대신 이사를 해야 하고, 배당요구를 하지 않으면 잔여 임대차 기간 동안 저렴한 전월세 혜택을 누릴 수 있기 때문에 배당요구를 적극적으로 피하는 경우도 있다. 경매기입등기 전에 임차권등기를 한 임차인은 배당요구를 하지 않더라도 당연히 배당을 받을 수 있는 당연배당권자이다(대법원 2005. 9. 15. 선고 2005다33039 판결).

3) 배당요구를 하지 않은 경우 부당이득금 청구 불가

배당요구를 했거나 당연배당권자인 경우는 배당 절차에서 배당을 받을 수 있고, 배당에 이의가 있으면 이의신청도 할 수 있다. 만약 배당 기일에 이의신청을 하지 못했더라도 부당이득금 반환청구의 방법으로 추가 회수를 할 수 있다. 배당표의 확정은 실체법상 권리를 확정하는 것이 아니므로 부족한 배당금의 부당이득금 반환청구권이 있다. 그러나 배당요구를 하지 않았다면 배당을 받지 못하는 것은 물론 배당 절차에서 이의신청도 할 수 없고, 배당요구를 했더라면 받을 수 있었을 배당금을 후순위 채권자가 배당받은 데 대해 부당이득금의 반환청구도 할 수 없다(대법원 1998. 10. 13. 선고 98다12379 판결).

배당 순위 적용 방법

상대적 우선변제권은 대항력 요건 구비일의 다음 날과 확정일자 부여일 중 뒤의 날짜에 발생하는데, 대항력 요건 구비일 다음 날이 저당권 설정일과 같을 경우, 대항력은 정확히는 대항력 요건 구비일 다음 날 0시에 효력이 발생하므로 저당권보다 선순위가 된다.

가령 임대차계약을 맺은 주택임차인이 입주를 하고 전입신고 및 확정일자를 받은 다음 날 저당권이 설정되었다면, 대항력은 저당권보다 하루 앞서 구비된 것이고, 그 대항력의 효력은 저당권 설정일과 동일하다. 그러나 시간상으로 대항력이 저당권보다 빠르고 확정일자도 빠르므로 이 임차인은 선순위로 변제권을 갖게 된다.

위 사례에서 만약 확정일자를 받은 날이 저당권을 설정한 날과 같다면 어떻게 될까? 대항력은 대항력 요건 구비일 다음 날 0시에 효력이 발생하지만 확정일자는 확정일자 당일 효력이 발생하며, 시간 개념은 없다. 따라서 확정일자를 받은 날이 저당권을 설정한 날과 같고 2가지 모두를 갖춘 날짜가 저당권 설정일과 같다면 이때는 저당권과 동순위가 된다.

동순위로 배당을 받을 때 그들이 배당받을 차례에 잔여 배당액이 그들이 받을 채권액에 미치지 못하면 채권액의 비율로 나누어 변제를 받게 된다. 요컨대, 배당 순위 적용 일시는 대항력 요건 구비일의 다음 날 0시와 확정일자 부여일 중 늦은 시점, 즉 대항력 요건을 구비한 다음 날과 확정일자 부여일이 모두 도래한 시점이라고 할 수 있다.

대항력 효력의 특별한 사례

① 나대지 당시에 설정한 저당권보다 늦어도 건물상의 저당권보다 빠르면 소유자에 대해 대항력 효력이 발생한다. 주택임차권은 건물에 대한 권리이기 때문에 토지 저당권보다 늦더라도 건물 저당권보다 빠르기만 하면 선순위 임차인으로 인정된다.

② 선순위 임차인은 토지만 낙찰받은 매수인에게는 대항력을 주장할 수 없다. 주택임차권은 건물상의 권리이기 때문에 경매를 통해 토지를 매수한 새 소유자에게는 임차권에 대한 대항력을 주장할 수 없다.

다만, 건물 소유자에게 임대차를 해지하면서 보증금 반환청구를 할 수는 있다. 지상건물에 법정지상권이 설정되어 있지 않을 경우 토지의 새 소유자는 오히려 선순위 세입자라도 퇴거시킬 수 있고, 건물 소유자에게는 철거를 요구할 수 있다.

확정일자 받은 임차인이라도 배당받을 수 없는 경우

임차인이 배당을 받기 위해서는 현재 경매가 진행되고 있는 경매사건의 채무자에 대해 임차권을 주장할 수 있는 사람이어야 하고, 종전 경매에서 한 번이라도 배당에 참여하지 않은 사람이어야 한다. 확정일자를 받은 임차인일지라도 배당을 받을 수 없는 경우가 있는데, 다음과 같다.

1) 경매사건의 채무자에 대해 보증금 반환청구권이 없는 임차인

가령 종전 소유자로부터 보증금을 다 받지 못하고 이사를 가 버린 세입자는 현재 소유자에 대한 경매 절차에서 배당을 받을 수 없다.

현재 소유자에 대한 경매 절차가 진행 중인 상태에서 해당 주택의 소유권이 타인에게 이전되고 그 새 소유자인 제3 취득자로부터 임차를 해 입주와 전입신고 및 확정일자를 받은 세입자는 이 경매 절차에서 배당을 받을 수 없다. 현재의 소유자가 보증금을 변제해 줄 의무가 없고 소유권이전이나 임대차 모두 무효가 된다.

2) 종전 경매 절차에서 이미 배당에 참여했던 임차인

주택임대차보호법상의 대항력과 우선변제권을 다 가지고 있는 임차인이 먼저 우선변제권을 선택해 임차주택에 대해 진행되고 있는 경매 절차에서 보증금 전액에 대해 배당요구를 했으나 후순위라 보증금 전액을 배당받을 수 없게 된 경우, 임차인의 배당요구에 의해 임대차가 해지종료되기 때문에 보증금을 전액 배당받지 못하더라도 나머지 부족액에 대해 경매 낙찰자에 대항해 이를 반환받을 때까지 임대차관계의 존속을 주장할 수는 없다. 추후 경매 낙찰자의 채무로 인해 해당 주택이 다시 경매로 나왔을 때 종전 임차인은 새로 시작된 경매의 배당에 다시 참여할 수 없다. 판례에 의하면 그 매수인이 마침 임대인의 지위에 있던 종전 소유자이고 임차인은 후순위 권리자여서 배당을 전혀 받지 못한 채 계속해서 그 주택에 거주하고 있었다 하더라도 그 후 주택에 새로 설정된 근저당권에 기한 경매 절차에서 그 매각대금으로부터 우선변제를 받을 권리는 없다. 다만 매수인에 대하여 임차보증금을 반환받을 때까지 임대차관계의 존속을 주장할 수는 있다(대법원 1998. 6. 26. 선고 98다2754 판결).

위 대법원판례를 다른 각도에서 해석해 보더라도 배당을 받을 수 있는 기회는 임대차를 해지하고 배당을 받겠다는 선택은 한 번의 경매 절차에서만 할 수 있고, 일단 해지된 임대차를 후속 경매에서 다시 해지하며 배당을 해달라고 요구하는 것은 법리상 성립될 수 없는 것이다. 그런데 종전 경매의 임차인이 새 소유자와 새로운 임대차계약을 체결했다면 종전 임대차계약은 해지된 것으로 보며, 새 소유자에 대한 경매 절차에서 우선변제권을 행사할 수 있다.

🏠 주택임차인의 우선변제권

[주택임대차보호법]

제8조(보증금 중 일정액의 보호) ① 임차인은 보증금 중 일정액을 다른 담보물권자보다 우선하여 변제받을 권리가 있다. 이 경우 임차인은 주택에 대한 경매신청의 등기 전에 제2조제1항의 요건을 갖추어야 한다.
② 제1항의 경우에는 제3조의2 제4항부터 제6항까지의 규정을 준용한다.
③ 제1항에 따라 우선변제를 받을 임차인 및 보증금 중 일정액의 범위와 기준은 제8조의2에 따른 주택임대차위원회의 심의를 거쳐 대통령령으로 정한다. 다만, 보증금 중 일정액의 범위와 기준은 주택가액(대지의 가액을 포함한다)의 2분의 1을 넘지 못한다.
[개정 2009. 5. 8.]

[주택임대차보호법 시행령]

제10조(보증금 중 일정액의 범위 등) ① 법 제8조에 따라 우선변제를 받을 보증금 중 일정액의 범위는 다음 각 호의 구분에 의한 금액 이하로 한다.

1. 서울특별시: 3천700만 원
2. 「수도권정비계획법」에 따른 과밀억제권역(서울특별시는 제외한다), 세종특별자치시, 용인시 및 화성시: 3천400만 원
3. 광역시(「수도권정비계획법」에 따른 과밀억제권역에 포함된 지역과 군 지역은 제외한다), 안산시, 김포시, 광주시 및 파주시: 2천만 원
4. 그 밖의 지역: 1천700만 원

② 임차인의 보증금 중 일정액이 주택가액의 2분의 1을 초과하는 경우에는 주택가액의 2분의 1에 해당하는 금액까지만 우선변제권이 있다.

③ 하나의 주택에 임차인이 2명 이상이고, 그 각 보증금 중 일정액을 모두 합한 금액이 주택가액의 2분의 1을 초과하는 경우에는 그 각 보증금 중 일정액을 모두 합한 금액에 대한 각 임차인의 보증금 중 일정액의 비율로 그 주택가액의 2분의 1에 해당하는 금액을 분할한 금액을 각 임차인의 보증금 중 일정액으로 본다.

④ 하나의 주택에 임차인이 2명 이상이고 이들이 그 주택에서 가정공동생활을 하는 경우에는 이들을 1명의 임차인으로 보아 이들의 각 보증금을 합산한다.

제11조(우선변제를 받을 임차인의 범위) 법 제8조에 따라 우선변제를 받을 임차인은 보증금이 다음 각 호의 구분에 의한 금액 이하인 임차인으로 한다.

1. 서울특별시: 1억 1천만 원
2. 「수도권정비계획법」에 따른 과밀억제권역(서울특별시는 제외한다), 세종특별자치시, 용인시 및 화성시: 1억 원
3. 광역시(「수도권정비계획법」에 따른 과밀억제권역에 포함된 지역과 군 지역은 제외한다), 안산시, 김포시, 광주시 및 파주시: 6천만 원
4. 그 밖의 지역: 5천만 원

우선변제권의 의미

법령에서 정한 일정액 이하의 소액보증금 임차인이 주택의 경매신청 등기 이전에 주택을 인도받아 점유하면서 주민등록 전입을 배당요구 종기일까지 유지하고 있으면 주택의 공·경매 절차에서 배당요구를 하여 법령에서 정한 일정액 범위에서 다른 어떤 채권자보다도 우선하여 변제받을 수 있다.

우선변제권의 요건

1) 임대차 보증금의 제한금액 이내일 것

① 지역별로 달리 정해진 제한보증금 이내여야 하며 차임은 전혀 반영되지 않는다.

② 해당 주택에 담보물권이 설정된 경우 담보물권 설정 당시 적용되는 제한보증금을 기준으로 한다.

③ 가정공동생활 가족이 같은 주택에 2인 이상 따로 임대차계약을 한 경우, 그 각각의 임대차계약의 임대차 보증금을 합산한 금액으로 판단한다.

2) 대항력 요건 구비와 유지

① 경매신청등기, 즉 기입등기 이전까지 주택을 인도받아 점유하면서 주민등록을 전입하여 배당요구 종기일까지 유지하고 있어야 한다.

② 주택임차권등기를 설정한 경우는 등기가 배당요구 종기일까지 유지되고 있어야 한다.

③ 확정일자는 부여받지 않아도 무방하다.

3) 배당요구

① 배당요구 종기일까지 배당요구를 해야 한다. 소액우선변제권자도 당연히 배당요구 없이는 배당을 받을 수 없다.

② 경매기입등기 이전까지 주택임차권등기를 설정한 경우에는 배당요구 없이도 자동으로 배당에 참여할 수 있다(예외 유의). 경매기입등기 이후 주택임차권등기를 한 임차권자는 배당요구를 하여야만 배당에 참여할 수 있다.

우선변제의 제한 소액임대차 보증금

주택임대차보호법 시행령 제11조에 따라 우선변제를 받을 임차인의 보증금은 권역별로 다르다. 4개의 지역별로 우선변제받을 보증금액 이하에 해당하는 소액임차인만 우선변제받을 임차인이 된다.

1) 각 지역별 제한보증금(2018. 9. 18. 개정)

① 서울특별시: 1억 1,000만 원

② 인천, 경기 중 과밀억제권역, 세종특별자치시, 용인시 및 화성시: 1억 원

③ 인천 제외 광역시 지역(군 지역 제외), 안산시, 김포시 및 광주시: 6,000만 원

④ ①~③에 속하지 않는 기타 지역: 5,000만 원

2) 제한보증금은 저당권 설정 당시 적용되던 금액 기준

소액임차인에 해당하는 제한보증금은 1987년 12월 1일 1차 개정으로 증액시킨 이래 2018년 9월 18일까지 무려 9차례나 증액개정이 되었다. 그런데 소액 임차인 자격 여부는 임대차가 체결될 당시의 규정이 아니라 저당권 설정 당시에 적용되던 제한보증금을 기준으로 결정된다.

저당권이 둘 이상이면 각 저당권마다 저당권 설정 시 소액임차인 여부가 결정되어 각각의 저당권과 임차인의 소액우선변제 순위가 결정된다. 예컨대 소액임차인은 1번 저당권에 대해서는 소액임차인에 해당하지 않아 우선변제 대상이 아니지만 1번 저당권이 전액 배당되고 난 후 잔여 금액 범위에서 2번 저당권에 대해서 소액임차인에 해당하면 2번 저당권이 상대적 우선변제를 받기 전에 저당권에 우선하여 일정액 범위 내에서 배당을 받게 된다.

소액 임차인의 자격 여부는 임대차 체결될 당시 규정이 아니라 저당권 설정 당시에 적용되던 제한보증금을 기준으로 결정된다

아하~

우선변제 일정액의 한도

주택임대차보호법 시행령 제10조 규정에 따라 소액우선변제를 받을 자격이 있는 임차인은 지역에 따라 정해진 일정액을 담보물권자, 상대적 우선변제 임차인보다 우선하여 배당받을 수 있다. 소액우선변제 일정액이 무조건 보장되는 것은 아니다. 매각대금이 소액이라 배당할 금액 자체가 부족한 경우에는 정해진 일정 금액을 배당받지 못하고 그 이하의 금액을 배당받게 되는 경우도 있다. 그러므로 '소액우선변제의 일정액 보장'이라고 하지 않고 '소액우선변제를 받을 수 있는 일정 금액의 한도액'이라고 하는 것이 맞다.

일정 금액에 관해서도 법률 증액개정이 9차례나 있었고, 개정 시마다 증액된 일정액은 매번 부칙으로 저당권이 설정되어 있는 주택의 경우 저당권이 설정된 당시의 구(舊) 규정을 적용하도록 했다.

[표 13] 소액임대차 적용 보증금 범위 및 일정액(1차 개정~5차 개정까지)

①②③은 개정시점별 지역의 그룹 표시   금액 단위: 만 원

개정 지역구분	5차 개정 10.7.26~ 13.12.31	4차 개정 08.8.21~ 10.7.25	3차 개정 01.9.15~ 08.8.20	2차 개정 95.10.19~ 01.9.14	1차 개정 90.2.19~ 95.10.18
1. 서울특별시	① 7,500/2,500	① 6,000/2,000	① 4,000/1,600	① 3,000/1,200	① 2,000/700
2. 인천광역시 중					
1) 과밀억제권	② 6,500/2,200	① 6,000/2,000	① 4000/1,600	① 3,000/1,200	① 2,000/700
2) 비과밀억제권	③ 5,500/1,900	③ 4,000/1,400	③ 3,000/1,200	① 3,000/1,200	① 2,000/700
3) 군지역 (강화, 옹진)	④ 4,000/1,400	③ 4,000/1,400	③ 3,000/1,200	② 2,000/800	① 2,000/700
3. 경기도 중					
4) 과밀억제권	② 6,500/2,200	① 6,000/2,000	① 4,000/1,600	② 2,000/800	② 1,500/500
5) 비과밀억제권	③ 5,500/1,900		③ 3,000/1,200	② 2,000/800	② 1,500/500
4. 인천 이외 광역시	④ 4,000/1,400	③ 4,000/1,400			
6) 부산, 대구, 대전, 광주, 울산 중(군 지역이 아닌 지역)	③ 5,500/1,900	③ 4,000/1,400	② 3,500/1,400	① 3,000/1,200	① 2,000/700
7) 부산, 대구, 대 전, 광주, 울산 중(군지역)	③ 5,500/1,900	③ 4,000/1,400	③ 3,000/1,200	② 2,000/800	① 2,000/700
5. 기타 지역	④ 4,000/1,400	③ 4,000/1,400	③ 3,000/1,200	② 2,000/800	② 1,500'500

구분		1	2	3	4	5
그룹별 금액(만 원) 제한보증금/일정액	①그룹	④ 4,000/1,400	③ 4,000/1,400	4,000/1,600	3,000/1,200	2,000/700
	②그룹	④ 4,000/1,400	③ 4,000/1,400	3,000/1,400	2,000/800	1,500/500
	③그룹	④ 4,000/1,400	② 5,000/1,700	3,000/1,200		
그룹별	①그룹	③ 5,500/1,900	③ 4,000/1,400	서서울, 경기, 인천 과밀 억제권	서울과 광역시 이상 지역 (군지역 제외)	서울과 직할시 이상 지역
	②그룹	④ 4,000/1,400	6,000/2,000	인천 외 광역시 (군지역 제외)	기타 지역	기타 지역
	③그룹	서울	5,000/1,700	기타 지역		

※ 소액보증금 우선변제 규정은 1987년 12월 1일에 신설되어 1990년 2월 19일 1차개정 전까 지 서울과 직할시 이상 지역/ 기타 지역으로 구분하여 임차보증금이 500만 원/ 300만 원 이하인 임차인은 전액 우선 변제 적용

[표 14] 소액임대차 적용 보증금 범위와 우선변제 일정액
(2008. 8. 21.~5차 개정 이후)

①②③④는 개정시점별 지역의 그룹 표시 　　　　　　　　　　금액 단위: 만 원

개정 회차 지역 구분	10차 개정 23.2.21~	9차 개정 21.5.11~ 23.2.20	8차 개정 18.9.18~ 21.5.10	7차 개정 16.3.31~ 18.9.17	6차 개정 14.1.1~ 16.3.30
서울특별시	① 1.65억/5,500	① 1.5억/5,000	① 1.1억/3,700	① 1억/3,400	① 9,500/3,200
(인천광역시)					
과밀억제권	② 1.45억/4,800	② 1.3억/4,300	② 1억/3,400	② 8,000/2,700	② 8,000/2,700
성장관리권	③ 8,500/2,800	③ 7,000/2,300	③ ,000/2,000	③ 6,000/2,000	③ 6,000/2,000
군 지역 (강화, 옹진)	④ 7,500/2,500	④ 6,000/2,000	④ 5,000/1,700	④ 5,000/1,700	④ 4,500/1,500
경기도					
과밀억제권	② 1억/3,400	② 8,000/2,700	② 8,000/2,700	② 6,500/2,200	② 6,000/2,000
• 용인시	② 1.45억/4,800	② 1.3억/4,300	② 1억/3,400	③ 6,000/2,000	③ 6,000/2,000
• 화성시	② 1.45억/4,800	② 1.3억/4,300	② 1억/3,400	④ 5,000/1,700	④ 4,500/1,500
• 김포시	② 1.45억/4,800	② 1.3억/4,300	③ 6,000/2,000	③ 6,000/2,000	③ 6,000/2,000
• 안산, 광주시	③ 8,500/2,800	③ 7,000/2,300	③ 6,000/2,000	③ 6,000/2,000	③ 6,000/2,000
• 파주시	③ 8,500/2,800	③ 7,000/2,300	③ 6,000/2,000	④ 5,000/1,700	④ 4,500/1,500
• 이천시, 평택시	③ 8,500/2,800	③ 7,000/2,300	④ 5,000/1,700	④ 5,000/1,700	④ 4,500/1,500
• 기타 지역	④ 7,500/2,500	④ 6,000/2,000	④ 5,000/1,700	④ 5,000/1,700	④ 4,500/1,500

세종시	② 1.45억/4,800	② 1.3억/4,300	② 1억/3,400	③ 6,000/2,000	④ 4,500/1,500
기타 광역시 (군지역 제외)	③ 8,500/2,800	③ 7,000/2,300	③ 6,000/2,000	③ 6,000/2,000	③ 6,000/2,000
그 밖의 지역	④ 7,500/2,500	④ 6,000/2,000	④ 5,000/1,700	④ 5,000/1,700	④ 4,500/1,500

개정 단계별 그룹 변동	①그룹	서울	서울	서울	서울	서울
	②그룹	종전과 동일	종전+김포시	수도권 과밀 세종, 용인, 화성	수도권 과밀	지방 광역시
	③그룹	종전과 동일	지방광역시 (군지역 제외) 인천 성장관 리권역 경기 5지역 (안산, 광주, 파주, 이천 평택)	지방 광역시 (군지역 제외) 인천 성장관 리권역 경기 4지역 (안산, 김포, 광주, 파주)	종전+세종시	종전과 동일
	④그룹	그 밖의 지역	그 밖의 지역	그 밖의 지역	그 밖의 지역	그 밖의 지역

※ 경기도 과밀억제권역:
- 의정부, 구리, 하남, 고양, 수원, 성남, 안양, 부천, 광명, 과천, 의왕, 군포시
- 시흥시 일부(반월특수지역은 제외)
- 남양주시 중 호평, 평내, 금곡, 일패, 이패, 삼패, 가운, 수석, 자금, 도농동

그 밖의 중요사항

1) 주택가액의 반액으로 제한

소액보증금 우선변제 일정액은 주택가액, 실무적으로는 매각대금의 2분의 1 한도 내에서 배당된다. 따라서 소액보증금 우선변제 일정액이 매각대금에서 경매비용을 제외한 금액의 2분의 1을 초과할 경우, 일정 액보다 적게 배당받을 수 있다.

소액보증금 우선변제 대상 임차인이 2인 이상의 다수인 경우, 그 다수의 소액보증금의 일정액을 합한 금액과 배당할 주택가액의 반액을 비교해 소액보증금 일정액의 합계가 더 클 경우 주택가액의 반액을 소액보증금의 일정액 비율로 각각 안분한다.

주택 매각 대금에서 경매비용을 차감한 금액이 7,320만 원이고 소액보증금의 일정액이 각각 3,400만 원과 2,700만 원인 임차인들이 있는 상황을 예로 들어보자. 소액보증금 일정액의 합계는 6,100만 원이고 배당할 금액의 반액은 3,660만 원이다. 소액보증금 일정액의 합계가 주택가액의 반액보다 크므로 소액보증금의 일정액 비율로 주택가액을 나누면 일정액이 3,400만 원인 임차인은 2,040만 원을, 일정액이 2,700만 원인 임차인은 1,620만 원을 우선변제받게 된다.

2) 특정 임금채권과 소액우선변제의 배당 방법

특정 임금채권은 소액우선변제와 같이 우선하여 변제받을 수 있는 동순위 관계이다. 근로기준법과 주택임대차보호법에서 각각 담보물권, 세금 등 어떤 채권보다도 우선하여 변제받는다고 규정하고 있다. 공동 우선변제 채권인 이 2가지 채권이 가장 먼저 우선변제를 받고, 잔여액이 있으면 다른 담보물권, 기타 채권들이 순위에 따라 배당을 받는다.

그러나 이 2가지 채권이 변제받기에도 부족한 경우에는, 부족한 금액 내에서 부족하지 않았다면 받을 수 있었을 특정 임금채권액과 소액우선변제 배당액 비율로 안분하여 배당받는다. 그런데 소액우선변제 배당을 받을 수 있는 금액은 주택가액의 2분의 1을 초과할 수 없으므로 만일 주택가액의 2분의 1을 초과할 경우에는 주택가액의 반액을 그 금액으로 한다. 예를 들어 특정 임금채권액이 8,000만 원, 소액우선 배당받을 금액의 일정액이 3,700만 원인데 배당 가능한 금액이 4,000만 원이라면 특정 임금채권자는 8,000만 원을, 소액임차인은 3,700만 원이 아닌 2,000만 원(주택 가액 4,000만 원의 2분의 1)을 기준으로 안분배당하는 것이다. 공식에 의해 특정 임금채권자는 3,200만 원(4,000만 원×8,000만 원/1억 원), 소액우선변제권자는 800만 원(4,000만 원×2,000만 원/1억 원)으로 안분하여 배당된다.

특정 임금채권은 최종 3개월분의 임금과 최종 3년간의 퇴직금, 재해 보상금을 합해 계산한다. 임금이 체불되면 근로복지공단에서 이를 대신 지불하고 사용주에게 임금채권 구상금[19]으로 경매를 부치거나 경매 절차에서 배당요구를 할 수 있는데, 근로복지공단의 채권은 모두 특정 임금채권에 해당돼 절대적 우선변제 채권이 되므로 권리분석 시 유의해야 한다.

3) 나대지에 담보권 설정 후 건물과 함께 경매가 진행되는 경우

나대지일 때에 담보권 설정 등기 후 그 토지상에 신축되어 있는 건물에 입주한 소액임차인은 매각대금 중 건물 부분 외에 토지 부분에 대해서는 우선변제를 받을 수 없다.

대지에 관한 저당권 설정 당시 건물이 존재하고 있었으나 그 후 위 건물이 멸실되고 새 건물이 신축된 경우, 그 신축 건물의 임차인은 건물 부분 외에 토지 부분에 대해서는 우선변제를 받을 수 없다.

4) 용도 변경의 경우

대지에 관한 저당권 설정 당시 비주거용 건물이 존재했으나 저당권 설정 이후 주거용으로 용도가 변경된 경우, 그 용도가 변경된 건물의 소액임차인은 대지와 건물 전부에서 소액우선변제를 받을 수 있다.

5) 토지와 건물이 별도로 경매가 진행되는 경우

---

19) 제3자가 채무에 대해 이를 대리 변제한 후, 원 채무자에게 지급을 요구하는 금액

소유자가 동일한 토지와 지상건물이 있는 상태에서 입주한 소액임차인은 토지만 경매가 진행될 경우 토지 매각대금에서 우선변제를 받을 수 있다. 이 경우 일정액 전액을 우선변제받을 수 있다.

건물만 매각되는 경우 소액임차인은 건물 매각대금에서 우선변제를 받을 수 있다. 이 경우에도 일정액 전액을 우선변제받을 수 있다.

토지와 건물이 시차를 두고 각각 경매가 진행되는 경우는 먼저 경매된 부분에서 일정액 전액을 우선변제받을 수 있다. 그러나 일정액 전액이 배당된 후 다른 부분이 경매 진행될 때는 추가로 소액우선변제를 받을 수 없다. 다만 먼저 경매되는 부분에서 일정액에 못 미치는 일부만 우선변제받은 경우는 뒤에 경매되는 부분에서 잔여 일정액 한도 내에서 우선변제받을 수 있다.

6) 공동임대인 지분에 대한 우선변제

공동임대인 중 1인의 공유지분이 경매되는 경우 공동임대인의 지분 비율에 상관없이 소액임차인은 일정액 전액을 우선변제받을 수 있다. 그 이유는 임대인의 채무는 공동으로 책임져야 하는 불가분채무이기 때문이다.

7) 채무자이면서 소액임차인인 경우

타인 소유의 주택을 자신의 채무에 대한 담보로 제공한 채무자가 그 주택의 소유자와 임대차계약을 체결함으로써 임차인으로 되어 있는 경우, 그가 소액임차인에 해당한다면 우선변제에서 제외시킬 수 있는 법률규정은 없다. 다만 가장 임차인일 가능성도 있기 때문에 법원은 가장 임차인일 개연성이 높다고 판단되면 일단 배당에서 제외시키고, 이의가 있을 경우 해당 소액임차인이 배당이의를 제기해 임차권을 주장·입증하는 방식을 채택하고 있다.

주택임대차등기와 임차권등기명령

일반 임대차등기와 주택임대차설정등기의 차이, 그리고 주택임차권설정등기와 주택임차권등기명령 신청에 의한 주택임대차등기의 차이에 대해 알아보자. 이 중 일반 임대차등기는 배당이 불가하고 나머지는 당연배당이 되는데, 이러한 사실을 이용하면 부동산을 저가로 취득할 좋은 기회가 될 수도 있다.

🏠 주택임대차등기

민법 제621조에 의하면 임대차등기는 등기 접수일에 제3자에 대한 효력이 발생하는 데 비해 주택임대차등기는 이미 대항력이나 우선변제권을 갖춘 상태에서 ① 주민등록 전입일 ② 점유개시일 ③ 확정일자일을 추가 기재해야 하며, 이 3가지에 의해 등기 접수일 이전인 대항력 발생일로 소급하여 대항력 효력을 갖게 되고, 확정일자에 의해 상대적 우선변제권을 갖는다.

제3조의4(「민법」에 따른 주택임대차등기의 효력 등) ① 「민법」 제621조에 따른 주택 임대차등기의 효력에 관하여는 제3조의3 제5항 및 제6항을 준용한다.

② 임차인이 대항력이나 우선변제권을 갖추고 「민법」 제621조제1항에 따라 임대인의 협력을 얻어 임대차등기를 신청하는 경우에는 신청서에 「부동산등기법」 제74조제1호 부터 제5호까지의 사항 외에 다음 각 호의 사항을 적어야 하며, 이를 증명할 수 있는 서면(임대차의 목적이 주택의 일부분인 경우에는 해당 부분의 도면을 포함한다)을 첨 부하여야 한다.
1. 주민등록을 마친 날
2. 임차주택을 점유한 날
3. 임대차계약증서상의 확정일자를 받은 날

주택임차권설정등기 신청 절차

임대차 기간 중 임차인은 임대인과 함께 등기신청을 할 수 있다. 이때 주택임차권설정등기 신청서와 확정일자가 있는 임대차계약서, 주민등 록표 등·초본 등의 서류를 준비해야 한다. 주택임차권설정등기 신청 서에는 임대차 부동산의 표시, 임차보증금 및 차임, 차임지급 시기, 존 속기간 및 임차인의 인적사항을 기재하고, 주민등록 전입일, 점유개시 일, 확정일자일을 추가 기재하며, '등기목적'란에는 '주택임차권설정' 이라고 기재한다.

임대인이 등기소에 함께 가지 못할 경우에는 임대인의 인감증명을 첨부한 위임장을 제출해야 한다. 민법 제621조에 의해 임대인은 임차 인의 등기요구에 협력할 의무가 있으며, 거절 시에는 소송 등 법적절차 를 거쳐 등기를 할 수도 있다.

주택임차권설정등기의 대항력 효력

임차인은 임대차계약을 맺은 후 전입신고를 하고 점유를 하면 대항력

요건이 구비되고, 그다음 날부터 대항력이 발생한다. 이렇게 대항력을 유지한 상태에서 등기를 하면 이미 대항력이 발생된 시점이 변동 없이 그대로 유지된다. 또한 확정일자를 받으면 순서가 정해진 우선변제권이 발생한다.

일단 등기를 한 상태에서는 이를 말소하지 않는 한 주민등록 전출이나 이사로 대항력 요건을 이탈해도 대항력이 유지된다. 임차인에 따라 개인적 사정으로 주민등록을 다른 곳으로 옮기거나 피치 못할 이유로 이사를 가면서 점유를 해제하는 경우도 있는데, 등기가 유지되는 한 대항력도 유지된다. 등기 후 다른 임차인이 같은 임차 공간에 이사 와서 주민등록 전입을 하더라도 이미 주택임차권등기를 한 임차인의 대항력이 유지되는 것은 마찬가지이고, 후에 입주한 다른 임차인은 제3자 대항력을 갖지 못한다.

그러나 만일 어떤 임차인이 전입과 점유의 요건을 갖췄는데 이보다 늦게 다른 임차인이 임차권등기를 했다면 뒤에 등기한 임차인은 제3자 대항력이 없고, 그가 설정한 임차권등기는 말소되어야 한다. 동일한 공간에 대항력이 있는 임차권은 중복 인정되지 않고 먼저 대항력을 갖춘 임차인만 유일하게 대항력이 있는 임차인으로 인정된다.

주택임차권설정등기가 아닌 일반 임차권설정등기를 했다면 등기 접수일로부터 대항력이 발생하므로 등기 시 주의해야 한다. 주택임차권설정등기 대신 일반 임차권설정등기를 했더라도 이미 구비한 대항력 요건을 유지하고 있을 때는 관계없지만 등기에 의존한 나머지 이사나 전출 등으로 대항력 요건을 상실했다면 이미 갖추었던 대항력은 상실하게 되고, 등기 접수일부터 새로이 대항력이 발생하게 되는 것이다.

매각 절차에서 주택임차권등기의 말소

대항력 요건 구비일이 담보권이나 (가)압류보다 늦은 후순위 주택임차권등기인 경우, 선순위라도 전액 배당되는 경우, 실체가 없는 임차권등기라는 증거가 드러나는 경우에는 그 주택임차권등기는 말소될 수 있다.

주택 임차권등기의 당연배당

경매기입등기 이전에 주택임차권설정등기를 한 임차인은 경매 절차에서 배당요구를 하지 않아도 자동으로 배당에 참여할 수 있다. 주택임차권등기를 한 임차인은 당연배당권자이지만 굳이 배당요구를 할 수도 있는데, 배당요구 종기일 전에 배당요구를 했다가 철회를 하더라도 배당을 받을 수 있다. 그리고 오히려 이런 상황을 이용하면 좋은 기회를 잡을 수도 있다.

임차권등기명령에 의한 주택임차권등기

임차권등기명령의 의미

주택임대차보호법 제3조의3 규정에 따라 임대차가 해지되었는데도 보증금을 반환받지 못한 경우 임차인은 임차주택의 소재지 관할법원에 임차권등기명령을 신청할 수 있다.

임차권등기명령 신청을 접수한 법원은 통상 수일 내에 임차권등기 명령에 대해 결정하여 결정문을 임대인과 임차인에게 송달하고, 임대인이 결정문을 송달받으면 등기소로 결정문을 이송하여 주택임차권등기를 하게 된다. 임차권등기명령에 의한 등기도 주택임차권설정등기와 마찬가지로 대항력 요건인 주민등록 전입일자, 점유개시 일자와 확정일자를 표시하고, 등기일 이전에 대항력 요건을 구비한 날짜의 다음 날로 소급하여 대항력 효력이 발생한다. 임차권등기명령에 의한 등기는 임대차가 종료된 후에 신청할 수 있고, 임대인의 협조 없이 임차인 혼자 법원에 신청만 하면 등기가 가능하다. 주택임차권설정등기나 임차권등기명령에 의한 주택임차권등기는 일단 등기를 마치고 나면 대항력, 우선변제권 취득과 효력이 동일하다.

주택임차권등기명령 신청 절차가 진행되는 기간에 임차인이 주민등록을 전출하거나 이사를 해서 점유를 상실했을 경우 주택임차권등기명령 신청은 기각된다. 그러나 일단 주택임차권등기가 된 후에는 주민등록 전출이나 이사를 하더라도 대항력과 우선변제권이 유지되므로 주민등록 전출, 이사가 불가피한 임차인은 임차권등기를 하고 난 후에 전출, 이사를 하도록 해야한다.

주택임차권등기의 순위우선변제 효력

등기부에 표시된 대항력 요건 구비일과 확정일자에 의해 해당 순위의 우선변제권 효력이 발생한다. 주택임차권설정등기처럼 경매기입등기 이전의 등기일 경우 배당요구 없이도 당연배당을 받게 된다. 만일 등기 사항 중 확정일자가 기재되지 않으면 순위우선변제권을 갖지 못한다.

주택임차권등기는 건물에만 등기되지만 우선변제권은 토지(건물 소유자가 토지도 소유하는 경우에 한함)와 건물의 환가대금에 대해 효력이 미친다. 선순위 임차권등기는 당연배당에 의해 배당받지만 전액을 다 변제받지 못한 경우에는 말소되지 않는다.

경매기입등기 이후에 등기된 임차권은 배당요구 종기일 전까지 배당요구를 해야만 배당에 참여할 수 있다. 경매기입등기 이후 늦게 등기했지만 대항력 요건 구비 시점이 빨라 선순위라면 배당요구 종기일 전까지 배당요구를 했는지 잘 확인해야 한다.

선순위 임차권등기는 당연배당으로 보증금 전액 배당

임차권등기가 되어 있는 경기도 김포의 아파트 사례

김포시 양촌에 있는 이 아파트의 낙찰자 F씨는 아파트를 낙찰받고 얼마 지나지 않아서 자신이 해당 아파트의 임차보증금을 떠안아야 한다는 사실을 깨달았다. 그래서 낙찰을 없던 일로 하고 싶었는데, 마침 낙찰일 며칠 후에 주식회사 다람인테리어라는 업체에서 유치권 신고를 하는 바람에 이를 핑계로 불허가를 받아 낙찰받은 것을 없던 일로 하고 보증금을 돌려받을 수 있었다.

그런데 나중에 저자가 권리분석을 해본 결과 주식회사 다람인테리어는 법인 등기부상에 존재하지 않는 회사였다. 저자가 판단하기에 이 유치권은 허위로 신고된 것 같았다. 어쩌면 낙찰자가 낙찰 불허가를 받기 위해 허위로 유치권 신고를 하지 않았을까 하는 의심마저 들었다.

그런데 경매기입등기 이전에 주택임차권등기가 되어 있는 경우 임차권등기를 한 임차인은 배당요구 없이도 당연배당을 받는다. 그것도 1순위로 배당을 받아 전액 보증금을 돌려받을 수 있기 때문에 낙찰자가 떠안아야 할 부담은 전혀 없다. 유치권 신고를 한 업체에 대해서도 면밀히 확인했더라면 안심할 수 있었을 것이다.

당시의 낙찰가는 시세에 근접해 있어서 비록 당장 시세차익은 그리 많지 않을 수 있었으나 매매가 활발한 상황이었기 때문에 향후 시세차익을 얻을 수 있었을 것으로 보였기에 F씨의 선택이 못내 아쉽다.

주택임차인에게 주어지는 그 밖의 특혜

대항력이나 우선변제권 외에도 주택임대차보호법에서는 주택임차인에게 특혜를 주고 있는데, 존속기간과 관련된 특권과 차임 등 증감청구권과 증액 제한이 있다. 주택임차권자에게 주어지는 특혜를 근거 법령과 함께 살펴보자.

🏠 존속기간과 관련된 특권

[주택임대차보호법]

제4조(임대차 기간 등) ① 기간을 정하지 아니하거나 2년 미만으로 정한 임대차는 그 기간을 2년으로 본다. 다만, 임차인은 2년 미만으로 정한 기간이 유효함을 주장할 수 있다.
② 임대차 기간이 끝난 경우에도 임차인이 보증금을 반환받을 때까지는 임대차관계가 존속되는 것으로 본다.

제6조(계약의 갱신) ① 임대인이 임대차 기간이 끝나기 6개월 전부터 1개월 전까지의 기간에 임차인에게 갱신거절(更新拒絕)의 통지를 하지 아니하거나 계약조건을 변경하지 아니하면 갱신하지 아니한다는 뜻의 통지를 하지 아니한 경우에는 그 기간이 끝난 때에 전 임대차와 동일한 조건으로 다시 임대차한 것으로 본다. 임차인이 임대차

기간이 끝나기 1개월 전까지 통지하지 아니한 경우에도 또한 같다.
② 제1항의 경우 임대차의 존속기간은 2년으로 본다.
③ 2기(期)의 차임액(借賃額)에 달하도록 연체하거나 그밖에 임차인으로서의 의무를 현저히 위반한 임차인에 대하여는 제1항을 적용하지 아니한다.

제6조의2(묵시적 갱신의 경우 계약의 해지) ① 제6조제1항에 따라 계약이 갱신된 경우 같은 조 제2항에도 불구하고 임차인은 언제든지 임대인에게 계약해지(契約解止)를 통지할 수 있다.
② 제1항에 따른 해지는 임대인이 그 통지를 받은 날부터 3개월이 지나면 그 효력이 발생한다.

임대차 기간 2년 보장 및 기간 단축권

당사자가 임대차 기간을 2년보다 짧게 정했거나 기간을 정하지 않고 계약을 체결했거나 계약이 묵시적으로 갱신되면서 기간을 정하지 않는 계약의 갱신이 된 경우 임차인은 계약갱신일로부터 2년의 기간을 주장할 수 있다. 기간을 짧게 정한 경우, 예컨대 1년, 6개월 등으로 정한 경우 임차인은 2년을 주장할 수도 있지만 필요에 따라 1년, 6개월의 기간이 유효하다고 주장할 수도 있다.

기간 미정, 묵시적 갱신 시에 임차인은 임대인에게 언제든지 계약의 해지를 통지할 수 있고, 임대인이 통지받은 날로부터 3개월이 지나면 그 효력이 발생하여 임대인은 보증금을 반환해야 한다. 임대인은 묵시적 갱신 시 갱신 후 2년이 도래하기 전에 계약을 중도에 해지시킬 수 없다.

존속기간 종료와 해지절차

임차인과 임대인은 해지절차상 해지권 행사에 차이가 있다. 임대인은 임대차 기간이 끝나기 6개월 전부터 1개월 전의 기간에 한해 갱신을 거절하겠다는 통지를 해야 계약을 해지할 수 있다. 그런데 임차인이 계약

기간 종료 시에 임대차를 해지하고자 할 때는 임대차 기간이 끝나기 1개월 전까지만 갱신거절의 통지를 하면 계약을 해지할 수 있다.

임대인이 계약 종료 전 7개월 시점에 갱신거절 통지를 했다면 그 갱신거절은 효력이 없지만, 임차인이 종료 전 1년 되는 시점에 갱신거절을 통지했다면 이는 효력이 있는 것이다. 묵시적 갱신이 된 경우, 임대인은 갱신 시점으로부터 2년이 도래하는 시점의 6개월 전부터 1개월 전 사이에 갱신거절을 할 수 있고, 임차인은 언제든지 해지통지를 할 수 있다.

임차인의 계약갱신청구권

임차인이 임대차 기간 끝나기 2개월 전까지 갱신하지 않겠다고 통보하지 않거나, 임대인이 기간 끝나기 6개월 전부터 2개월 전까지 갱신거절 통지를 하지 않으면 계약이 묵시적(법정)갱신이 되지만, 임대인이 법정 기간 내 갱신거절 통지를 할 때 갱신을 원하는 임차인은 종료 2개월 전까지 1회에 한하여 갱신을 요구할 수 있는데 이를 임차인의 갱신청구권이라 한다.

임차인의 귀책사유 발생이나 임대인 가족이 실제 거주하려는 경우, 주택멸실 등 임대인의 책임 없는 불가피한 사유 등 3가지 사유 발생 시는 갱신청구를 할 수 없다.

ⓐ 차임 등 증감청구권과 증액 제한

[주택임대차보호법]

제7조(차임 등의 증감청구권) 당사자는 약정한 차임이나 보증금이 임차주택에 관한

조세, 공과금, 그 밖의 부담의 증감이나 경제사정의 변동으로 인하여 적절하지 아니하게 된 때에는 장래에 대하여 그 증감을 청구할 수 있다. 다만, 증액의 경우에는 대통령령으로 정하는 기준에 따른 비율을 초과하지 못한다.

[주택임대차보호법 시행령]

제8조(차임 등 증액청구의 기준 등) ① 법 제7조에 따른 차임이나 보증금(이하 "차임등"이라 한다)의 증액청구는 약정한 차임 등의 20분의 1의 금액을 초과하지 못한다. ② 제1항에 따른 증액청구는 임대차계약 또는 약정한 차임 등의 증액이 있은 후 1년 이내에는 하지 못한다.

보증금과 차임의 증감청구권

민법 제628조는 계약 당사자 모두 상대방에 대하여 임대차계약 이후 계약기간 중이라도 부동산의 세금 등 증감, 기타 지가, 건축비 증감 및 경제상황이 변동되어 보증금이나 차임 등이 현실과 맞지 않을 때에는 앞으로 보증금이나 차임의 증액이나 감액을 청구할 수 있고 그 금액의 제한이나 횟수, 기간의 제한도 두지 않았다.

그러나 주택임대차보호법은 감액에 관해서는 민법 규정을 그대로 유지하고 있으나 증액에 관해서는 제한을 두고 있다. 금액과 기간 제한 2가지인데, 금액적으로는 종전 금액의 5% 이내로만 증액할 수 있고, 시기적으로는 계약일이나 증액일로부터 1년 이내에는 다시 증액하지 못하도록 하고 있다. 그밖에 임차보증금을 월차임으로 전환하고자 할 때 일정 비율을 정해 그 비율을 초과할 수 없도록 했다. 주택임대차보호법은 민법에 대한 특별법으로 두 법이 차이가 있으면 특별법이 우선 적용된다.

또 주택임대차보호법 제10조의2 규정에 의해 증액 제한을 무시하고 초과증액으로 부당하게 초과 지급된 차임과 보증금의 경우 반환을 청구할 수 있게 되었다.

임차권 양도와 전대의 함정 피하기

임차인이 임차권을 타인에게 양도하는 것을 '임차권 양도'라고 하고, 임대차 기간 중에 임차인이 잔여 존속기간 내에 임차한 건물을 다른 사람에게 임대하는 복임대를 '임차건물의 전대'라고 한다.

⌂ 임차권 양도

양도의 효과

임차권을 양도하면 양도인, 즉 기존의 임차인은 임대차관계에서 임차인의 지위에서 벗어나게 되고 양수인이 새로운 임차인이 된다. 임차권이 양도되면 그 권리의 성립 시점은 당초 양도인의 임차인으로서의 권리가 발생한 날이 된다. 대항력을 갖춘 임차권이 양도되면 양수인은 당초 대항력 효력 발생일의 임차권이 그대로 유지된 상태에서 넘겨받게 된다.

양도절차 및 임대인의 동의 여부

양도는 양도인과 양수인이 원임대차계약서를 첨부한 양도양수계약서를 작성하고 임대인에게 동의를 얻어야 적법한 양도가 되어 양도의 효력이 있다. 임대인의 동의는 임대인이 계약서에 동의한다는 내용을 기재하고 서명하는 것으로 성립된다. 임대인의 동의가 없는 양도는 불법양도이므로 양수인은 임차권을 가지고 제3자에게 대항할 수 없게 된다.

주택임차권 양도와 대항력 발생 시기

양도가 이루어지면 양도인은 이사 및 주민등록 전출을 하게 되고, 양수인이 이사를 와 주민등록 전입을 하게 된다. 이 경우 대항력 유무는 양수인의 이사 및 전입일자를 기준으로 하는 것이 아니고 양도인이 당초에 이사 및 주민등록 전입신고를 한 날짜를 기준으로 한다.

가령 양수인은 전입, 인도일자가 저당권보다 늦어 후순위 임차인으로 보이기 쉽지만 양도인이 당초 전입, 인도받았던 날짜로 소급해야 하기 때문에 이 날짜가 저당권보다 빠르면 선순위 임차권자가 되는 것이다. 양도와 전대에 대해 모르고 외관상 분석만 할 경우에는 선순위 임차인을 후순위 임차인이라고 오인할 수 있다.

법원에서 제공하는 임대차에 관한 내용에 그에 관한 내용이 없다면 낙찰 후일지라도 법원에 이런 문제, 즉 법원제공 매각물건명세 작성의 기재 내용 누락을 사유로 불허가나 낙찰허가 취소를 신청할 수 있다. 응찰자가 양도·전대의 법리 자체를 몰라 이에 대한 구제절차를 밟지 못하면 낭패를 볼 수도 있다.

법원의 매각물건명세서에 양도에 관한 정보인 양도인의 당초 전입일, 점유개시일, 양수인의 전입일, 점유개시일이 나란히 기재되어 있음에도 이 기재 내용이 무엇을 의미하는지 모르고, 심지어는 왜 이사를 간 양도인의 전입일 등이 기재되어 있는지도 모르는 상태에서 이를 대수롭지 않게 보고 현재 거주하고 있는 양수인의 전입일만을 기준으로 후순위 임차인이라고 판단한다면 낙찰 후 낭패를 보게 되고, 이 경우 구제받을 길이 없다.

ⓐ 임차권 전대

임차권 전대란, 임차인이 임차인의 지위를 그대로 유지한 채 잔여 임대차 기간 내에 타인에게 재임대하는 것을 말한다.

당초 임대차계약과 전대차계약

당초의 임차인이 임대인의 지위가 되어 다시 임대를 하는 전대차계약은 임대인의 지위가 된 임차인을 '전대인'이라고 하고, 새 임차인을 '전차인'이라고 한다. 본래 전차인은 당초 임대인에게는 임차권을 주장할 수 없지만, 상가임대차에서는 상당부분 전차인의 지위를 보장해주어 임차인의 지위를 대위하여 전차인이 직접 갱신청구, 보증금 · 차임 감액청구, 월세 전환 시 전환비율에 대한 이의제기 등을 임대인에게 할 수 있도록 하였다.

전대를 할 때 당초 임대차의 보증금 및 차임을 꼭 그대로 유지해야 하는 것은 아니다. 그러나 전대차계약을 맺을 때 당초의 임대차계약 내용을 전차인이 알게 되고, 또 임대인에게 동의를 얻는 과정에서 임대인이 변동 내용을 알게 되기 때문에 금액을 증액하면 전대차계약이 성사되기 어렵거나 임대인의 동의를 얻기 어렵다. 따라서 증액 변경의 전대차계약은 현실적으로 어려울 수 있다.

전대의 효과

임차인이 임대인의 동의를 얻어 임차 부동산을 전대한 때에 전차인은 임대인에 대하여 직접 차임을 지급할 의무를 진다. 전차인이 전대인에게 차임을 지급했더라도 전대인이 그 차임을 임대인에게 지급하지 않았을 경우 전차인은 임대인에게 차임을 지급했다고 주장할 수 없다.

전대 당사자 간의 관계

1) 전대인과 전차인의 관계

임대인과 임차인 사이의 임대차관계 및 전대인과 전차인 사이의 전대차관계가 나란히 존재하게 된다. 그런데 전대차관계는 임대차관계가 유지되는 것을 전제로 성립 · 존속하게 되고 임대차계약에 의해 제한을 받는다.

전차인이 임대인에게 차임을 직접 지급하면 전대인은 그만큼 차임 지급 의무를 면하며, 임대차와 전대차가 모두 종료되는 경우 전차인이 임대인에게 임대 목적물을 직접 반환하면 전대인의 임대인에 대한 반환의무도 면하게 된다.

2) 임대인과 임차인의 관계

임대차는 그대로 존속하므로 임대인과 임차인 간의 권리와 의무가 유지된다. 임대인은 임차인에 대해 직접 해지절차를 밟을 수 있다. 다만 임대인이 동의한 전대차계약의 전차인에게 해지사유를 통지해야 한다.

3) 임대인과 전차인의 관계

임대인이 동의한 전대차의 전차인은 임대인에 대해서도 임차 부동산을 사용할 적법한 권한을 가짐과 동시에 임대인에 대한 의무도 갖게 된다. 전차인과 임차인은 임대인에게 지급할 차임에 대해 부진정 연대 책임을 지게 된다. 주택 임대차의 전대와 대항력 발생 시기는 주택임차권 양도와 대항력 발생시기와 같으며 양도·양도인·양수인 대신 전대·전대인·전차인으로 보면 된다.

3장

상가임대차 권리분석

• • •

상가건물임대차보호법은 주택임대차보호법과 임차인 보호에 관한 내용에 있어서 거의 유사하게 제정되었다. 다만 상가건물임대차보호법은 당초 전체 임차인을 대상으로 하지 않고 보증금과 차임이 일정액을 초과하는 초과임차인에 대해서는 법 적용을 하지 않다가 이후 법 개정을 통해 몇 가지에 대해서만 적용하게 되었다. 이후 법 개정 시 기존의 초과임차인에게는 유예규정을 두었는데, 이 때문에 초과임차인이 선순위 대항력을 가진 임차인이 되는지에 관해 분석하기가 매우 어려워졌다.

또한 상가건물임대차보호법에서는 환산보증금을 기준으로 초과임차인 여부를 판단하게 되는데, 환산보증금 증액과 관련된 법 개정 당시 기존 임차인이었던 경우에는 유예규정이 복잡하고, 또 초과임차인에게는 배당이 전혀 안 되는 등 주택임대차보호법과 다른 섬들이 있으므로 유의해야 한다.

상가임차인은 대항력 구비요건 중 외관상만 사업자등록이 되어 있고 실제로는 폐업한 경우 대항력이 인정되지 않는다는 점을 눈여겨봐야 한다. 구분상가의 경우 사업자등록상의 호실이 건축물 도면과 차이가 나는 경우가 많은데, 이 점 또한 유의해 볼 필요가 있다.

• • •

상가임대차 권리분석

상가건물임대차보호법

2002년 11월 이전까지는 주택임대차보호법에 의해 주거용 건물의 임차인만 특별한 법적 보호를 받아왔다. 그러다 IMF 환란 직후 당시 상가임대차상 경제적 · 사회적 약자로 어려움에 처해 있던 임차인들의 임차보증금 보호, 임대료 인상 제한, 임대차 기간에 관한 불이익 해소 등 임차권을 보호하기 위한 법적장치를 마련하고자 상가건물임대차보호법을 제정하고 2002년 11월 1일부터 시행하였다.

이 법은 주택임대차보호법을 바탕으로 만들어져 주택임대차보호법과 거의 비슷하며, 여기에 상가임대차만의 특성이 몇 가지 반영되었다.

🏠 주택임대차보호법과의 차이

적용 대상에 제한을 둔 상가건물임대차보호법

주택임대차보호법은 모든 주택임차인을 보호하는 법인 데 반해 상가건물임대차보호법은 처음 제정 당시 상가임차인 중 차임과 보증금 규모가 일정 금액을 초과하는 임차인에게는 적용하지 않았다. 이후 법률이 개정되어 일부 조항은 초과임차인에게도 적용하도록 하고 있으며, 수차례 개정을 거듭하면서 적용을 허용하는 조항이 점차 늘어났다.

개정시점별 초과임차인의 상가건물임대차보호법 적용 조항은 다음과 같다.

1) 기간 및 권리금 규정 적용

2013년 8월 13일 상가건물임대차보호법 개정으로 최초로 초과임차인에게도 임대차 기간 보장과 규정이 적용되었고, 2015년 5월 13일 개정으로는 권리금 보호에 관한 규정을 적용하게 되었다.

초과임차인에게도 적용되는 규정은 제10조(계약갱신 요구 등)의 일부와 제10조의2(계약갱신의 특례), 제10조의3 내지 제10조의7(권리금보호 관련 규정), 제10조의8(차임연체와 해지), 제19조(임대차 표준계약서 권장)이다. 위 규정들은 2013년 8월 13일부터 시행하도록 하였는데, 기존 임차인은 2013일 8월 13일 이후 갱신되는 날부터 적용하도록 하였다.

초과임차인에게도 적용되는 규정 중 주요 내용은 다음과 같다.

- 제10조(계약갱신 요구 등)와 제10조의2(계약갱신의 특례)

임대인은 임차인이 임대차 기간이 끝나기 6개월 전부터 1개월 전까지의 기간 안에 계약갱신을 요구하면 임차인이 중대한 의무를 위반하였거나 정당한 사유가 아닌 한 그 요구를 거절하지 못한다. 갱신 기간은 10년(2018년 10월 16일, 5년에서 10년으로 늘림)을 초과하지 않는 범위 내에서 가능하다. 임대인이 임대차 기간이 끝나기 6개월 전부터 1개월 전까지의 기간 안에 갱신거절의 통지 또는 조건 변경의 통지를 하지 않은 경우, 전 임대차와 동일한 조건으로 다시 임대차가 1년간 갱신된다.

임차인은 위와 같이 묵시적 갱신이 된 경우 1년의 기간을 누리거나 해지할 수 있다. 임차인이 해지통고를 할 경우 임대인은 통고받은 날로부터 3개월이 지나면 해지의 효력이 생겨 즉시 임대보증금을 반환해야 한다.

2) 제10조의3 내지 제10조의7(권리금보호 관련 규정)

2015년 5월 13일 상가건물임대차보호법 개정 시 임차인의 권리금보호 규정이 최초로 도입되었는데, 도입과 동시에 초과임차인에게도 권리금의 보호규정은 동일하게 적용하게 하였다. 임대인은 임대차 기간 끝나기 6개월 전부터 끝나는 날까지 임차인이 권리금을 수수하는 것을 방해하는 행위를 못하도록 하는 것이 주요 내용이다.

3) 제3조(대항력 등)

2015년 5월 13일 상가건물임대차보호법 개정 시 위 권리금보호 규정과 함께 초과임차인도 대항력 요건을 구비하면 임차권의 제3자에 대한 대항력을 갖도록 하는 규정을 적용하게 되었다. 2015년 5월 13일부터 시행했는데, 기존 임차인의 경우는 2015년 5월 13일 이후 갱신되는 날부터 대항력 효력이 생기도록 하였다.

4) 초과임차인의 범위 금액 수차례 증액 개정

초과임차인 여부를 결정하는 기준 금액은 전국을 4개 권역으로 나누어 권역별 우선변제 대상 제한 환산보증금을 정하였다. 그리고 법 제정 후 2008년 8월 21일, 2010년 7월 26일, 2014년 1월 1일, 2018년 1월 26일, 총 4차례에 걸친 개정으로 그 제한금액이 증액되어 왔다(표16 참조).

기타 주요 차이점

1) 환산보증금 적용

주택임대차보호법은 단순히 보증금만을 기준으로 소액임차인 여부를 결정하지만 상가건물임대차보호법은 '환산보증금'이라고 하여 보증금과 차임의 일정배율(현재는 100배)을 곱한 금액을 합산한 금액을 기준으로 소액우선변제 대상 임차인과 초과임차인 여부를 결정한다.

예를 들어, 서울에 위치한 보증금 4억 원, 월차임 250만 원인 상가임대차의 환산보증금은 보증금 4억 원과 차임의 100배에 해당하는 2억 5,000만 원을 합한 6억 5,000만 원으로, 이는 초과임대차에 해당한다(표 16 참조). 서울에 위치한 상가임대차 보증금 1,000만 원, 월차임 60만 원인 소액임대차의 환산보증금은 7,000만 원으로, 이는 현행 규정 기준으로 우선변제받을 임대차 환산보증금 범위인 6,500만 원을 초과하므로 소액우선변제를 받지 못한다(표 18 참조).

2) 전차인 보호 규정

상가건물임대차는 전대차가 빈번할 수 있어 특별히 전차인 보호 규정을 두고 있다. 차임 증감청구권과 보증금의 월차임 전환 시 산정률 제한 규정은 전차인도 전대인에게 행사할 수 있다. 또한 임대인의 동의를 얻은 전대차의 전차인은 임대인에게 직접 임대차 기간 10년 범위 내에서 계약갱신을 청구할 수 있다.

3) 갱신청구권

주택임대차는 갱신청구권이 없지만 상가임대차는 최초 임대차 기간을 포함해 전체 임대차 기간이 10년을 초과하지 않는 범위 내에서 계약갱신을 청구할 수 있다.

[표 15] 보증금 초과임대차의 상가건물임대차보호법 적용 범위

규정 및 요지	비 고
1. 3조(대항력): 대항력 요건 구비 임차인은 이후 임대인의 부동산상 권리 취득자에 대해 임차권의 대항력 주장	2015. 5. 13. 이후 신규계약 체결 시 대항력 발생. 기존 임차인은 갱신계약 체결 이후에 대항력 발생
2. 10조(갱신규정): ①, ②, ③항 본문 적용, ④, ⑤항 적용 제외 ①항: 만료 전 6개월~1개월 전 갱신요구권 ②항: 임대차 기간 5년 제한(10년으로 개정) ③항: 갱신 시 종전과 동일 조건으로 갱신 ④항: 임대인이 ①항에 대한 갱신거절 안 할 경우 1년간 재갱신(묵시적 갱신권) ⑤항: 묵시적 갱신 시 임차인은 대지권 있음(임대인이 통고받고 3개월 후 효력)	①항 전면 적용 ②항 전면 적용 ③항 단서 증액 제한 규정은 제외 ④항 적용하지 않음 ⑤항 적용하지 않음
3. 10조의2(계약갱신의 특례): 갱신 시 초과임대차의 증감 제한 없이 가능	
4. 10조의3 내지 10조의5(권리금보호 관련 규정) • 10조의3(권리금의 정의 등) • 10조의4(권리금 회수기회 보호 등) - 권리금 수수행위 방해 금지 - 신규 임차인에 과도한 보증금, 차임 요구 금지 - 정당한 사유 없이 임차인 주선 임대차계약 거절 금지 - 임대인의 손해배상 등 • 10조의5(권리금 적용 제외)	
5. 10조의6(표준권리금계약서의 작성 등) 10조의7(권리금 평가기준의 고시)	
6. 10조의 8(차임연체와 해지)	
7. 19조(임대차 표준계약서 권장)	

※ 초과임대차의 주요 적용 제외 규정

1. 확정일자 규정	2. 우선변제 배당 참여 규정
3. 소액임차인 우선변제 규정	4. 상가건물임차권등기 규정
5. 단기계약 제한 규정	6. 차임증액 제한(5%), 차임 전환 시 산정률 제한(12%)
7. 전대차관계에 대한 적용 규정	8. 소액사건 심판법 준용

[표 16] 규정 전체 적용 대상 환산보증금 상한액

1234는 그룹 표시

지역 \ 개정 회차 및 시기	4차 개정 2018. 1. 26.	3차 개정 2014. 1. 1.~	2차 개정 2010. 7. 26.~	1차 개정 2008. 8. 21.~	제정 당시 2002. 11. 1.~
서울특별시	1 6.1억	1 4억	1 3억	1 2.6억	1 2.4억
경기도 과밀억제권	2 5억	2 3억	2 2.5억	2 2.1억	2 1.9억
인천광역시 과밀억제권	2 5억	2 3억	2 2.5억	2 2.1억	2 1.9억
부산광역시	2 5억	3 2.4억	3 1.8억	3 1.6억	3 1.5억
기타 광역시 (군 지역 제외)	3 3.9억	3 2.4억	3 1.8억	3 1.6억	3 1.5억
인천 성장관리권역 (서구 검단지역, 영종, 청라, 송도 및 남동국가산업단지 지역)	3 3.9억	3 2.4억	3 1.8억	4 1.5억	4 1.4억
안산, 용인, 김포, 광주시	3 3.9억	3 2.4억	3 1.8억	4 1.5억	4 1.4억
세종특별자치시	3 3.9억	4 1.8억	4 1.5억	4 1.5억	4 1.4억
파주, 화성시	3 3.9억	4 1.8억	4 1.5억	4 1.5억	4 1.4억
기타 지역	4 2.7억	4 1.8억	4 1.5억	4 1.5억	4 1.4억
부칙	기존 임대차는 갱신되는 임대차부터 적용	기존 임대차는 갱신되는 임대차부터 적용	기존 임대차는 종전 규정 적용. 시행 전 담보물권 종전 규정 적용	기존 임대차는 종전 규정 적용	

상가임대차의 대항력

상가임대차의 대항력 요건은 독특할 뿐만 아니라 초과임차인의 경우
는 임대차 시점에 따라, 기존 임차인의 경우는 계약갱신 시점에 따라 대
항력이 인정되지 않을 수도 있다. 상가건물임대차보호법상의 유예부
칙을 세밀하게 짚어보자.

🏠 상가임대차의 대항력 취득존속요건

[주택임대차보호법]

제3조(대항력 등) ① 임대차는 그 등기가 없는 경우에도 임차인이 건물의 인도와 「부가가
치세법」 제8조, 「소득세법」 제168조 또는 「법인세법」 제111조에 따른 사업자등록을 신청
하면 그다음 날부터 제3자에 대하여 효력이 생긴다.
② 임차건물의 양수인(그밖에 임대할 권리를 승계한 자를 포함한다)은 임대인의 지위를
승계한 것으로 본다.

대항력 취득요건

적법한 임대차계약과 계약이행 그리고 건물의 인도와 사업자등록 신

청을 마치면 그다음 날로부터 상가건물의 소유권 등의 권리자가 되거나 등기를 한 사람들에게 상가임차권을 가지고 대항할 수 있다.

대항력 존속요건

대항력 효력이 발생한 이후 상가건물상 소유권 등의 권리자나 등기를 한 이해관계인들에게 대항력을 주장할 수 있으려면 대항력 요건을 일정시점까지 유지해야 한다. 새 소유권자에 대해서는 그 소유권이 이전되는 날까지, 기타 권리등기나 그 외 등기의 권리자에 대해서는 그 등기가 남아 있을 때까지, 배당을 받으려면 배당요구 종기일까지 대항력 요건을 유지하고 있어야 한다.

🏠 대항력의 효력

적법한 상가임차권자에게는 다음과 같은 대항력이 발생한다.

새 소유자의 경우에는 임대인의 지위를 떠안게 되어 임차권이 계속 유지되고, 같은 종류의 권리가 등기되어 있다면 그 권리는 효력이 없으므로 소멸 또는 말소시킬 수 있다. 보전처분 등기에 이은 권리 취득 시에는 임차인을 해할 수 없도록 임차인의 권리를 떠안거나 임차권이 우선시되어 권리를 행사하는 데 있어서 임차인으로 인한 제약을 받게 된다.

🏠 상가임대차의 대항력 구비요건

계약

임대 권한이 있는 사람과의 적법한 계약이어야 한다. 무권대리[20] 계약은 계약의 효력 자체가 성립되지 않는다. 공동소유의 경우 공유자들의 지분율로 나누되, 과반수 이상이 계약에 참여해야 한다.

인도

인도에 이어 입점을 하면 인도일로부터 대항력 요건을 구비한 것이 된다. 가령 1일에 임대인으로부터 열쇠를 넘겨받고 3일에 입점을 했어도 1일부터 점유한 것이 된다. 인도를 받으면 임차물의 지배권을 넘겨받은 게 되고, 인도일은 곧 점유개시일이 된다. 그런데 점유하고 있다가

---

20) 대리 행위의 다른 요건은 갖추고 있지만 대리권만 없는 행위

상가를 비우고 이사를 가면 그때는 점유의 해제로 보아 점유의 대항력 요건을 잃게 된다.

사업자등록

세법 규정에 따른 사업자등록을 세무서에 신청하면 신청 당일에 대항력 요건을 구비하게 된다. 사업자등록을 신청하면 사업자등록증이 나오기까지 며칠이 걸리지만 사업자등록은 신청일에 한 것으로 보기 때문이다.

사업자등록은 정확한 소재지, 호실이 있는 상가건물은 건축물대장, 건축물 도면과 일치하는 호와 실로 사업자등록을 해야 한다. 만일 호실이 잘못 기재된 경우는 임차권의 대항력이 없는 임차인으로 본다.

주택을 사무실로 사용하기 위해 맺은 임대차는 사업자등록을 함으로써 상가임대차로 법률보호를 받을 수 있다. 단 사업자등록을 하더라도 맨 땅을 임차할 경우, 예를 들어 주차장 영업을 할 경우에는 상가임대차 적용 대상이 아니다.

🏠 경매 절차의 대항력 유무

대항력 요건을 구비한 다음 날 이후 매매로 소유권이 이전되더라도 새 소유자가 임대인의 지위를 떠안게 되면서 임차인은 계속 임차권을 행사할 수 있다. 경매 절차에서는 선순위 상가임차인으로서 배당요구를 했지만 보증금 전액을 변제받지 못한 경우와 배당요구를 하지 않은 경우, 매수인은 그 선순위 상가임차권을 떠안게 된다.

🏠 초과임차인의 대항력 유무

2015년 5월 13일 시행령 개정으로 이날부터 초과임차인도 당사자 이외의 제3자에게 임차권을 주장할 수 있는 대항력 규정을 적용받게 되었다. 단, 기존 임차인의 경우는 계약이 갱신되는 시점부터 대항력이 발생하도록 하였다.

기존 초과임차인의 대항력 문제

저당권 설정 당시 기존 임차인 위치에 있는 경우는 이후 임대차계약이 갱신되는 시점부터 대항력이 발생하기 시작하므로 저당권 설정일과 대항력이 발생하는 시점을 비교하면 저당권 설정일이 빠르기 때문에 매각 절차에서 매수인에게 임차권을 주장할 수 없게 된다. 갱신일 이후에 저당권이 설정된 경우라면 임차권자는 당연히 매수인에 대한 대항력을 갖게 된다.

기존 임차인이 초과임차인인지 여부

규정 전체 적용 대상 임차인의 환산보증금 상한액은 현재까지 4차례 개정되었는데, 매 개정 시마다 부칙에서 기존 임차인에 대한 기순(적용 시점)이 달라졌다.

① 2008년 8월 21일 1차 개정 시에는 '기존 임대차는 종전 규정을 적용한다'라고 하여 개정 시 기존 임대차는 개정으로 증액되기 이전 당초 환산보증금을 적용했다.

② 2010년 7월 26일 2차 개정 시에는 '기존 임대차는 종전 규정을 적용한다. 개정 당시 기존 저당권이 있는 경우는 종전 규정을 적용한다'

라고 하여 개정 시 기존 임대차는 역시 개정으로 증액되기 이전 1차 개정 시의 환산보증금을 적용하고 신규 임차인이라도 개정 당시 기존 저당권이 있는 경우는 종전 규정을 적용하도록 했다.

③ 2014년 1월 1일 3차 개정 시에는 '기존 임대차는 갱신되는 임대차부터 적용한다'라고 하여 3차 개정 당시 기존 임대차는 향후 갱신되는 시점의 환산보증금액을 기준으로 초과임대차 여부를 결정하도록 했다.

④ 2018년 1월 26일 4차 개정은 3차 개정과 부칙이 같다. 갱신 시점의 환산보증금을 기준으로 초과임대차 여부를 가린다. 가령 서울에 위치한 상가에 2017년 10월에 입점한 보증금 6억 원인 세입자는 입점 당시에 적용되던 환산보증금 기준액 4억 원을 초과하지만 2018년 10월에 갱신이 되어 6억 1,000만 원의 보증금 상한액에 밑돌아 초과임차인이 아닌 규정 전체 적용 대상 임차인으로 본다.

상가임대차 분석

주택임대차보호법, 상가건물임대차보호법 비교

항목	상가건물	주택
1. 적용범위	- 초과임차인은 상당부분 적용 제외 (대항력, 갱신청구권 등 외 규정은 적용 제외) - 배당, 증액 제한, 상가임대차 등기, 전대차특례 등 규정 적용 제외	모든 임차인 적용
*배당참여권	초과임차인은 배당 불가	우선변제권은 모든 임차인 가능
2. 대항력 요건	인도와 사업자등록	인도와 주민등록 전입
3. 보증금/환산보증금	환산보증금에 의해 소액우선변제 자격/ 초과임대차 금액 기준으로 함	단순 보증금만으로 소액우선변제 자격 기준
4. 임대차 기간에 관한 사항	- 최단기간 제한 1년 - 갱신청구권(10년이내 기간 보장)	- 최단기간 제한 2년 - 1회 갱신청구권
*묵시적갱신	- 임대인이 기간종료 6달 ~ 2달 전까지 갱신거절 × - 임차인은 기간종료 2달 전까지 갱신거절 × - 기간은 1년으로 봄	- 임대인이 기간종료 6달 ~ 2달 전까지 갱신거절 × - 임차인은 기간종료 2달 전까지 갱신거절 × - 기간은 1년으로 봄
*묵시적갱신 시 임차인의 해지권	해지통지 후 3달 경과로 효력	해지통지 후 3달 경과로 효력
*묵시적갱신의 효과	종전 임대차와 동일 조건(특히 보증금, 차임) 유지	종전 임대차와 동일 조건(특히 보증금, 차임) 유지
5. 기타		
1) 차임증감청구권	증액금액 제한 5% 증액기간 세한(계약 후/ 승액 후 1년 경과) 감액 무제한	증액금액 제한 5% 감액 무제한
2) 전대차관계에 대한 적용	계약갱신청구권, 차임증감청구권, 차임 연체와 해지 등 규정도 적용 ※ 임인 동의받은 전대차의 전차인의 계약갱신청구권 대위행사	※ 전차인은 임차인대위 갱신청구권 없음
3) 주택/상가 임차권등기 특칙		
4) 차임 연체와 해지	3기분 연체 시 임대인이 해지 가능	2기분 연체 시 임대인이 해지 가능(민법 규정)
5) 권리금 보호규정	권리금 보호규정	없음

임대차 권리분석 관련 주요사항

대항력/ 순위우선변제, 우선변제 배당참여권 주택임대차보호법과 동
일(요건 1가지만 차이)

제3조(대항력 등) ① 임대차는 그 등기가 없는 경우에도 임차인이 건물의 인도와 「부가가
치세법」 제8조, 「소득세법」 제168조 또는 「법인세법」 제111조에 따른 사업자등록을 신
청하면 그 다음 날부터 제3자에 대하여 효력이 생긴다.〈개정 2013. 6. 7.〉[전문개정
2009. 1.]

제5조(보증금의 회수)
② 제3조 제1항의 대항요건을 갖추고 관할 세무서장으로부터 임대차계약서상의 확정
일자를 받은 임차인은 「민사집행법」에 따른 경매 또는 「국세징수법」에 따른 공매 시 임
차건물(임대인 소유의 대지를 포함한다)의 환가대금에서 후순위권리자나 그 밖의 채
권자보다 우선하여 보증금을 변제받을 권리가 있다.〈신설 2013. 8. 13.〉

제14조(보증금 중 일정액의 보호) ① 임차인은 보증금 중 일정액을 다른 담보물권자보다
우선하여 변제받을 권리가 있다. 이 경우 임차인은 건물에 대한 경매신청의 등기 전에
제3조 제1항의 요건을 갖추어야 한다.
③ 제1항에 따라 우선변제를 받을 임차인 및 보증금 중 일정액의 범위와 기준은 임대
건물가액(임대인 소유의 대지가액을 포함한다)의 2분의 1 범위에서 해당 지역의 경제
여건, 보증금 및 차임 등을 고려하여 제14조의 2에 따른 상가건물임대차위원회의 심의
를 거쳐 대통령령으로 정한다. [전문개정 2009. 1. 30.]
령제6조(우선변제를 받을 임차인의 범위)
령제7조(우선변제를 받을 보증금의 범위 등)

초과임대차 일부규정만 적용

제2조(적용범위) ① 이 법은 상가건물(제3조 제1항에 따른 사업자등록의 대상이 되는 건물을 말한다)의 임대차(임대차 목적물의 주된 부분을 영업용으로 사용하는 경우를 포함한다)에 대하여 적용한다. 다만, 제14조의 2에 따른 상가건물임대차위원회의 심의를 거쳐 대통령령으로 정하는 보증금액을 초과하는 임대차에 대하여는 그러하지 아니하다. 〈개정 2020. 7. 31.〉

② 제1항 단서에 따른 보증금액을 정할 때에는 해당 지역의 경제 여건 및 임대차 목적물의 규모 등을 고려하여 지역별로 구분하여 규정하되, 보증금 외에 차임이 있는 경우에는 그 차임액에 「은행법」에 따른 은행의 대출금리 등을 고려하여 대통령령으로 정하는 비율을 곱하여 환산한 금액을 포함하여야 한다. 〈개정 2010. 5. 17.〉

③ 제1항 단서에도 불구하고 제3조, 제10조 제1항, 제2항, 제3항 본문, 제10조의 2부터 제10조의 9까지의 규정, 제11조의 2 및 제19조는 제1항 단서에 따른 보증금액을 초과하는 임대차에 대하여도 적용한다.〈신설 2013. 8. 13., 2015. 5. 13., 2020. 9. 29., 2022. 1. 4.〉

[전문개정 2009. 1. 30.]

령제2조(적용범위) ① 「상가건물 임대차보호법」(이하 "법"이라 한다) 제2조 제1항 단서에서 "대통령령으로 정하는 보증금액"이란 다음 각 호의 구분에 의한 금액을 말한다. 〈개정 ③법 제2조 제2항에서 "대통령령으로 정하는 비율"이라 함은 1분의 100을 말한다. 〈개정 2010. 7. 21.〉

규정 전체 적용 대상 환산보증금 상한액보증금 초과 임대차의 상가건물임대차보호법 적용범위

규정 및 요지	비 고
1. 3조(대항력): 대항력요건 구비 임차인은 이후 임대인의 부동산상 권리 취득자에 대해 임차권의 대항력 주장	2015. 5. 13 신규계약 체결이나 기존 임차인은 갱신계약 체결 이후에 대항력 발생

2. 10조(갱신규정): ①, ②, ③항 적용, ④, ⑤항은 적용제외 　①항: 만료 전 6월~1월 전 갱신요구권 　②항: 임대차기간 10년 제한 　③항: 갱신 시 종전과 동일조건으로 갱신 　④항: 임대인이 ①항 갱신거절 없을 경우 1년 기간의 갱신의제(묵시적갱신권) 　⑤항: 묵시적갱신 시 임차인은 대지권 있음 (임대인이 통고받고 3개월 후 효력)	단서 증액제한 규정은 제외 초과 임대차는 해당 없음
3. 10조의 2(갱신 시 초과임대차의 증감 제한 없이 가능)	
4. 10조의 3내지 10조의 5(권리금에 관한 규정) 　• 10조의 3(권리금의 정의) 　• 10조의 4(권리금 회수기회 보호) 　　- 권리금 수수행위 방해 금지 　　- 신규 임차인에 과도한 보증금차임 요구 금지 　　- 정당한 사유 없이 임차인이 주선한 임대차 계약 거절 금지 　　- 임대인의 손해배상 등 　• 10조의 5(권리금 적용 제외 대상)	
5. 10조의 6(권리금 계약의 표준계약서 권장) 　10조의 7(권리금 평가기준 고시)	
6. 10조의 8(차임 3기 연체 시 임대인의 계약해지권)	
7. 10조의 9(임대차 표준계약서 권장)	
※ 초과 임대차의 주요 적용제외 규정 　1. 확정일자 규정 　2. 우선변제 배당참여 규정 　3. 소액임차인 우선변제 규정 　4. 상가건물임차권등기 규정 　5. 당기계약 제한 규정 　6. 차임 증액제한(5%)/ 차임 전환 시 산정률 제한(12%) 　7. 전대차관계에 대한 적용 규정 　8. 소액사건 심판법 준용	

상가임차인의 상대적 우선변제, 우선변제

주택임대차와 같이 상가임대차에서도 배당요구 종기일 전까지 대항력 요건을 구비하고 계약서상 확정일자를 받으면 상대적 우선변제의 순위를 갖게 된다. 또한 환산보증금이 일정액 이하인 임차인은 경매개시 결정등기 전까지 대항력 요건을 구비하면 우선변제권이 생긴다.

🏠 상가임차인의 상대적 우선변제권

[상가건물임대차보호법]

제5조(보증금의 회수)
② 제3조제1항의 대항요건을 갖추고 관할 세무서장으로부터 임대차계약서상의 확정일자를 받은 임차인은 「민사집행법」에 따른 경매 또는 「국세징수법」에 따른 공매 시 임차건물(임대인 소유의 대지를 포함한다)의 환가대금에서 후순위 권리자나 그 밖의 채권자보다 우선하여 보증금을 변제받을 권리가 있다.

상대적 우선변제권 취득요건 및 존속기간

상가임대차에서는 초과임차인은 순위우선변제권이 없고 초과임차인이 아닌 일반 임차인에 한해 다음 요건을 구비하면 우선변제권이 생긴다.

1) 상대적 우선변제권의 요건

상가임차인이 공·경매 절차에서 순위우선변제권을 갖기 위해서는 기본적으로 대항력 요건인 점유와 사업자등록을 갖추고, 임대차계약서에 확정일자를 받아야 한다. 역시 대항력 요건 중 어느 하나라도 결여된 상태에서 확정일자를 받았다면 순위우선변제권은 말할 것도 없고 대항력도 행사할 수 없다.

순위우선변제 요건 중 대항력 요건은 경매 절차의 배당요구 종기일까지 유지하고 있어야 순위우선변제권이 생긴다. 배당요구 종기일 후 대항력 요건이 누락되더라도 배당기일에 배당은 받을 수 있다. 물론 그렇게 대항력 요건이 결여된 후에는 새 소유자에게 대항력을 행사할 수 없다. 대항력 요건과 확정일자를 갖춘 임차인이 배당요구 종기일 내에 배당요구를 하거나 중복으로 경매신청을 하면 배당을 받을 수 있다.

배당요구나 경매신청은 임대차를 해지시켜 임대차 보증금의 반환청구권이 발생해야 배당이 가능하다. 배당을 받으려면 임대인에게 행사할 수 있는 채권이 있어야 하는데, 그 채권은 임차보증금반환채권이다.

일반채권은 가압류나 경매신청으로 배당에 참여할 수 있으나 주택과 상가 임차인은 그 절차 없이 배당요구를 하는 것만으로도 배당에 참여할 수 있고, 그것도 상대적 우선변제권을 가지고 배당받을 수 있다.

상가임대차의 경우에도 상가임차권등기를 경매기입등기 전에 했다면 배당요구 없이 자동으로 배당된다(예외유의). 경매기입등기 이후 배당요구 종기일 전에 등기했다면 배당요구를 해야 배당이 된다. 상가임대차의 경우 상가임차권등기가 아닌 일반 임차권등기를 했다면 그 임차권등기만으로는 배당받을 수 없다. 그러나 이 임차인이 임차권등기 외에 상가임차권의 대항력과 확정일자 요건을 유지하고 있다면 배당받을 수 있다.

2) 효력 범위

① 대상 물건의 범위

- 상가건물+대지(건물과 소유자가 동일한 경우)
- 대지만 경매되어도 순위우선변제권과 우선변제권 행사 가능

② 우선변제의 범위

순위우선변제의 범위에 관해서는 주택임대차와 동일하다(본문 161 쪽 《주택임차인의 상대적 우선변제, 우선변제》 참조).

상가임대차 확정일자

① 상가건물임대차보호법 제4조에는 확정일자 부여 기관을 관할 세무서장으로 한정하고 있다. 따라서 상가임대차 확정일자는 반드시 영업장 관할 세무서에서 받아야 한다.

② 이해관계인은 확정일자부에 기록된 정보를 열람할 수 있다.

- 확정일자부 기재사항

세무서에서 확정일자를 부여할 때 확정일자와 번호 외에 임대차 관련 내용을 기재한다. 기재사항은 확정일자 번호, 확정일자 부여일, 임대인과 임차인의 성명, 주민등록번호(법인의 경우에는 법인명, 대표자명, 법인등록번호), 임차인의 상호와 사업자등록번호, 상가건물 소재지와 임대차 목적물, 임차 면적, 임대차 기간, 보증금차임이다.

- 열람 가능한 이해관계인의 범위

건물의 임대인, 임차인, 소유자, 등기부상 권리자, 임차권의 우선 변제권을 승계받은 금융기관과 임차하려는 사람이다. 이 중 임차 하려는 사람은 임대인의 인감증명을 첨부한 동의서가 필요하다.

[표 17] 확정일자부 양식

■ 확정일자부 상가건물 임대차계약서상의 확정일자 부여 및 임대차 정보제공에 관한 규칙[별지 제3호서식]

확 정 일 자 부

상가건물 소재지(임대차 목적물):

확정일자 번호	확정일자 부여일	임대인 성명, 주민등록번호	임대차 기간	
		임차인 성명, 주민등록번호	면적	
		임차인 상호사업자등록번호	보증금	차임

210mm×297mm[백상지|80g/㎡]

기타사항

전세권설정 등기를 확정일자로 보는 것, 배당과 우선변제권 순위 적용 일시, 대항력 효력의 특례 등 나머지 모든 내용은 주택임대차와 같다(3부 2장 〈주택임대차 권리분석〉 참조).

🏠 상가임차인의 우선변제권

> **[상가건물임대차보호법]**
>
> **제14조(보증금 중 일정액의 보호)** ① 임차인은 보증금 중 일정액을 다른 담보물권자보다 우선하여 변제받을 권리가 있다. 이 경우 임차인은 건물에 대한 경매신청의 등기 전에 제3조제1항의 요건을 갖추어야 한다.
> ② 제1항의 경우에 제5조제4항부터 제6항까지의 규정을 준용한다.
> ③ 제1항에 따라 우선변제를 받을 임차인 및 보증금 중 일정액의 범위와 기준은 임대건물가액(임대인 소유의 대지가액을 포함한다)의 2분의 1 범위에서 해당 지역의 경제 여건, 보증금 및 차임 등을 고려하여 대통령령으로 정한다.

① 시행령으로 정한 일정 환산보증금 이내의 상가임차인이 경매기입등기 이전까지 상가건물을 인도받아 사업자등록을 하고 배당요구 종기일까지 건물 점유와 사업자등록을 유지하면서 배당요구를 하면 보증금 중 시행령에서 정한 일정 금액을 다른 담보물권보다 우선하여 변제받을 수 있다. 다른 담보물권보다 우선한다는 말은 어떤 채권보다도 절대적으로 우선한다는 의미이다.

매각대금의 2분의 1 범위 금액이 일정 금액 이상일 경우에는 일정 금액을 배당받을 수 있지만 매각대금의 2분의 1 금액이 일정 금액에 미치지 못하면 그 금액만을 우선변제받는다. 일정 금액을 절대적으로 보장받는 것이 아니라 일정 금액 범위에서 우선변제를 받는 것이다. 보증금 중 일정 금액을 배당받고 배당 가능한 잔여 금액이 많이 남아 있는 경우일지라도 소액임차인이 확정일자를 부여받지 못하는 등 절대 우선변제의 요건만 취득했다면 소액임차인에게 보장해주는 일정 금액 외에 잔여 보증금은 배당을 전혀 받지 못하게 된다.

② 전국을 4개 권역으로 나누어 권역별로 정한 우선변제 대상 제한 환산보증금과 우선변제 일정 금액은 2차례에 걸쳐 개정되면서 그 금액이 증액되어 왔다.

개정 시마다 부칙으로 시행일 당시 이미 저당권이 설정된 경우에는 종전 규정을 적용하도록 했는데, 쉽게 말하면 상가건물에 저당권이 설정되어 있으면 저당권 설정 당시 적용되던 법령상의 우선변제 대상 제한보증금과 일정액을 적용하도록 한 것이다.

예를 들어, 2013년 12월 서울에 위치한 상가건물에 입점한 환산보증금 6,500만 원인 임차인은 기존 임차인이지만 종전 규정인 5,000만 원이 아닌 6,500만 원을 기준으로 소액임차인에 해당하므로 2,200만 원의 절대 우선변제를 받게 된다. 그런데 만약 위 상가에 2008년 9월 10일자로 저당권이 설정되어 있다면 위의 임차인은 저당권 설정 당시의 환산보증금을 기준으로 4,500만 원을 초과하므로 소액우선변제를 받지 못한다.

우선변제 적용 환산보증금 범위와 우선변제받을 일정액에 대해서는 〈표 18〉을 참조하기 바란다.

[표 18] 우선변제 임대차 환산보증금 범위와 우선변제 일정액

1 2 3 4 는 개정시점별 지역의 그룹 표시　　　　　　　　　　　　金액 단위: 만 원

개정 회차 및 시기 지역	2차 개정 2014. 1. 1.~	1차 개정 2010. 7. 26.~	제정 당시 2002. 11. 1.~
서울특별시	1 6,500/2,200	1 5,000/1,500	1 4,500/1,350
경기도 과밀억제권	2 5,500/1,900	2 4,500/1,350	2 3,900/1,170
인천광역시 과밀억제권	2 5,500/1,900	2 4,500/1,350	2 3,900/1,170
인천광역시의 성장관리권 (군 지역 제외)	3 5,500/1,900	3 3,000/900	4 2,500/750
기타 광역시 (군 지역 제외)	3 5,500/1,900	3 3,000/900	3 3,000/900
안산, 용인, 김포, 광주시	3 5,500/1,900	3 3,000/900	4 2,500/750
기타 지역	4 3,000/1,000	4 2,500/750	4 2,500/750
부칙	시행일 전 담보물권에 대해서는 종전 규정 적용	시행일 당시 기존 임차인에 대해서는 종전 규정 적용. 시행 전 담보물권자에 대해서는 종전 규정 적용	

선순위 상가임차인의 배당 불가로 인해 보증금 인수
경기도 수원시 근린생활시설의 상가임차인이 초과임차인인 경우

노후에 안정적인 수입을 기대하며 임대수익 창출을 목적으로 상가건물에 투자하려던 G씨는 병원이 임차해 운영하고 있는 상가건물에 응찰했다. 감정가는 6억 1,500만 원이고, 1회 유찰되어 최저경매가가 4억 3,000만 원이었던 이 경매물건을 G씨는 5억 원에 낙찰받았다.

결론부터 말하자면 G씨는 2가지 측면에서 제대로 살피지 못했다.

우선 낙찰가를 보면, 상가건물은 거래가 빈번하지 않아 시세를 정확하게 알기 어렵고 감정가도 시세와 동떨어진 경우가 많다. 이럴 때는 그 주변의 매매가와 낙찰 사례 등을 통해 추정해볼 수 있다. 이를 바탕으로 전용면적 평당 550만 원으로 계산하면 약 80평인 이 물건의 시세는 대략 4억 4,000만 원 정도다. G씨는 추정 시세보다 6,000만 원 높은 금액으로 입찰해 낙찰받은 것이다.

상가경매는 권리상 문제만 없다면 다소 비싸더라도 권리금 부담 문제에서 벗어날 수 있기 때문에 그런대로 투자할 만하다. 하지만 전혀 예상치 못한 상황에서 임차보증금을 전액 추가 부담해야 한다면 이야기는 달라진다. 이 사례에서 더 심각한 문제는 바로 임차보증금 인수 여부에 있었다.

이 상가는 임차보증금이 2억 원에, 월세가 120만 원이며, 임대차의 사업자등록일은 저당권을 설정한 2015년 5월 30일보다 빠른 2015년 5월 20일이었다. 때문에 환산보증금은 3억 2,000만 원(임차보증금+월세의 100배)으로, 경기도 과밀억제권 3차 개정 당시의 기준인 3억 원을 초과하는 임차인에 해당해 선순위 임차인으로서 대항력은 인정되는 반면, 배당은 받을 수 없다는 함정이 있었다(표 16 참조). 결국 낙찰자 G씨는 보증금 2억 원을 전액 부담하게 되어 부동산을 시세보다 무려 2억 6,000만 원이나 높은 가격에 취득하게 된 것이다.

임차보증금을 인수하게 되리라고는 꿈에도 생각지 못하고 월 250만 원의 임대수익을 기대했던 G씨는 울며 겨자 먹는 심정으로 경매물건에 대한 권리를 인수해야 했다.

이럴 때는 어떻게 해야 할까? 이미 엎질러진 물로, 별다른 방법은 없다. 그저 노후에 월 250만 원씩 임대소득이 안정적으로 발생한다는 사실을 위안 삼아 마음을 다스리는 수밖에…….

기타 상가임대차 관련 주요사항

기타사항 역시 주택임대차와 동일한 부분이 많아 설명을 간략하게 하거나 생략하고, 다른 부분을 중심으로 설명하고자 한다.

🏠 상가임대차등기

[상가건물임대차보호법]

제7조(「민법」에 따른 임대차등기의 효력 등) ① 「민법」 제621조에 따른 건물임대차등기의 효력에 관하여는 제6조제5항 및 제6항을 준용한다.

② 임차인이 대항력 또는 우선변제권을 갖추고 「민법」 제621조제1항에 따라 임대인의 협력을 얻어 임대차등기를 신청하는 경우에는 신청서에 「부동산등기법」 제74조제1호부터 제5호까지의 사항 외에 다음 각 호의 사항을 기재하여야 하며, 이를 증명할 수 있는 서면(임대차의 목적이 건물의 일부분인 경우에는 그 부분의 도면을 포함한다)을 첨부하여야 한다.

1. 사업자등록을 신청한 날
2. 임차건물을 점유한 날
3. 임대차계약서상의 확정일자를 받은 날

민법 제621조에 의한 단순 임대차등기는 등기 접수일부터 대항력을 취득하지만 상가건물임대차보호법 제7조에 의해 대항력 또는 우선변제권을 갖추고 그 내용을 기재하여 임대인의 협조로 상가임대차등기를 하면 등기 접수일이 아니라 대항력은 이미 대항력 요건을 갖춘 날의 다음 날, 우선변제권은 대항력 요건의 다음 날과 확정일자 중 늦은 날 취득하게 된다. 역시 상가임대차등기가 완료된 후에는 대항력 요건을 상실하더라도 대항력이 유지된다.

상가임대차등기 신청

임대차 기간 중 임차인은 임대인과 함께 등기신청서에 ① 사업자등록을 신청한 날 ② 임차건물을 점유한 날 ③ 임대차계약서상의 확정일자를 받은 날을 기재하여 임대차계약서 및 ①, ②, ③을 입증할 수 있는 증빙자료를 첨부해 등기소에 제출해야 한다. 임대인은 상가임차권등기에 관하여 민법 제621조에 의해 등기절차에 협조해야 한다.

등기가 완료되면 등기부에 '상가임차권설정'이라고 기재된다.

대항력의 효력과 매각 절차에서 상가임차권등기 말소

상가임대차 관련 대항력의 효력과 매각 절차에서 상가임차권등기의 말소에 관한 내용은 주택임대차와 동일하므로 3부 2장의 〈주택임대차 등기와 임차권등기명령〉(본문 189쪽)을 참조하기 바란다.

🏠 상가임차권등기명령 신청

상가임대차가 종료되었음에도 임대인으로부터 보증금을 반환받지 못한 경우 영업장을 폐업하면 보증금을 반환받을 보장수단이 없게 된다. 영업장을 폐업하는 그 순간 대항력을 상실하게 되기 때문이다. 이를 해소하기 위해 상가건물임대차보호법 제6조는 임차인이 혼자 법원에 임차권등기명령 신청을 할 수 있게 했다. 임차권등기명령 신청을 하면 등기 이후 대항력 요건을 상실하더라도 대항력이 유지된다.

임차권등기명령에 관한 다른 사항은 3부 2장의 〈주택임대차등기와

임차권등기명령〉(본문 201쪽)을 참조하기 바란다.

🏠 기타 상가건물임대차보호법의 특례규정

존속기간에 대한 특권

1) 기간 미정이나 단기임대차의 1년 보장

계약 체결 시 기간을 정하지 않았거나 묵시적 갱신을 했을 때, 그리고 1년보다 짧게 기간을 정해 신규계약이나 갱신계약을 했더라도 임차인은 본인의 희망에 따라 1년을 주장할 수도 있고, 짧게 정한 임대차 기간대로 임대차를 종료시킬 수도 있다. 기간 미정인 경우 임차인만은 언제든지 임대차를 종료시킬 수 있는 것이다. 임차인의 해지통고 후 3개월이 지나면 종료의 효력이 발생하고, 이때 임대인은 보증금을 반환해 주어야 한다.

2) 갱신청구권

상가임차인은 대항력 요건을 구비하지 않더라도 임대인에 대해 10년 범위 내에서 계약의 갱신을 거듭 청구할 수 있다. 묵시적 갱신의 경우는 매해마다 계속 묵시적 갱신이 거듭되어 10년까지 임대차를 유지할 수 있다.

권리금 보호에 관한 규정

법률에서는 임대인이 임대차 기간 종료 전 6개월부터 종료 시까지 정당한 사유 없이 임차인이 주선한 신규 임차인과의 임대차계약 체결을 거절하는 등 여러 유형으로 임차인이 권리금을 지급받는 데 대해 방해하는 행위를 하지 못하도록 규정하고 있다.

차임 증감청구권

민법 제628조는 당사자 모두에게 계약기간 중이라도 보증금과 차임을 일정한 사정이 있을 경우 증액청구하거나 감액청구할 수 있게 규정하고 있는데, 그 증액률이나 감액률에 제한을 둠으로써 형평성을 유지하고 있다. 그러나 상가임대차에서는 초과임차인이 아닌 일반 상가임차인에 한해 감액 사유 발생 시 감액률의 제한 없이 감액하도록 하고 있으나 증액 시에는 5% 이내에서만 증액하도록 하고 있다. 또한 계약을 체결한 후, 또는 증액한 후 1년 이내에는 다시 증액하지 못하도록 하고 있다.

4장

배당

···

주택이나 상가임대차 분석을 하는 데 있어서 매수인에 대해 대항력이 있는 선순위 임차인이 있다면, 그 임차인이 배당요구를 해 상대적 우선변제나 우선변제를 받게 될 때 배당받을 금액이 얼마인지 알아야 매수인이 궁극적으로 인수할 금액이 얼마인지 파악할 수 있다. 즉, 배당 순위와 배당 방법을 배워 계산해봐야 실질적인 인수 금액이 파악된다. 따라서 임대차 분석 작업에는 배당 계산까지 포함된다고 할 수 있다.

명도 요구를 할 후순위 임차인이 있을 때에도 그 임차인이 배당받을 금액을 대략 계산해 미배당 금액이 크다면 명도에 어려움이 예상되므로 입찰 시 참작해야 한다. 입찰자는 이렇듯 여러 이유로 배당 계산을 할 줄 알아야 한다.

순위 중간에 가압류가 있거나 조세채권으로 순환배당을 해야 할 경우 등 배당 방법이 다소 복잡해질 수 있으며, 소액우선변제의 경우에도 세밀한 계산이 필요하다.

배당 시에는 배당요구를 해야만 배당받을 수 있는 채권이 있는가 하면, 배당요구 없이도 배당받을 수 있는 당연배당 채권도 있으므로 이러한 특징들을 잘 파악하고 있어야 한다.

···

배당

배당 이론

경매의 목적이자 최종 단계인 배당의 의미와 그 절차, 배당 순위, 배당 방법 등에 대해 공부하고, 또 배당요구를 하지 않아도 배당받을 수 있는 당연배당권자, 배당요구를 해야 하는 배당권자에 대해서도 알아보자.

🏠 배당의 개요

배당의 의의

부동산경매는 채권자가 법원에 채무자의 부동산을 매각(경매, 입찰)하도록 신청해 그 매각대금으로 채권액을 변제하는 데 충당하는 과정을 거치게 된다. 매각의 결과로 발생한 금액은 경매신청 채권자와 그밖에 법률규정에 정해진 채권자들이 법률이 정한 순서에 따라 정해지는 금액만큼 각각 교부받는다. 이러한 절차를 '배당'이라고 하고, 채권자가 매각대금 중 자신에게 할당된 금액을 교부받는 것을 '배당받는다'라고 표현한다.

이때 채권자라고 해서 모두 배당에 참여할 수 있는 것은 아니다. 매각대금으로 배당받을 자격이 있는 채권자에게 배당을 한 후 매각대금이 남는다 해도 나머지 채권자가 배당에 참여할 자격이 없는 채권자라면 그 잔액은 채무자(채무자와 소유자가 다른 경우는 소유자)에게 돌아간다.

배당에 관한 학습의 필요성

① 인수금액 계산: 대항력 있는 주택임차인 또는 상가임차인의 확정일자가 늦거나 그들이 소액임차인에 해당할 경우 낙찰자가 인수해야 할 금액이 얼마인지를 파악할 수 있어야 경매에 응찰할 수 있다.

② 무잉여 판단: 무잉여로 경매가 취소될 가능성이 있는 물건인지 여부를 파악할 수 있어야 한다.

③ 명도 용이성 판단: 임차인에게 돌아갈 배당액이 얼마나 부족한지 파악함으로써 명도 시의 저항 강도를 예상할 수 있다.

④ 부당한 인수금액 책정 방지: 배당 계산 오류가 있더라도 배당기일에는 이의를 제기하기 어려운 여건이므로 사전에 미리 계산해두는 것이 좋다.

⑤ 배당권자 입장에서 배당을 제대로 받을 수 있도록 조언할 수 있다.

🏠 배당 절차

배당요구를 해야 하는 자는 배당요구 종기일까지 배당요구를 해야 하고(배당요구 불필요자 제외), 채권계산서를 제출해야 할 필요가 있는 자는 배당요구 종기일까지 채권계산서를 제출해야 배당받을 금액이 정해진다.

낙찰인이 대금납부 기일에 대금을 완납하면 법원은 3일 내에 배당기일을 잡는데, 배당기일은 대금납부일로부터 2주 이내로 잡는다. 배당기일을 지정한 법원은 배당기일 3일 전까지 도달할 수 있도록 배당받을 사람들에게 배당기일 소환장을 발송한다. 그러나 실무에서는 위 기간들을 지키기 어려운 것이 현실이다.

이 배당기일 소환장에는 채권계산서를 제출하라는 내용을 적어 보낸다. 이는 주로 배당요구 종기일 이후부터 배당기일 사이에 채권이 소멸하거나 감소했는지의 여부를 확인하기 위한 목적이다. 배당기일 소환장에 의해 배당에 참여할 채권자 중 누구라도 법원에서 미리 작성해 놓은 배당표에 이의를 제기하면 배당을 실시하지 않고 일단 보류하며, 이의신청이 없으면 배당표 내용대로 배당을 실시한다.

배당이의를 한 이의신청 채권자는 배당이의의 소를 제기하고 배당기일로부터 7일 내에 소제기증명서를 제출해야 배당을 유보하고 배당이의와 관련한 배당액을 공탁하게 된다.

배당재단

배당재단이란, 매수인이 납부한 낙찰대금에 당해 경매와 관련한 각종 몰수금과 이자 등 부대수입을 합한 돈으로, 배당받을 요건을 갖춘 채권자들에게 배당을 하는 데 쓰이게 된다. 배당재단은 5가지로 구성된다.

① 낙찰대금
② 지연이자(대금지급 기한부터 실지급기일까지)
③ 전 낙찰인의 보증금 몰수금
④ 항고 보증금 몰수금
⑤ 위 금액에 대한 은행예치 이자

경매 집행비용은 0순위

경매 절차를 진행하면서 발생되는 비용으로, 배당재단에서 이 비용을 먼저 충당하고 남은 금액을 채권자 배당에 사용한다. 경매 집행비용은 법원이 집행한 비용과 경매 신청인이 경매를 신청할 때 발생한 비용을 포함한다.

1) 집행비용(현행 집행관 수수료 규칙 기준)
  ① 경매수수료
    예: 1억 원까지 1,303,000원
  ② 감정료: 240,000원부터
    예: 시가표준액이 5억 원인 경우 556,000원
  ③ 부동산 현황조사 수수료: 70,000원
  ④ 신문공고료: 220,000원

2) 기타 경매신청 비용
  ① 송달료, 인지대 등
  ② 등록세(0.2%와 지방세, 교육세)

🏠 배당권자의 종류

경매 과정에서 채무자에게 금전채권이 있는 사람 중 (근)저당권에 의해 담보된 채권자 또는 집행권원을 얻은 채권자는 법원에 경매를 신청함으로써 그 매각대금을 배당받아 채권을 회수할 수 있는데, 경매신청 채권자 외에 배당을 받아 채권을 회수할 수 있는 배당권자는 다음과 같다.

1) 1차적 배당권자

- (근)저당권자, 가등기담보권자, 담보물권으로 전환된 전세권자
- (가)압류 채권자

2) 2차적 배당권자

특별법으로 2차적 배당권자도 배당에 참여할 수 있도록 규정하고 있다.

- 국세, 지방세(국세기본법, 지방세법)
- 주택 및 상가임차권자 중 확정일자 구비자, 소액보증금 임차권자(주택상가건물임대차보호법)
- 임금채권자(근로기준법), 근로복지공단의 체당금채권(임금채권보장법)
- 국민연금건강보험료(국민연금법국민건강보험법)

※ 토지 등 일반 임차권자, 임차권등기자, 지상권자, 지역권자, (가)압류하지 않은 일반채권자(승소판결 정본 소지자 포함), 가등기권자, 가처분한 자, 유치권자 등 위에 열거한 자 외에 부동산 소유자에 대해 채권을 가지고 있는 자는 배당을 받을 수 없다.

배당받을 채권자

경매 절차에서 배당을 받을 채권자는 다음과 같다(민사집행법 제148조).

① 배당요구 종기일까지 경매신청을 한 압류 채권자

② 배당요구 종기일까지 배당요구를 한 채권자

③ 첫 경매개시결정등기 전에 등기된 가압류 채권자

④ 저당권, 전세권, 그 밖의 순위우선변제청구권으로서 첫 경매개시결정등기 전에 등기되었고 매각으로 소멸하는 채권을 가진 자

배당권자, 배당요구 의무 배당권자

1) 당연배당권자

① 선행사건의 배당요구 종기일까지 이중경매 신청을 한 자

② 첫 경매기입등기 전에 등기된 가압류 채권자

③ 첫 경매기입등기 전에 등기된 순위우선변제권자

④ 첫 경매기입등기 전 조세채권의 압류권자

2) 배당요구 종기일까지 배당요구를 해야 하는 채권자

① 집행력 정본을 가진 채권자

② 첫 경매기입등기 후 가압류 채권자

③ 민사집행법, 그 외 법률에 의해 우선변제 청구권을 가진 채권자 (주택임차권, 상가임차권, 임금채권, 체당금채권, 조세채권, 국민연금, 의료 보험)

④ 첫 경매기입등기 후에 등기된 저당권, 전세권, 등기된 임차권(가 등기담보는 배당 제외)

우선, 상대적 우선, 평등변제권

1) 우선변제권자(배당요구 필수)

① 근로기준법에 의한 근로채권 중에서 최종 3개월분의 임금과 최종 3년간의 퇴직금, 재해보상 채권, 근로복지공단의 체당금채권

② 소액 주택임차권 일정액으로 제한

2) 상대적 우선변제권자

① 소멸되는 전세권자

② 소멸되지 않는 선순위 전세권자로, 배당요구를 한 자

③ (근)저당권자

④ 가등기담보권자로, 배당요구를 한 자

⑤ 주택임차권자로, 배당요구를 한 자(대항력 요건과 확정일자를 모두 갖춘 날로 우선순위 정함)

⑥ 권리질권자

⑦ 경매기입등기 후 담보권등기를 한 자로, 배당요구를 한 자(가등기담보권 제외)

3) 평등변제권자(최후순위 변제권자)

① 가압류한 채권자

② 압류한 채권자

③ 강제경매 신청한 일반채권자

※ (가)압류, 압류, 경매신청을 하지 않은 일반채권자는 배당 불가

[표 19] 배당권자와 배당요구 여부

```
        첫 경매(개시결정)등기                    배당요구 종기일
    ┌─────────────────────────┐
    │ ① 경매신청 채권자          │
    │ ② (가)압류 채권자          │
    │   (일반채권, 특별법상 우선변제권자) │
    │ ③ 담보권, 주택상가임차권등기자 │
    └─────────────────────────┘
                    ┌──────────────────────────┐
                    │ ④ 이중경매 신청 채권자        │
                    └──────────────────────────┘
    ┌──────────────────────────────────────┐
    │ ⑤ 집행권원 보유 채권자→배당요구              │
    │ ⑥ 특별법상 우선변제권자→배당요구            │
    │   (주택상가임차권자, 국세, 지방세, 임금채권자 등) │
    └──────────────────────────────────────┘
                    ┌──────────────────────────┐
                    │ ⑦ 첫 경매기입등기 후 등기한      │
                    │   (가)압류 채권자, 담보권자, 임차권 │
                    │   등기자→배당요구             │
                    └──────────────────────────┘
```

※ ③ 중 선순위 전세권과 선순위 주택상가임차권등기는 배당요구를 해야 배당에 참여 가능

[표 20] 권리별 배당 기준 및 방법

	권리 종류	배당 조건		배당 방법
		배당요구 필수	당연배당	
우선배당	① 최종 3개월 임금 채권	①	-	①, ② 간 안분배당
	② 주택상가 소액임차권	②	②	
	②-1 소액임차권등기	②-1	②-1	
상대적 우선배당	상대 우선의 우선	③ 당해세	③ 교부청구	-	③ 상대적 우선배당 권리 중 우선함. 단, 압류세금은 당해세를 우선함
	상대 우선	④ (근)저당	경매개시결정 이후	④	④, ⑤, ⑥: 등기 접수 번호 기준
		⑤ 전세권		⑤	
			-	-	
		⑥ 가등기담보	⑥		
		⑦ 확정일자부 주택상가임차권	⑦	⑦ 중 임차권 등기 권리	⑦ 대항력+확정일자 기준
		⑦-1 임차권등기		⑦-1	
				-	
		⑧ 국세, 지방세	⑧ 교부청구	-	⑧ 세금 부과일 기준
		⑨ 임금	⑨		⑨ (근)저당>임금>세금 ※ 임금은 (근)저당보다 후순위이고, 세금보다는 항상 앞섬. 단, 세금이 (근)저당보다 선순위일 경우 임금이 세금을 앞설 수 없어 (근)저당보다 후순위로 밀림
안분배당	⑩ (가)압류 채권	-	⑩	⑩, ⑪ 채권자 평등원칙에 기한 안분배당
	⑪ 경매신청 채권	-	⑪	

※ ④, ⑤, ⑦, ⑩: ④, ⑤, ⑩ 채권과 ⑦-1 채권은 배당요구가 불필요한 당연배당 채권이지만 만일 경매기입등기 후 등기한 권리인 경우에는 배당요구 의무
※ ①, ②, ③, ⑦, ⑧, ⑨: (가)압류 가능하며, 경매기입등기 전에 (가)압류 등기 시 당연배당 대상이 됨

🏠 배당요구

배당요구의 의의

경매개시결정등기 전, 즉 경매신청 당시 등기부상으로 파악되는 담보
권자 등 배당받을 수 있는 권리자와 경매신청자는 배당받을 수 있는 채
권자로 드러나 있어 누락 없이 배당에 참여시킬 수 있다. 그러나 등기
부에 없는 주택임차권자, 세금 · 임금 채권자 및 집행권원이 있는 채권
자 등 미공시의 권리자들은 그들 스스로 채권의 존재를 알리고 배당요
구를 하지 않으면 배당받을 채권이 존재하는지 알 수 없어 배당을 할
수가 없다. 이들이 배당요구를 하지 않으면 현실적으로 법원이 배당권
자를 모두 파악하기가 어려우므로 채권자들에게 배당요구 의무를 부
여할 수밖에 없다.

선순위 임차인이나 선순위 전세권자는 배당을 받을지, 낙찰인에게 대항력을 주장해 권리를 인수시킬지 선택할 권리가 있다. 이 권리들을 행사하느냐, 하지 않느냐에 따라 낙찰인의 권리인수 여부 및 인수부담 금액이 달라질 수 있으므로 입찰일 이전에 배당요구 여부가 확정되지 않으면 예기치 않게 손해를 입을 수 있다. 따라서 민사집행법은 입찰기일 전에 배당요구 종기일을 정해 그 날짜 안에 배당요구를 할 수 있게 하고, 낙찰인의 인수부담이 달라지지 않도록 배당요구 종기일 이후에는 배당요구 철회를 하지 못하게 정했다(민사집행법 제88조제2항).

채권자가 배당을 받기 위해서는 경매가 시작되기 전에 배당받을 권리를 등기해놓는 방법, 경매신청을 하는 방법, 가압류 또는 압류하는 방법 등이 있는데, 이런 어려운 절차 대신 간단하게 배당요구만 해도 배당을 받을 수 있다. 물론 배당요구를 할 수 있는 채권에 한한다. 그러므로 배당요구란, 다른 채권자에 의해 시작된 집행 절차에 편승해 그 매각대금으로 채권을 변제받을 수 있는 제도라 하겠다. 마치 남이 차려놓은 밥상에 숟가락만 올리고 식사를 하는 것과 같다.

배당요구의 효력

1) 배당요구권자가 경매 절차에서 배당요구를 함으로써 발생하는 권리

① 매각대금 중에서 배당받을 권리

② 배당기일을 통지받을 권리

③ 배당기일에 출석해 배당이의를 제기할 권리

④ 배당이의 제기 후 배당이의의 소를 제기할 권리

⑤ 타 채권자의 배당요구 사실을 통지받을 권리

⑥ 매각기일을 통지받을 권리

⑦ 매각조건의 변경 합의권

⑧ 매각허가 의견진술권, 항고권

2) 주택상가임차권자의 배당요구는 계약해지 의사

경매 절차에서 후순위의 주택 및 상가임차권은 배당요구를 하든, 하지 않든 상관없이 소멸된다. 그러나 선순위의 주택 및 상가임차권은 배당요구를 해 배당을 받을 수도 있고, 또 배당요구를 하지 않고 낙찰인에게 대항력을 주장함으로써 임대차계약 존속기간 만료 전까지 명도에 응하지 않을 수도 있다. 대항력 있는 선순위 임차권자가 배당요구를 한 경우, 보증금 미회수 금액을 지급받으면 즉시 명도에 응해야 한다.

ⓐ 권리 간 배당 순위, 배당 방법

특별법에 의한 우선변제 채권의 우선변제

법정 일정액 범위 내 보증금채권의 2가지는 담보물권, 확정일자부 주택·상가임차권, 조세 등 우선변제 채권에 앞서 매각대금의 반액 범위 내에서 가장 먼저 자신의 채권을 우선 변제받는다. 또한 최종 3개월분의 임금, 최송 3년간의 퇴직금, 재해보상금 전액도 위와 같은 순위우선변제 채권에 우선하여 변제받는다. 만약 위 2가지 우선변제 채권이 순위가 같고, 2가지가 서로 경합한다면 채권액 비율로 나누어 배당한다.

물권 및 조세, 우선변제 채권 상호간의 순위 관계

조세 중 당해세는 법정기일 선후에 관계없이 다른 일반 조세보다 우선하여 변제받을 수 있고, 담보물권(저당권, 가등기담보권, 전세권), 특별법 우선변제 채권(주택임차권,상가임차권)은 권리 발생일 선후와 관계없이 이들에 우선하여 변제받을 수 있다.

(가)압류한 채권이 있는 경우

1) (가)압류한 채권의 배당 순위

(가)압류에 의해 보전된 피보전권리[21]의 민법, 상법, 기타 법률에 의한 순위가 정해져 있는 경우는 그 순위에 따른다. 피보전권리가 (최)우선변제 채권이면 (최)우선변제받는다.

임금, 세금, 주택·상가임차권(확정)은 (가)압류 없이도 자신의 (최)우선변제권으로 배당을 요구하여 배당받을 수 있는데도 가압류를 하는 이유는 다른 권리가 발생하는 것을 억제하기 위해, 그리고 세금의 경우 우선권을 획득하기 위해서다. 참고로 일반채권은 (가)압류 없이는 배당에 아예 참여할 수 없다.

2) 일반 가압류 채권의 배당

일반 가압류 채권은 선순위라 하더라도 우선배당이 불가하고, 후순위와 평등하게 안분배당한다. 가압류 이후 담보물권과 다른 배당받을 채권이 있을 때, 가압류와 모든 채권이 1차적으로 채권액 비율로 안분하여 배당받은 후 가압류 이후 저당권보다 늦은 권리의 1차 안분액을 흡수배당받는다. 또한 가압류 결정 당시 청구금액 한도 내에서 실채권액(이자 포함)을 배당받는다.

---

21) 보전처분을 할 수 있는 원인이 되는 권리, 즉 보전처분을 함으로써 보호되는 권리

조세, 가산금, 체납처분비

1) 조세채권 우선의 원칙

국세기본법 제35조제1항, 지방세법 제31조제1항에 의해 조세채권은 일반채권에 우선하며, 당해세는 타 우선변제 채권에 우선한다.

2) 담보물권 등과 우선 관계

조세채권과 다른 담보물권의 우선 관계는, 조세채권은 세금 부과일을 의미하는 법정기일과 담보물권 설정일을 비교하여 빠른 것이 우선한다.

3) 압류 조세채권의 일반 조세채권에 우선하는 원칙

건강보험료, 국민연금 공과금

국민건강보험법(1999. 2. 8.), 국민연금법(2000. 12. 23.)에 의해 건강보험료와 국민연금 공과금의 배당순위에 관하여 납부기한과 담보권 설정 일자를 비교해 우선순위를 결정하고, 세금과 비교해서는 세금보다 후순위로 배당받는 것으로 규정되어 있다. 가령 위 공과금이 담보권보다 우선하는데, 만일 세금보다 앞서는 담보권이 있을 경우에는 위의 공과금이 먼저 배당되고, 다음으로 담보권, 그다음으로 세금 순서로 배당된다.

그러나 일반 공과금은 담보권보다는 항상 후순위이고, 조세채권보다도 항상 후순위로 배당된다.

임금, 조세, 담보권과의 우선 관계

① 저당채권 없을 때: 임금 〉 조세

② 저당채권 있고, 조세가 저당채권보다 우선순위일 때: 당해세 〉 조세 〉 저당채권 〉 임금

③ 저당채권 있고, 저당채권이 조세보다 우선순위일 때: 당해세 〉 저당채권 〉 임금 〉 조세

※ 가위바위보 관계의 채권: 3개 이상의 배당이 서로 물고 물리는 관계에 있으면 소위 순환배당 방법으로 배당한다. 순환배당은 당초 채권액에 따라 안분배당한 후 2차적으로 상호관계에 의해 흡수배당한다.

소액 주택임차권의 우선변제

1) 보증금액 개정법령 적용 방법

개정 전 입주한 주택임차권자도 기존의 저당권 설정이 없을 경우에는 현행 개정법령을 적용받는다. 저당권자나 다른 우선변제 채권자가 있을 경우에는 저당권이나 다른 우선변제권 발생 시점 당시의 종전 법령을 적용받는다. 저당권자나 다른 우선변제 채권자가 있더라도 배당 절차 중 순위배당으로 전액 배당이 돌아가고도 남은 배당액이 있을 경우, 그 금액을 배당할 때는 해당 저당권 등의 영향을 받지 않고, 그보다 늦은 저당권자 등이 있으면 그 권리를 설정할 당시의 법령을 적용한다.

2) 배당되는 금액의 2분의 1 한도 내로 제한

저당권이나 순위우선변제권이 있는 다른 임차인이 없을 경우에는 임차인의 입주 시기와 무관하게 개정된 현재 법령을 적용하고, 다른 저당권이나 순위우선변제권이 있는 다른 임차인이 있을 경우에는 그들의 권리가 발생한 당시의 법령에 따라 소액우선변제를 적용한다. 그러나 저당권 등의 배당이 전액 변제된 뒤에는 현행 법률을 적용한다.

2인 이상의 소액임차인은 배당받는 한도금액인 일정액의 비율로 안분배당한다.

3) 우선변제 후 미배당 잔액에 대해 순위우선변제에 참여 가능

4) 토지에 우선변제 불가능한 경우

① 나대지에 저당 후 신축한 건물 임차권의 경우

② 건물과 소유자가 다른 대지의 경매

최종 3개월분 임금 등의 우선변제(근로기준법 제37조)

① 최종 3개월분의 임금, 기본급 외에 퇴직금을 제외한 상여금 등 일체의 수당을 포함한다.

② 최종 3년분의 퇴직금: 30일분의 평균임금으로 계산한 3년분 임금 중 90일분의 평균임금으로, 250일분을 초과할 수 없고 누진제 사업장이라도 누진제는 비적용한다.

③ 재해보상금

④ 집행권원 없이도 배당요구를 할 수 있는데, 관할 노동부사무소에서 발행한 체불임금 확인서 외에 확인판결문, 근로소득원천징수영수증, 임금대장 중 1가지 서류를 첨부해 배당요구를 할 수 있다.

당해세

경매 목적 부동산 자체에 부과된 국세와 지방세를 말한다. 국세기본법과 지방세법에서 순위우선변제되는 권리 중에서도 우선변제되는 조세인 당해세의 세목을 정하였으나, 대법원판례(대법원 1996. 3. 12. 선고 95다47831 판결)와 1991년도 헌법재판소의 결정에 의해 일부가 당해세 우선원칙에서 배제되어 범위가 축소되었다.

당해세의 범위는 다음과 같다.

[표 21] 당해세의 범위

	세법 규정	대법원판례와 헌법재판소 결정 이후	배제 이후
국세 (국세기본법 시행령 18조)	상속세 증여세 재평가세	상속세 증여세 중 일부 재평가세	증여세는 부동산 자체가 아니라 취득자금에 부과
지방세 (시행령 143의 4)	취득세·등록세 재산세·자동차세 종토세·도시계획 공동시설세	x 재산세·자동차세 종토세(분리과세분 한 정) 도시계획세	

※ 각 세목의 본세 외에 가산금도 포함하며, 저당권 설정자에 부과된 세금에 한정(양수인에게 부과된 당해세는 비적용)

세금의 법정기일

신고일, 고지서 발송일, 제2차 납세의무지정 통지일

채권계산서

1) 채권계산서 제출 시기

[표 22] 채권계산서 제출 시기

	경매신청서	2차 제출	3차 제출	4차 제출
제출 근거	민사집행법 규정	가등기담보법 규정 법원실무 관행	민사집행법 규정	법원실무 관행
제출 시기	경매신청 시	개시결정 후 수주 내	배당요구 종기일까지 (과거, 낙찰기일까지)	배당기일 3일 전까지
용도	무잉여 판단	무잉여 판단 가등기 실체 확인	배당채권 마감	배당 시까지의 이자 계산 (원금 증액 불가)
		제출 최고		제출 최고

2) 채권액 확정

① 경매신청 채권은 신청 시 청구금액으로 확정(추후 제출 시 원금 증액 불가)

② 4차 제출 이후 청구금액 증액은 불가, 감액은 가능(이자 제외)

③ 4차 제출 시 이자 계산이 안 돼 있으면 채권최고액이나 가압류 채권 청구액 범위 내에서 이자 포함 가배당

[표 23] 채권별 배당 가능 금액

채권 구분		배당 가능 금액	배당요구 의무	우선 여부	비고
근저당권부 채권		최고액 범위 내에서 배당요구일 당시 채권 원금 및 이자	×	순위 우선 배당	경매기입등기 후 근저당권 배당요구해야 함
(가)압류한 일반채권		가압류 당시 채권금액 (등기부 표시)	×	비우선 배당	경매기입등기 후 (가)압류 채권은 배당요구해야 함
(가)압류한 우선변제권 채권	국세, 지방세, 주택임차권(확), 상가임차권(확), 임금채권	배당요구 종기 시 조세 등, 임차보증금, 임금채권	×	우선 배당	경매기입등기 후 (가)압류 채권은 배당요구해야 함
(가)압류하지 않은 우선변제권 채권		위와 동일	배당요구 교부청구 의무	우선 배당	수택임자권이 아닌 임차권등기는 배당 못 받음
(가)압류하지 않은 일반채권		×	-	-	

※ (확): 확정일자

(근)저당 채권 우선변제 배당 가능 금액

[표 24] 채권별 배당 가능 금액

	저당	근저당	
원금	등기부 표시 원금	당사자 약정서상 원금	
이자	등기부 표시 이자	당사자 약정서상 이자	채권최고액 범위 내 인정
연체이자	1년분 연체이자(약정서상)	당사자 약정서상 연체이자	
위약금	등기부 표시 위약금	등기부 표시 위약금	

배당 사례

다음은 경기도 과밀억제권역의 배당 사례들이다.

과밀억제권역의 배당 사례들

순위우선, 최우선, 당해세가 있는 경우

배당 총액: 1억 2,000만 원   단위: 만 원

등기부상 권리들	채권액	배당 참여 채권액	배당액
근저당권(2017)	1억 5,000	1억 5,000	③ 5,300
세금(상속세)	4,000	4,000	② 4,000
주택임차권(전입, 확정)	8,000	8,000	① 2,700
임의경매 신청금액	1억 5,000	-	

※ 2017년 설정된 근저당권에 우선하는 당해세가 배당을 받기 전에 주택임차인이 2,700만 원을 우선변제받고(표 14 참조), 잔여 금액이 있으면 당해세에 배당한다. 이후 잔액으로 근저당권에 배당하고, 주택임차인은 확정일자가 있더라도 배당할 금액이 소진되어 순위우선변제 배당액은 0원이 된다. 만일 주택임차인이 확정일자를 갖추지 않았다면 배당할 돈이 넉넉히 남아 있더라도 소액우선변제 외에 잔여 금액을 상대우선변제로 배당할 수 없다.

순위우선, 최우선변제권만 있을 경우

배당 총액: 5억 원 단위: 만 원

등기부상 권리들	채권액	배당 참여 채권액	배당액
근저당권(2011)	2억 5,000	2억 5,000	① 2억 5,000
주택임차권 A(전입, 확정 2012)	1억 6,000	1억 6,000	② 1억 6,000
근저당권 K(2018.9.)	1억 7,000	1억 5,000	④ 6,300
주택임차권 B(전입 2018.10)	7,000	(7,000)	③ 2,700
임의경매 K 신청금액	1억 5,000		

※ 임차인 B씨는 2011년의 근저당권보다 먼저 우선변제를 받지 못하고, 2018년 9월 설정된 근저당권에 대해서는 그 당시 법령에 따라 근저당권보다 앞서 2,700만 원을 우선변제받는다.

순위우선(최우선 포함) 후 가압류 일반채권의 경우

배당 총액: 2억 6,200만 원 단위: 만 원

등기부상 권리들	채권액	배당액
근저당권(2006)	1억 4,000	② 1억 4,000
가압류(일반채권)	1억 5,000	④ 7,500(1억 5,000 중)
주택임차권(전입 2018. 4.) A	6,000	① 2,700 + ③ 700
강제경매 A 신청금액	6,000	④ 1,300(2,600 중)

※ 근저당권에 앞서 임차인은 2,700만 원을 우선변제받는다. 그다음 근저당권이 배당을 받고, 임차인은 다시 가압류에 앞서 소액우선변제 일정액 3,400만 원에 도달하도록 700만 원(3,400만 원-2,700만 원)을 추가로 우선변제받은 후 가압류와 잔여 보증금 미회수액이 안분배당된다.

※ 소액우선변제는 저당권이 여럿인 경우 1번 저당권보다 먼저 2,700만 원 소액우선변제를 받은 다음, 2번 저당권 배당 전에 소액은 3,400만 원을 우선변제받을 수 있는데, 2,700만 원을 이미 받았으므로 차액 700만 원을 추가로 소액우선변제받음으로써 결과적으로 3,400만 원을 우선변제받게 되는 것이다 (표14 참조).

가압류가 가장 먼저 순위로 등기된 경우

1) 가압류, 압류 채권만 있는 경우

배당 총액: 2억 1,000만 원

단위: 만 원

등기부상 권리들	채권액	배당 참여 채권액	배당액
가압류	1억 2,000	1억 2,000	6,000
가압류 K	1억 3,000	1억 3,000	6,500
압류	1억 6,000	1억 6,000	8,000
강제경매 K	1억 4,000	1,000	500

※ 금액은 2억 1,000만 원이고 배당에 참여한 채권 총액은 그 2배에 해당하는 4억 2,000만 원이므로 각 채권의 2분의 1씩 배분 배당한다.

2) 가압류 후 근저당권이나 순위우선변제 임차권의 경우

① 배당 총액: 1억 5,000만 원

단위: 만 원

등기부상 권리들	채권액	배당액
가압류 K	1억 2,000	6,000
근저당	1억 8,000	9,000
강제경매 K 신청	1억 2,000	

※ 가압류는 근저당권보다 선순위이지만 동순위로 안분배당

② 배당 총액: 1억 6,000만 원   단위: 만 원

등기부상 권리들	채권액	배당액
가압류 K	1억 4,000	7,000
주택임차권(전입, 확정)	1억 8,000	9,000
강제경매 K 신청	1억 4,000	

※ 가압류가 상대우선변제 임차인보다 선순위이지만 동순위로 안분배당

3) 가압류 후 순위우선변제 후 각종 채권 순위 유형 1

배당 총액: 2억 1,700만 원   단위: 만 원

등기부상 권리들	채권액	배당 참여 채권액	1차 안분	흡수	흡수 후 배당액
가압류 K	2,000	2,000	1,400		1,400
근저당 K	5,000	5,000	3,500	+1,500	5,000
주택임차권(전입, 확정)	1억 6,000	1억 6,000	1억 1,200	+4,100	1억 5,300
가압류	8,000	8,000	5,600	-1,500, -4,100	0
임의경매 K 신청	5,000				

4) 가압류 후 순위우선변제 후 각종 채권 순위 유형 2

배당 총액: 2억 2,020만 원   단위: 만 원

등기부상 권리들	채권액	배당 참여 채권액	소액 우선변제	우선변제 후 채권 잔액	1차 안분	흡수	흡수 후 배당액
가압류	1억 2,000	1억 2,000		1억 2,000	4,800		4,800
근저당 K (2017)	1억 5,000	1억 5,000		1억 5,000	6,000	+8,520	1억 4,520

가압류	1억 6,000	1억 6,000		1억 6,000	6,400	-6,400	0
주택임차권 (전입,확정) (2017)	8,000	8,000	① 2,700	5,300	2,120	-2,120	2,700
임의경매 K	1억 5,000						

배당 계산 실수로 과다한 인수 금액 부담

경기도 광주시 다가구주택의 배당 사례

경기도 광주에 있는 이 다가구주택은 감정가가 7억 1천만 원으로, 인수해야 할 선순위 임차인의 보증금이 클 것으로 예상되어 2차례 유찰 후 49%까지 저감되어 최저경매가가 3억 4,790만 원인 상황에서 3억 5,100만 원에 H씨에게 낙찰되었다. H씨에게 낙찰되기 전에 타인이 6억 4,100만 원에 낙찰받았다가 임차인의 배당 계산 오류로 예상보다 많은 보증금액을 인수해야 함을 뒤늦게 알고 낙찰자가 부동산 인수를 포기하는 바람에 다시 경매로 나온 물건으로 보인다.

이 물건은 사실 배당 계산을 잘못해서 결과적으로 경매를 통해 낭패를 본 사례다. H씨가 배당 계산을 제대로 했다면 임차인의 보증금 3억 6,437만 원을 인수해야 한다는 사실은 물론 낙찰금액과 인수금액을 합하면 총 매수금액이 7억 1,537만 원이라는 사실을 알 수 있었을 것이다. 이는 시세인 6억 원을 훨씬 상회하는 금액인데, 배당 계산을 잘못해 시세보다 1억 원이나 비싸게 산 것이다. H씨가 시세조사를 누락한 것도 실패의 한 요인이라고 볼 수 있다.

이 부동산은 건물과 토지의 등기부 내용이 달랐는데, 토지등기부상에만 2011년 11월 30일자로 채권최고액 3억 9천만 원(실채권액 3억 4천만 원)의 근저당권이 설정되어 있고, 건물등기부상에는 근저당권이 없고 2015년 3월 이후 가압류, 압류 등기가 4건 있었다. 참고로 감정가 중 건물의 안분비율

은 62.1%, 토지의 안분비율은 37.9%였다.

매각대금과 부대수입금(전 낙찰자로부터의 몰수금 등)을 합한 배당 대상 금액 3억 7,760만 640원을 당초 건물 부분과 토지 부분 감정가 비율로 안분하면 토지는 1억 4,311만 원(3억 7,760만 640원×37.9%, 단수 절사), 건물은 2억 3,449만 원(3억 7,760만 640원×62.1%)이다.

이 다가구주택의 임차인은 모두 11명이었는데, 이들 중 9명은 가압류보다 빠른 선순위였다. 낙찰자 H씨가 인수할 금액과 낙찰대금을 합한 총매입비용을 알기 위해서는 이 임차인들에게 배당될 금액을 정확하게 계산할 수 있어야 한다. 그런데 과연 낙찰자 H씨는 총매입비용을 정확하게 계산했을까?

이렇게 토지와 건물에 대한 배당 대상 채권자가 각각 다른 경우는 배당 계산이 매우 복잡하다. 이 사례의 경우 토지, 건물 양쪽에서 배당받을 채권과 순위가 뒤섞여 있어서 더 혼란스러운 상황이었기에 매우 정밀하게 계산하지 않으면 배당에 큰 오류가 발생할 수 있었다.

이 부동산경매에서 배당받을 채권은 당해세(토지와 건물 모두에서 배당)와 토지의 근저당권(토지에서만 배당), 소액우선변제 채권(건물에서만 배당), 확정일자 순위우선변제 채권(토지와 건물 모두에서 배당), 가압류·압류 채권(토지와 건물 모두에서 배당)으로 다음 표와 같다.

배당받을 채권	토 지	건 물
1순위	당해세의 37.9%	소액우선변제 3건
2순위	토지 근저당 3억 9천만 원 중 토지 배당 잔액 전액	당해세의 62.1%
3순위 ~	순위우선변제 임차보증금 (2순위에서 배당금 소진으로 배당 0원)	순위우선변제 임차보증금
나머지 순위	가압류, 압류 등(배당 0원)	가압류, 압류 등(배당 0원)

결국 토지 매각대금에서는 세금과 저당권이 배당받고 나면 잔여액이 없고, 건물 매각대금에서는 소액우선변제금과 당해세, 순위우선변제 채권 순서로 배당을 받게 된다.

3억 5,100만 원과 앞서 전 낙찰자가 대금을 납부하지 않고 부동산 인수를 포기하는 과정에서 몰수해 두었던 보증금의 일부를 합친 금액 3억 7,760만 640원(안분 후 640원 절사)으로 배당을 하면 그 계산은 다음과 같다.

1. 토지 매각대금 배당

토지 부분 배당에 쓰일 금액 1억 4,311만 원은 광주시의 당해세 300만 원 중 37.9%에 해당하는 113만 7,000원이 1순위로 배당받고, 토지에만 해당되는 저당권이 2순위로 나머지 금액 1억 4,197만 3,000원(저당권 채권액은 3억 4천만 원)을 전부 배당받으며, 순위우선변제 임차보증금은 순위에서 밀려 배당을 받지 못한 채 토지 부분의 배당은 끝난다.

2. 건물 매각대금 배당

임차인들은 토지와 건물 양쪽에서 배당받는 것이 원칙이다. 하지만 나대지 당시 토지에 저당권이 설정되었을 때는 토지 부분에서는 소액우선변제를 받지 못하고, 건물에서만 우선배당을 받는다. 따라서 '소액임대차 적용 보증금 범위와 우선변제 일정액' 6차 개정 기준 소액임대차에 해당하는 임차인들이 1차 소액우선변제를 받는다(표 14 참조). 그 후 잔여액에 대해 확정일자를 받은 임차인이 확정일자 순위에 따라 건물 매각대금 배당에 참여할 수 있다.

건물 부분의 배당에 쓰일 금액 2억 3,449만 원은 다음의 배당 순위 및 배당금 표와 같이 배당된다.

건물 매각대금 배당 순위 및 배당금

건물 매각대금 배당 금액 234,490,000원

단위: 만 원

건물등기부상의 권리들	채권액	1차 소액 우선	2차 순위 우선	미배당
★12. 7. 24. 임봉○ 확정	8,000		②8,000	0
★12. 7. 28. 정만○ 확정	4,500	①1,900	③2,600	0
★12. 9. 5. 김현○ 확정	4,000	①1,900	④2,100	0
★12. 11. 14. 김승○ 확정	7,500		⑤4,863	2,637
★13. 4. 11. 이옥○ 확정	3,700	①1,900		1,800
★13. 6. 8. 강성○ 확정	6,500			6,500
★14. 4. 16. 김동○ 확정	7,500			7,500
★14. 7. 30. 유동○ 확정	11,000			11,000
★14. 8. 13. 이학○ 확정	7,000			7,000
15. 3. 25. 우리은행 가압류	12,180			12,180
15. 4. 24. 마을금고 가압류	19,570			19,570
15. 5. 27. 이동○	3,500			0
15. 7. 14. 김명○ 확정	5,500			
15. 9. 14. 광주시 압류 (체납추정액 당해세)	300		①186	

위의 표와 같이 배당한 결과 선순위 세입자들이 배당받지 못한 보증 금액은 총 3억 6,437만 원으로, 이는 매수인이 인수해야 할 금액이다. 배당 계산을 세밀하게 할 줄 알았다면 H씨는 해당 물건에 대해 당연히 응찰을 피했을 것이다.

제4부

기타 권리별
권리분석
심층 해설

1장

등기부상의 권리분석

●●●

등기부상에는 기본적 물권인 소유권 외에도 소유권을 제한하는 물권이 있고, 임차권 등기청구권 등 물권이 아닌 부동산 소유권자에 대한 채권이지만 이를 등기함으로써 이후에 발생하는 다른 권리자들에게 대항할 수 있도록 하는 채권이 있는가 하면, 권리는 아니지만 보전처분, 즉 소유권에 대한 처분을 금지시키는 효력이 있는 가처분등기 등도 있다. 등기부상의 권리분석을 한다는 것은 새로 부동산 소유권을 취득할 때 위와 같은 권리나 보전처분 등의 권리를 떠안게 되느냐 마느냐 여부를 분석하는 것이다.

4부에서는 권리의 유형별로 먼저 물권에 대한 권리분석과 등기한 채권에 대한 권리분석, 보전처분과 관련된 권리분석으로 나누어 알아보기로 한다. 등기부상 권리분석에 앞서 부동산등기부를 제대로 볼 줄 알아야 하므로 먼저 부동산등기부에 대해 공부하도록 한다.

●●●

등기부상의 권리분석

부동산등기부의 이해

등기부는 등기 제도에 의해 기록된 장부로, 기본적으로 토지 등기부와 건물 등기부로 나뉜다. 여기서는 등기 제도의 의의부터 등기의 종류, 등기부의 구조, 등기사항 등 등기부에 관해 종합적으로 다룬다. 특히 집합건물의 대지권등기에 대해 중요하게 다루고자 한다. 등기부에 대해 완전히 이해하고 있으면 권리분석을 하는 데 많은 도움이 될 것이다.

⌂ 등기 제도의 의의

등기 제도는 부동산과 관련된 물권과 일정한 채권을 공시하여 그 권리를 모든 사람들이 알 수 있도록 함으로써 안전하고 신속하게 부동산 물권 거래를 할 수 있도록 하는 법적 제도이다.

어떤 권리가 부동산상에 존재하는지를 알 수 있을 뿐만 아니라, 각 권리의 내용, 권리의 성립 시기가 표시되어 있어 권리 실행으로 권리 간 충돌이 있을 때 그 순위 여부를 확인할 수 있다.

등기부에는 권리 이외의 특정 권리, 주로 소유권에 대한 가압류, 가처분의 보전조치를 기입하기도 해 해당 부동산의 권리가 어떤 제약을 받고 있는지도 알 수 있다.

🏠 등기의 종류 및 등기사항, 등기의 효력

등기부에 표시되는 권리

1) 등기 대상 권리

① 갑구(甲區): 소유권

② 을구(乙區): 지상권, 지역권, 전세권, (근)저당권, 권리질권, 채권담보권(2012년 6월 11일부터 시행), 임차권·주택임차권·상가임차권

2) 등기사항

① 보존·설정·대지권등기

② 이전등기: 매매, 매각, 상속, 유증, 증여, 교환, 판결, 수용 등에 의한 일반이전등기, 지분이전등기

③ 특수이전등기: 양도담보, 신탁

④ 소멸등기

⑤ 권리의 처분제한 등기: (가)압류, 가처분, 기타 보전처분

⑥ 권리의 보존 목적 등기: 가등기, 환매특약등기

⑦ 집행 절차 공시: 경매기입등기, 화의, 법정관리, 파산절차 개시등기

⑧ 예고등기(2011년 10월 13일 이후 폐지)

⑨ 변경등기: 등기 내용의 경정 및 일부 변경등기

등기부의 종류

우리나라에서 토지와 건물은 별개의 독립적 부동산으로 취급되어 원칙적으로 각각 따로 등기의 대상이 된다. 등기부의 종류는 다음과 같다.

1) 토지 등기부

공간정보의 구축 및 관리에 관한 법률에 의해 인위적으로 경계를 나눈 토지에 지번을 부여한 단위 토지인 필지별로 편제된 등기부

2) 건물 등기부

① 건물의 개념 규정

건물이란, 벽과 지붕을 갖춘 건축물로 쉽게 해체, 이동이 안 되는 것

② 등기 단위

물리적 구조상 독립적인 건물 또는 건물군으로, 이용과 거래에 있어서 통념상 독립성을 인정할 수 있는 부분을 놓고 그 단위에 대해 어느 정도 소유자의 의사에 따라 세분 또는 통합한 단위

3) 집합건물 등기부

① 집합건물

1동의 건물이 구조상 구분된 여러 독립된 공간으로 사용될 수 있을 때 그 각 공간을 '전유부분', 그 건물 전체를 '집합건물'이라 한다.

② 대지권

전유부분 소유권자가 건물을 소유하기 위해 대지에 대해 갖는 권리를 '대지사용권'이라 한다. 전유부분 소유자는 집합건물 대지 전체를 다른 구분소유권자들과 함께 공동으로 이용할 수 있다. 대지는 전유부분 면적 비율에 따라 공동으로 소유하는 형태로, 각 구분소유권자의 건물 부분과의 일체성으로 인해 원칙

적으로 분리 처분과 지분 증감이 안 되도록 등기해야 하는데, 이를 '대지권등기'라 한다. 대지권등기를 하면 토지 등기부에는 대지권으로 제공된 대지권 취지의 등기가 설정되고, 이후 대지권이 구분건물과 함께 권리가 변동될 때에는 토지 등기부에는 등기 기록을 하지 않는다.

등기부의 구조

1) 구조

부동산을 특정화할 수 있게 하는 부동산 현황을 등기하는 표제부와 부동산의 권리관계를 등기하는 권리사항 부분으로 나뉜다(본문 284쪽 예시 1, 286쪽 예시 2 등기부 참조).

2) 표제부

'표시번호'란과 표시 내용 부분란이 있는데, 표시 내용 부분은 전산화 이후 다시 접수일자, 소재지번 및 건물번호, 건물내역, 등기원인 및 기타사항을 기재하도록 하고 있다.

① 토지 등기부의 표제부

일련번호 및 등기신청의 접수일자 표시와 당해 토지를 특정화하는 소재지번, 지목, 면적을 표시한다. 예시 2 토지 등기부등본을 보면 '소재지번'란에 '서울특별시 용산구 후암동 ○○○', '지목'란에 '대', '면적'란에 '198㎡'라고 표시된 것을 볼 수 있다.

② 건물 등기부의 표제부

• 소재지번과 건물내역인 벽체와 지붕의 종류, 건물의 종류, 면적을 표시한다.

• 여러 층의 경우 층별로 면적과 종류를 표시하고, 부속건물은

하단에 주 건물과 같은 방식으로 표시한다.

③ 집합건물 등기부의 표제부

전유부분과 전유부분이 속한 건물 전체를 각각 같이 표시함으로써 연결관계를 알 수 있게 한다.

- 표제부 1(1동 건물의 표시와 건물의 대지권물적 토지의 표시)

  소재지번, 건물명칭 및 번호, 건물내역, 기타사항을 표시한다. 건물내역은 벽체, 지붕의 종류, 층수, 건물의 종류, 층별 면적(층별로 건물 종류가 다르면 각각의 면적)과 종류, 부속건물을 표시한다. 그리고 1동 건물의 대지에 관한 소재지번(여러 필지일 경우 열거), 지목, 면적과 기타사항을 표시한다. 예시 1 집합건물 등기부등본을 보면 '소재지번, 건물명칭 및 번호'란에 '서울특별시 용산구 후암동 ○○○, △△빌라'라고 기재하고, '건물내역'란에 구조와 종류, 면적을 표시한 것을 볼 수 있다.

- 표제부 2(전유부분의 건물표시와 전유부분 건물의 대지권표시)

  '건물번호'란에 층과 호수를, '건물내역'란에 벽체 구조 및 전용면적을, '대지권의 표시'란에 대지권의 종류와 대지권의 비율, 기타사항을 적는다.

3) 권리사항

권리의 득실 변경에 관한 사항과 보전처분으로 인한 권리제한, 권리보전과 절차개시 등 현재의 권리관계 등기사항을 기재하는 부분으로, 갑구와 을구로 구분되어 있다. 갑구에는 소유권에 관한 권리관계를 표시하고, 을구에는 소유권 이외의 권리(지상권, 지역권, 전세권, 저당권, 권리질권, 임차권)관계를 표시한다. 예시 2 토지 등기부의 '등기목적'란에 각종 권리관계의 발생·이전·변경·말소 등 권리등기를,

'접수'란에 등기신청 서류의 접수일자와 접수번호를, '등기원인'란에 권리관계 사항을, '권리자 및 기타 사항'란에 권리자의 성명, 인적사항 및 기타 등기에 표시할 사항을 기재한 것을 볼 수 있다.

① '사항'란 항목

이해를 돕기 위해 권리 내용을 등기하는 '권리사항'란인데, 보통 '사항'란이라고 한다. '순위번호'란과 '사항'란으로 나뉘고 '사항'란은 다시 등기목적, 접수, 등기원인, 권리자 및 기타사항으로 칸을 나누어 기재한다.

• 순위번호: 등기한 순서의 일련번호로, 이 순서에 의해 등기권리 순위의 확정적 효력이 발생한다.

※ (전××)의 표시는 전산화되기 전 등기부에서 말소사항을 빼고 유효한 등기만 옮겨 적어 등기부를 정리하는 경우, 권리의 이기(移記) 전 구 등기부의 순위번호를 의미한다.

• 등기목적: 어떤 등기를 하는지, 즉 등기의 내용을 기재한다. 예컨대 권리의 보존, 설정, 이전, 변경, 말소 등이 등기목적이다.

• 접수: 접수일자와 접수번호를 기재한다. 등기의 선후는 접수일자와 접수번호를 기준으로 결정된다.

• 등기원인: 등기할 사항에 관하여 권리변동 등의 원인이 되는 법률행위, 기타의 법률사실을 '등기원인'이라고 하는데, 권리변동 원인인 계약 등과 상속 등 법률사실의 등기원인에 관한 내용과 그 발생일자를 기재한다.

• 권리자 및 기타사항: 권리자의 신원을 나타내는 주민등록번호와 주소를 기재하고, 권리의 내용 등 등기사항 중 보충해야 할 사항을 기재한다.

등기의 종류

1) 등기의 형식에 따른 분류

① 주등기

부등기에 대응되는 등기로, 등기 순서에 따라 독립된 순위번호
를 부여하는 통상의 등기

② 부기등기

독립된 순위번호를 갖지 않고 기존 등기의 순위번호에 부번호
를 붙여서 그 일부를 변경하는 등기를 말한다. 일정한 등기의 경
우 기존의 주등기와 관련이 있는 것으로, 그에 대한 내용의 일
부 변경사항만 주등기 순위에 부번을 붙여 부기등기하면 그 부
기등기로 변경된 주등기의 효력이 당초 주등기 시점으로 소급
되어 발생한다. 일부 내용 변경 또는 경정의 등기, 소유권 이외
의 권리 이전등기가 있다.

부기등기를 할 때 기존의 주등기보다 후순위 등기가 있을 경우,
그 후순위 등기권리자의 동의가 필요하다. 다만 부기등기가 기
존 주등기의 권리이전 부기등기일 때는 후순위 등기권리자의
동의가 필요 없다.

2) 능기의 효력에 따른 문류

① 종국등기: 권리 득실 변경의 효력이 바로 발생

② 예비등기: 권리변동의 예정 또는 가능성을 예고하는 등기

- 가등기: 장차 종국등기 요건 구비 시 '본등기 예정의 등기청
  구권 있음'을 공시하는 등기로, 본등기 시 권리순위는 가등기
  의 시점으로 소급되는 순위보전 효과가 있다.

- 예고등기: 등기원인이 무효 또는 취소를 주장하며 등기의 말

소 또는 회복의 소를 제기한 경우, 법원이 제3자에게 이를 경고하기 위해 촉탁으로 등기하는 것이다. 예고등기는 2011년 4월 12일 폐지되었으나 아직도 예고등기가 남아 있는 경매물건을 종종 볼 수 있다.

3) 등기의 기재 내용에 따른 분류

① 기입등기: 새로 등기사항을 기입하는 일반적인 등기

② 말소등기: 원시적 또는 후발적으로 등기의 내용과 일치하지 않는 법률관계가 있는 경우, 이에 관한 기존 등기를 삭제하는 등기

③ 회복등기

기존 등기가 부당하게 소멸된 경우, 이를 본래대로 원상 복구하는 등기를 말한다. 이에는 멸실회복등기와 말소회복등기가 있는데, 재해 등으로 등기부의 전부 또는 일부가 멸실된 경우에 권리를 증명하는 등기신청 등에 의해 이를 회복하는 등기를 '멸실회복등기'라 하고, 등기의 전부 또는 일부가 부적법하게 말소된 경우에 이를 회복하는 등기를 '말소회복등기'라 한다.

④ 광의의 변경등기

변경등기란, 등기의 일부가 실체 관계와 불일치하는 경우 이에 대한 기존 등기에 해당되는 일부분을 변경하는 등기로, 여기에는 경정등기와 협의의 변경등기가 있다.

⑤ 협의의 변경등기

• 부동산 표시의 변경등기

  - 토지의 경우 면적 증감, 지목 변경, 소재지 명칭과 지번 변경
  - 건물의 경우 종류(용도 변경) 또는 구조 변경, 면적 증감 또는 부속건물 신축, 소재지 명칭과 지번 변경

- 대지권의 변경등기
  - 협의의 대지권 변경등기
    - ㄱ. 구분건물과 일체성 있는 대지권이 생긴 때. 예컨대 건물이 소재하는 토지 이외의 토지를 건물의 대지로 추가하는 규약을 설정하고, 대지사용권을 전부 또는 일부 분리 및 처분할 수 있도록 혹은 없도록 하는 규약을 설정한 때
    - ㄴ. 종래 구분건물과 일체성 있는 대지권으로 등기되어 있던 대지사용권이 그러한 일체성이 없는 것으로 되는 때. 예컨대 규약상 대지에 관한 규약을 폐지하거나 분리, 처분을 인정하는 규약을 설정한 때
    - ㄷ. 구분건물과 일체성 있는 것으로 등기돼 있는 대지권의 목적인 토지에 합필(合筆)이나 분필(分筆) 등과 같이 변경이 생긴 경우
    - ㄹ. 구분건물과 일체성 있는 대지권으로 등기된 대지사용권이 타인에게 귀속된 때

⑥ 분할합병등기

- 토지 분필등기: 분필된 토지상 권리가 분필 후 생긴 필지에 그대로 옮겨져 양 필지에서 기존의 모든 권리가 유지된다.
- 토지 합병등기: 두 토지 모두 동일 소유자에 속한 때, 권리관계가 동일한 때에 한해 합병등기가 가능하다.
- 건물 분할등기: 별개 동으로 되어 있으나 법률상 1등기부상 건물 중에서 분할등기에 의해 별개의 동으로 나누는 것
- 건물 구분등기: 1동의 건물 중 2개 이상의 경제적·물리적 독립성이 있는 건물부분을 구분등기함으로써 법률상 별개의

건물로 나누는 것

- 건물 합병등기: 분할 후 합병, 구분 후 합병하는 것으로, 두 건물이 동일 소유자에 속하고 권리관계가 동일할 때

⑦ 경정등기

기존 등기가 당초 등기절차(신청 혹은 등기부 기입)에 있어서 원시적으로 착오 또는 오류가 있고, 이로 인해 등기사항과 실체 관계가 불일치할 경우, 이를 고치기 위해 기존 등기의 해당 부분을 보충 또는 정정하는 등기로, 이는 부기등기로 한다. 표제부의 경정등기, 권리사항 부분의 경정등기, 대지권의 경정등기가 있다.

등기의 효력

1) 권리변동적 효력

법률행위로 인한 부동산 물권의 득실 변경은 등기를 해야 비로소 그 효력이 생긴다. 이를 등기의 '권리변동적 효력'이라 한다. 등기의 권리변동적 효력은 등기의 효력 중 가장 중요한 것이라 할 수 있다.

2) 대항요건으로서의 효력

일반채권이나 물권 등기를 하지 아니한 권리의 경우, 그들 사이의 권리와 의무는 당사자 간에만 효력이 있는 것이 원칙이다. 그러나 이러한 관계를 등기함으로써 당사자 이외의 제3자에게도 대항할 수 있는 권리가 생기는 경우도 있다. 예를 들어, 소유권의 이전등기, 환매특약의 등기, 지상권, 지역권, 전세권, 저당권, 임차권 등 모든 등기는 등기를 함으로써 제3자에게 대항력(권리효력)이 생기게 된다.

3) 순위확정적 효력

동일한 부동산에 대해 설정된 여러 권리의 순위관계는 법률에 다른

규정이 없는 한 등기의 전후 또는 선후에 의해 정해진다. 등기부에서 권리사항은 2개의 구로 나뉘는데, 소유권을 기재하는 갑구와 소유권 이외의 권리를 기재하는 을구가 그것이다. 갑구, 을구 중 같은 구의 등기 간에는 순위번호에 의해, 각각 다른 구에 있는 등기 간에는 접수번호에 의해 순위가 정해진다. 그리고 부기등기의 순위는 주등기의 순위에 의하며, 부기등기 상호 간의 순위는 그 전후 혹은 선후에 의한다. 이와 같이 권리사항에 대한 등기는 위의 원칙에 의해 순위가 확정된다.

4) 점유적 효력

등기부에 소유자로 등기되어 있는 자가 10년간 자주점유(소유의 의사로 부동산을 점유)한 때는 소유권을 취득한다. 등기부 취득시효[22]에 있어서 등기는 동산의 취득시효에 있어서 점유와 같은 효력을 가진다.

5) 권리 추정력

등기가 있으면 그에 대응하는 실체 관계가 존재하는 것으로 추정한다.

6) 등기의 공신력 문제

등기의 공신력이란, 등기를 신뢰하고 기재한 자를 보호하기 위해 설사 그 등기가 진실한 권리관계에 합치하지 않는다 할지라도 그 사람의 신뢰가 보호되는 등기의 효력을 말한다. 그런데 우리나라 부동산등기는 사실 공신력이 없다. 그 결과 등기를 믿고 거래했다가 그 등기가 실체 관계에 부합하지 않을 때, 이를 믿고 거래한 자는 권리를 취득하지 못하게 되고, 등기를 했다 하더라도 권리를 빼앗길 수 있다.

7) 가등기의 순위보전적 효력

가등기에 기하여 본등기를 한 때에 본등기 순위는 가등기 순위에 의

---

22) 시효취득할 수 있는 점유 및 권리 행사 기간을 말한다.

한다. 즉, 본등기의 효력은 본등기를 실행한 때로부터 발생하는 것이나, 그 순위를 결정하는 기준은 가등기 시기로 소급한다. 그 결과 가등기 이후에 설정된 제3자의 권리에 관한 등기, 소위 중간처분의 등기는 본등기의 권리를 침해하는 한도에서 그 효력이 상실된다.

🏠 집합건물의 대지권등기

대지사용권

대지사용권이란, 집합건물의 구분소유자가 건물의 전유부분을 소유하기 위해 대지에 대해 갖는 권리이다. 이 권리에는 소유권을 비롯해 지상권, 임차권, 법정지상권, 물상사용권이 있고, 드물게는 전세권도 있을 수 있다. 그런데 토지 사용 승낙이나 등기청구권은 여기에 포함되지 않지만 토지가 보존등기되는 경우의 소유권보존등기청구권은 대지사용권에 포함된다.

만약 신축하는 집합건물이 완성되기 전 집합건물의 구분건물 소유자들이 토지상에 공동소유권, 단독소유권 등을 가지고 있었다면 집합건물이 완성되는 순간 그 공동소유자, 단독소유자는 대지사용권을 갖게 된다. 그리고 더 이상 토지상 소유권은 없어지면서 대지사용권으로 변경되어 집합건물의 구분건물과 분리해서 처분할 수 없게 된다.

대지권 종속

대지사용권을 대지권등기하여 건물과 분리 처분할 수 없는 대지사용권임을 공시한다. 대지권이 발생하면 그것은 건물 전유부분에 종속된

권리가 된 것이다. 분양자, 수분양자, 전전취득자를 불문하고 구분소유
자가 대지사용권을 획득하는 순간 대지권이 발생하는 것이며, 이는 등
기를 하지 않더라도 마찬가지다. 이때부터 전유부분의 건물만 처분하
거나 대지권만 따로 처분할 수 없다.

대지권등기는 집합건물 등기부 표제부의 '대지권의 목적인 토지의
표시'란과 '대지권의 표시'란에 기재하며, 대지권등기와 동시에 토지
등기부의 권리사항 난(소유권 대지권의 경우 갑구)에 대지권이 표시된다.

[표 25] 대지권 특수 공유와 일반 공유의 차이

	대지권을 위한 공유 형태	일반 공유 형태
지상건물과 공유지분 연결성	지상건물 전유부분의 크기에 비례해 공유지분 정해짐	지상건물과 전혀 무관하게 공유지분 정해질 수 있음
지상건물과의 일체성	○ 항상 함께 처분, 등기부에 전유 부분과 묶어놓음	x 따로따로 처분 가능, 건물 등기부토지 등기부 각각 따로 존재
공유지분 증감 가능성	증감 불가	증감 가능

집합건물 등기부 대지권등기

구분건물에 대지권이 있을 때는 '1동의 건물의 표시'란과 '전유부분 건
물의 표시'란의 '등기원인 및 기타사항'란 또는 하단에 대지권 내용을
다음과 같이 기재해 대지권이 구분건물과 한 묶음의 부동산이 되었음
을 알 수 있도록 한다.

1) 대지권 기재 내용

① 1동의 건물의 표제부: 대지권 대상 토지의 소재지번, 지목, 면

적, 대지권 등기신청일

② 전유부분 건물의 표제부: 대지권의 종류, 대지권 비율, 대지권
등기신청일

집합건물 대지권 일체성의 원칙

[표 26] 토지 등기부와 건물 대지권 일체 등기부 비교

	토지 등기부	건물, 대지권 일체 등기부
	대지권등기 후	일체로만 등기 가능
원칙	• 토지 등기부에는 등기 불가 • 소유권 이전 안 됨 • 지상권, 임차권, 전세권 대지인 경우 → 이들 권리의 이전, 소멸 안 됨 • 토지에 저당 안 됨	• 구분하여 등기 불가 • 건물만의 소유권 이전 안 됨 • 건물만 저당 안 됨 • 대지권에만 저당 안 됨
예외	• 대지권등기 전 혹은 드문 경우 등기 후라도 등기 가능 • 대지권 발생 전 토지 저당 실행 가능 (현재는 대지권 발생 후라도 가능) • 토지만 소유권 분쟁 가처분 → 판결 후 소유권 변동 가능 • 소유권 대지권인 경우 → 구분지상권, 일부 임차권 설정 가능 • 일부 지분만 대지권 가능 → 대지권 이외 지분 처분 가능 • 지상권, 임차권, 전세권, 대지권의 경우 → 소유권에 대한 저당 설정 가능	• 대지권등기 전 혹은 드문 경우 등기 후라도 건물과 대지권에 따로 등기 가능 • 대지권등기 전 건물만 설정 • 당시 대지권등기 가능한 경우 일괄 경매 가능 • 건물만 소유권 분쟁 가처분 → 건물만의 소유권 인정 가능 • 전유부분에만 전세권 설정 등기 가능 (일반 임차권등기도 가능)

토지 등기부 대지권 취지의 등기

집합건물의 대지에 관한 토지 등기부에는 토지 소유권 등의 권리가 각 구분건물 소유자들이 (준)공유하는 형태로 이미 이전 및 설정된 권리가 당해 집합건물에 대지권으로 권리가 확정 변동되었다는 취지의 등기를 한다.

토지 등기부에 소유권 대지권을 기재할 때는 '등기목적'란에 소유권 대지권(대지 일부가 대지권인 경우 그 지분을 표시)을 기재하고, '권리자 및 기타사항'란에 소재지와 건물의 명칭을 기재한다. 대지권 지분을 공유한 구분소유자의 이름을 일일이 적는 대신 표시 건물이 '소유권 대지권'을 가졌다는 표시만 한다.

🏠 집합건물의 토지 별도등기와 대지권 미등기

토지 별도등기의 문제

대지권이 성립하기 전에 대지에 대해 근저당권이나 가압류, 가처분, 가등기 등이 존재한다면, 그 문제들을 해결하고 가야 한다. 그렇지 않으면 각 권리들로 인해 대지권을 잃게 되거나 소유권이 타인에게 넘어가는 등 심각한 상황이 발생할 수 있다. 가처분, 가등기로 인한 토지 별도등기 때문에 대지권을 잃게 될 수도 있고, 가압류나 근저당권의 경우는 채권액만큼 구분소유자 전원이 지분 비율대로 채권액을 부담하고 이를 변제하지 않으면 대지권을 잃게 될 수도 있는 것이다.

담보물권으로 인해 토지가 별도등기된 집합건물 경매 시 토지의 근저당권자 등이 배당에 참여하게 되면 해당 구분소유 부분에 대한 근저당권을 소멸시켜 낙찰자로서는 근저당권 문제가 해결된 상태의 대지권을 취득하게 된다. 매수인 앞으로 소유권이전등기를 할 때 집합건물 등기부상에는 전유부분 표제부의 대지권에 표시되어 있던 토지 별도등기가 말소되고, 토지 등기부의 을구에는 해당 근저당권의 구분소유 부분에 대해 지분 포기를 한다는 내용이 부기등기된다.

그런데 가처분, 가등기로 인해 토지가 별도등기된 집합건물 경매 시에는 경매 절차에서 말소되지 않고 대지권에 토지 별도등기로 그대로 남아 있다가 가처분, 가등기한 등기청구권자가 대지사용권 부분의 소유권을 본등기로 취득하게 되면 대지권이 있던 집합건물은 대지권과 분리되어 별도 처분 가능한 대지사용권으로 바뀌어 가처분, 가등기한 사람에게 그 소유가 넘어갈 수 있다.

가처분, 가등기 문제로 인해 토지 별도등기를 하게 되면 대지권 없이 건물만 소유하게 되는 심각한 상황을 야기할 수 있다. 결과적으로 건물만 소유하게 된 건물 소유자는 잃어버린 대지사용권을 다시 찾아 온전한 집합건물로 만들기 위해 토지매입비용을 부담해야 한다.

또 토지의 지상권, 지역권으로 인한 토지 별도등기도 있는데, 이때는 집합건물의 대지에 집합건물을 건축하기 전 나대지인 상태에서 그 부지에 지상권, 지역권을 설정했던 것이다. 지상권, 지역권 때문에 집합건물에 대한 권리 행사에 제한이 생기는 경우에는 그 제한되는 내용을 살펴 상황이 심각하다면 입찰을 피해야 한다. 하지만 지하철이나 기존의 도로를 넓히기 위해 토지 일부에 관할관청 앞으로 설정된 지상권 등은 실질적으로 문제가 되지 않는 경우가 대부분이다.

토지 별도등기가 된 집합건물이 경매로 나온 경우 매각물건명세서에 '토지 별도등기의 인수조건'이라고 명시되어 있으면 인수해야 하지만 그렇게 명시되어 있지 않으면 토지 별도등기가 된 집합건물이라 해도 인수하지 않아도 된다.

대지권 미등기의 문제

대지권이 미등기된 아파트, 다세대주택 등을 매매나 경매로 취득하고자

할 때 대지권을 취득하는 경우도 있지만, 대지권을 취득할 수 없어 대지권자로부터 대지권을 별도로 매수해 이전받아야 하는 경우도 있다.

다음과 같은 경우 대지권을 취득할 수 있는데, 다음 경우에 해당되지 않더라도 추후 매매나 경매를 통해 소유권을 이전하기 전까지 전 소유자 앞으로 소유권이전등기가 설정되면 대지권을 취득하게 된다.

[표 27] 대지권 미등기 상태에서 대지권 취득이 가능한 경우

	대지권 취득 가능	비 고
분양자가 전유부분을 소유하고 있는 상태에서 매매경매	• 분양자가 대지사용권 취득 - 이전취득은 등기 필요 - 원시취득, 민법 제187조 사유로 취득한 경우는 등기 불필요	매수자가 향후 소유권 이전을 하기 전까지만 종전 소유자들이 대지사용권 취득해도 가능
수분양자가 전유부분을 소유하고 있는 상태에서 매매경매	• 전유부분을 수분양자에게 이전등기하기 이전에 분양자가 소유권이전등기를 했을 경우나 민법 제187조 사유로 취득한 경우는 등기 없이도 대지사용권 취득 가능※ • 보존등기의 경우는 대지사용권만 취득하면 대지권등기 단독신청 가능	
전전 취득자가 전유부분을 소유하고 있는 상태에서 매매경매	• 전전 취득자에게 대지권등기가 되어 있는 상태	

※ 대지사용권 취득은 외관상으로는 대지의 공동소유권지분을 등기 이전받는 형태임

🏠 대지사용권 이전등기 신청

현 구분소유자의 등기신청

구분건물을 신축해 양도한 자가 대지사용권은 확보했으나 대지권 미

등기인 채 구분건물에 대해서만 소유권을 이전한 경우, 부동산등기법 제60조제1항에 의거해 구분건물의 현 소유자는 등기권리자로서, 그리고 구분건물을 신축·양도한 자는 등기 의무자로서 공동으로 등기신청을 할 수 있다. 등기 의무자에 대한 판결에 의한 경우는 승소한 등기권리자가 단독으로 등기신청을 할 수 있다.

구분건물을 신축·양도한 자로부터 직접 양수하지 않고 대지권 미등기 상태로 전전취득했을 때는 각 단계의 양수인에게 일일이 대지사용권(소유권 지분)을 이전등기하는 과정을 거치지 않고 바로 구분건물의 현 소유자가 한 번에 신축양도인으로부터 소유권을 이전등기하면 된다(구분건물표시변경등기).

양도인이 대지사용권을 확보하고 있는 한 구분건물은 대지사용권과 분리되어 양도될 수 없는 일체성의 원칙에 따라 대지사용권과 소유권이 함께 양도된다. 때문에 굳이 양도 단계마다 대지사용권 이전등기를 하지 않더라도 현 구분건물 소유자에게까지 대지사용권과 함께 소유권이 이전된다. 구분건물 소유권 취득 시 대지사용권인 토지를 포함해 취득한 것이므로 발생되는 각종 세금도 토지 부분과 건물 부분을 모두 포함해 이미 납부한 것이므로 추후 대지사용권 취득 시에는 취득세는 면제된다. 대지사용권은 등기부상에 표시된 바로는 집합건물의 대지에 관한 전 소유권자의 지분 공동소유권인 것 같지만 실상은 건물 취득 시 이미 함께 취득한 것이다. 따라서 이후 구분건물의 소유권이 여러 번 바뀌더라도 부동산등기법 제60조에 따라 구분건물의 현 소유자는 전 소유자들을 거치지 않고 구분건물을 신축한 사람의 협조를 받아 그와 공동으로 바로 대지사용권을 넘겨받는 등기를 할 수 있다.

[부동산등기법]

제60조(대지사용권의 취득) ① 구분건물을 신축한 자는 「집합건물의 소유 및 관리에 관한 법률」 제2조제6호의 대지사용권을 가지고 있는 경우에 대지권에 관한 등기를 하지 아니하고 구분건물에 관하여만 소유권이전등기를 마쳤을 때에는 현재의 구분건물의 소유명의인과 공동으로 대지사용권에 관한 이전등기를 신청할 수 있다.

등기원인과 그 연월일

구분건물을 신축한 자가 집합건물을 신축할 당시 또는 새 구분소유자가 소유권을 이전받기 전까지 대지사용권을 가지고 있는 경우에는 구분건물에 관해서만 소유권이전등기를 마쳐도 대지사용권을 동시에 취득할 수 있다. 이때 등기원인 일자는 전유부분에 관한 소유권이전등기를 마치는 날이며, 대지권 발생일은 추후 대지사용권을 건물 신축자로부터 이전등기하는 날이다. 예를 들어 대지사용권이 있는 집합건물 소유자가 대지권에 관한 등기를 하지 아니하고 구분건물에 관해서만 소유권이전등기를 마치고 추후 현재의 구분소유자 앞으로 대지사용권 이전등기를 하는 경우 대지권 발생일과 대지권등기 신청인은 다음과 같다.

구 분	소유자	소유권 취득일	대지권 발생일	대지권등기 신청인
집합건물	A	2012. 7. 15.		
	B	2012. 8. 15.		
	C	2012. 9. 15.	2012. 11. 15.	D
	D	2012. 10. 15.		
토지	A	2012. 6. 15.		
	D	2012. 11. 15.		

[예시 1]

등기부등본(말소사항 포함) - 집합건물

【표 제 부】			(1동의 건물의 표시)	
표시 번호	접 수	소재지번, 건물명칭 및 번호	건물내역	등기원인 및 기타사항
1	2012년7월6일	서울특별시 용산구 후암동 ○○○ △△빌라	철근콘크리트조 슬라브 지붕 3층 다세대 1층 99㎡ 2층 99㎡ 3층 99㎡	1책 제4면

	(대지권의 목적인 토지의 표시)			
표시 번호	소재지번	지 목	면 적	등기원인 및 기타사항
1	서울특별시 용산구 후암동 ○○○	대	198㎡	2012년7월6일
2				별도등기 있음 1토지(갑구 7번 가압류, 을구 1번 근저당권) 2012년7월6일

【표 제 부】			(전유부분 건물의 표시)	
표시 번호	접 수	건물번호	건물내역	등기원인 및 기타사항
1	2012년7월6일	제1층 제101호	철근콘크리트조 99㎡	1책 제4면

	(대지권의 표시)		
표시 번호	대지권의 종류	대지권 비율	등기원인 및 기타사항
1	1. 소유권대지권	198분의 66	2012년7월6일 대지권 2017년7월6일

【갑 구】			(소유권에 관한 사항)	
순위 번호	등기목적	접 수	등기원인	권리자 및 기타사항
1	소유권보존	2012년7월6일 제1234호		소유자 소태열 511111-******* 서울 용산구 후암동 ○ 제101호

【표 제 부】			(전유부분 건물의 표시)	
표시 번호	접 수	건물번호	건물내역	등기원인 및 기타사항
1	2012년7월6일	제2층 제201호	철근콘크리트조 99㎡	

	(대지권의 표시)		
표시 번호	대지권의 종류	대지권 비율	등기원인 및 기타사항
1	1. 소유권대지권	198분의 66	2012년7월6일 대지권 2017년7월6일
2			별도등기 있음 1토지(갑구 7번 가압류) 2012년7월6일

【갑 구】		(소유권에 관한 사항)		
순위번호	등기목적	접 수	등기원인	권리자 및 기타사항
1	소유권보존	2012년7월6일 제1234호		소유자 김천식 520222-******* 서울 용산구 후암동 ○

【표 제 부】		(전유부분 건물의 표시)		
표시번호	접 수	건물번호	건물내역	등기원인 및 기타사항
1	2012년7월6일	제3층 제301호	철근콘크리트조 99㎡	

		(대지권의 표시)		
표시번호	대지권의 종류		대지권 비율	등기원인 및 기타사항
~~1~~	~~1. 소유권대지권~~		198분의 66	~~2012년7월6일 대지권~~ ~~2017년7월6일~~
2				~~별도등기 있음~~ ~~1토지(갑구 7번 가압류, 을구 1번 근저당권)~~ ~~2012년7월6일~~
3	1. 소유권대지권			2014년5월4일 1토지 대지권이 아닌 것으로 됨 2014년5월4일

【갑 구】		(소유권에 관한 사항)		
순위번호	등기목적	접 수	등기원인	권리자 및 기타사항
1	소유권보존	2012년7월6일 제1234호		소유자 서일남 530333-******* 서울 용산구 후암동 ○
2	소유권이전	2012년9월6일 제2345호	2012년8월4일 매매	소유자 박정환 570777-******* 서울 은평구 응암동 ○○

[예시 2]

등기부등본 - 토지

【표 제 부】 (전유부분 건물의 표시)

표시 번호	접 수	소재지번	지 목	면 적	등기원인 및 기타사항
1 (전1)	2004년 4월6일	서울시 용산구 후암동 ○○○	대	198㎡	

【갑　구】 (소유권에 관한 사항)

순위 번호	등기목적	접 수	등기원인	권리자 및 기타사항
5	소유권이전	2011년8월21일 제3186호	2011년8월11일 매매	소유자 소태열 511111-******* 서울 용산구 후암동 ○ 제101호
6	소유권 일부 이전	2011년9월21일 제4196호	2011년9월10일 매매	공유자 지분 3분의 2 김천식 520222-******* 서울 용산구 후암동 ○
7	6번 김천식 지분 가압류	2011년10월15일 제4348호	2011년10월13일 서울지방법원 가압류 결정 (2001카단413215)	청구금액 2억 원 채권자 김점순 서울특별시 용산구 후암동 △△
7-1	7번 가압류 변경	2014년5월4일 제13452호	2014년5월3일 매각	목적 소유권 일부(3분의1) 가압류 가압류 효력을 건물 3층 301호 대지권(3 분의 1)에 미치지 아니하는 변경
8	6번 김천식 지분 일부이전	2011년11월14일 제5648호	2011년10월14일 매매	공유자 지분 3분의 1 서일남 서일남 530333-******* 서울 용산구 후암동 ○
9	공유지분 전부 대지권			건물의 표시 서울특별시 용산구 후암동 ○○○ 철근콘크리트조 경사슬라브 3층 다세대주택(3세대) 2012년7월6일
9-1	10번등기 변경			목적 소유권 3분의 2 대지권 대지권표시변경등기로 인하여 2014년5월4일 부기
10	8번 서일남 지분 임의경매개시결 정	2013년3월10일 제20431호	2013년3월8일 서울지방법원 경매개시결정 (2003타경654321)	채권자 왕진수 420508-******* 서울특별시 성북구 정릉동 산△
11	공유지분 일부이 전	2014년5월4일 제13452호	2014년5월3일 매각	공유자 지분 3분의 1 주선길 630303-1875*** 서울특별시 성동구 군자동 ○○

| 12 | 10번 임의경매 개시결정등기 말소 | 2014년5월4일 제13452호 | 2014년5월3일 매각 | |
| 13 | 8번 서일남 공유 지분을 제외한 공유지분 전부 대지권 | | | 건물의 표시
서울특별시 용산구 후암동 ○○○
철근콘크리트조 경사슬라브
3층 다세대주택(2세대)
2014년5월4일 |

【 을 　 구】		(소유권 이외의 권리에 관한 사항)		
순위 번호	등기목적	접 수	등기원인	권리자 및 기타사항
1	8번 서일남 지분 근저당권 설정	2011년11월15일 제6195호	2011년11월15일 설정계약	채권최고액 금 50,000,000원 　채무자 서오남 　안양시 동안구 비산동 ◇◇ 근저당권자 왕진수 420508-******* 서울 성북구 정릉동 산○
2	1번 근저당권 말소	2014년5월4일 제13452호	2014년5월3일 매각	

실제로는 전혀 문제가 없었던 토지 별도등기 인수 조건

서울 중구의 토지 별도등기된 건물 저가 취득 사례

서울 중구의 버티고개역 가까이에 위치한 다세대주택이 경매로 나왔다. 사무실로 사용되기도 하는 이 건물의 내부 면적은 35평형 아파트와 유사하고, 임대 시세는 전세의 경우 4억~4억 5,000만 원 정도 예상되었다.

입주업체는 사업자등록 이전을 근저당 설정보다 늦게 해 명도 대상이었고, 대지권 표시란에 '토지 별도등기 인수 조건'이라고 표시되어 있었다. 그 때문인지 역세권 부동산임에도 2회 유찰되어 최저경매가가 감정가의 64%인 3억 5,800만 원으로 저감된 상태였다.

토지 별도등기와 관련해 토지 등기부를 확인해보니 대지권이 설정된 토지에 지상권 문제가 있는 것으로 밝혀졌다. 토지 별도등기란, 집합건물의 대지권이 설정된 토지에 대지권으로 제공되기 전에 이미 다른 권리가 설정되어 있음으로 해서 이 권리가 대지권이 설정된 토지에 권리의 하자로 남아 있다는 것을 의미한다. 그런데 지상권이 문제가 있기는 하나 실제 건물을 이용하거나 매매할 때 그로 인해 어떤 불편을 끼치거나 흠이 되지 않는 경우가 있다.

이 사례도 확인 결과 지상권으로 인한 토지 별도등기를 인수하는 것이 맞고, 30여 미터 거리에 지하철 6호선이 지나가고 있었다. 하지만 정작 지하철 선로와 시설에 필요한 범위를 벗어나 있고, 지하의 넉넉한 공간에 구분지상권이 설정되어 있으며, 지하철 운행으로 인한 소음 등 불편이 전혀 없는 것으로 파악되었다. 외관상으로만 토지 사용 제한 지상권이 설정되어 있을 뿐 실제로는 불이익이 전혀 없었던 것이다. 건물 사용 시 또는 매도 시 별도등기가 어떠한 영향도 미치지 않기 때문에 사실상 권리하자가 전혀 없는 셈이었다. 토지 별도등기가 부동산을 저가로 취득하는 데 효자 노릇을 한 셈이다.

이 다세대주택은 토지 별도등기 인수 조건이라는 악재로 인해 경쟁자가 1명에 불과했고, 낙찰자는 4억 500만 원에 낙찰받았다. 당시 해당 부동산의 예상 시세는 5억 5,000만 원 정도로, 1억 5,000만 원 가까이 저가로 취득한 사례이다.

경매 사례
12

대지권 미등기로 저가 취득한 아파트

인천 서구의 대지권 미등기 아파트 사례

I씨는 출퇴근 거리도 적당하고 계속해서 개발되고 있어서 미래가치가 상승할 거라 기대하며 인천 검단 지역의 아파트를 실수요 목적으로 구입하고자 주변 부동산중개업소에 25평 아파트 시세를 문의해봤다. 알아보니 그즈음 인천 검단 지역의 아파트 시세는 2억 7,000만 원 정도였다. I씨는 아파트를 좀 더 싸게 살 방법을 모색하던 중 경매에 도전해볼 생각으로 컨설팅 업체에 방문했다.

컨설팅 업체에서는 경매로 나온 물건 중 대지권 미등기 아파트를 권했다. I씨는 이 물건을 시세보다 4,000만 원 정도 저렴하게 취득할 수 있을 것으로 보고 2억 3,000만 원에 입찰에 참여했고, 6명의 입찰자 중 최고가 매수인으로 선정되어 낙찰받았다. I씨의 낙찰가는 2등 입찰자와 약 100만 원 정도밖에 차이가 나지 않는 가격이었다.

I씨가 취득한 아파트는 대단지 아파트에 인기가 높은 평형대여서 보통은 20명 내외가 입찰에 참여하고 낙찰가율도 낙찰가의 90% 중반대를 기록하는 데 비해 대단지이기는 하지만 대지권 미등기라는 점 때문에 경쟁률이나 낙찰가율이 다소 낮았던 듯싶다.

이 지역의 대지권 미등기는 택지개발 절차가 종료되어 정식 지번이 부여되었고 최초 토지 소유자가 토지 등기부를 만들었기 때문에 현재 아파트 소유자가 대지권등기를 할 수 있다. 또 대지권 등기를 할 때 이미 대지

부분을 포함한 아파트 총 취득가 기준으로 취득세를 냈기 때문에 토지 부분에 대해 별도의 취득세를 부담하지 않아도 되는 상황이었다.

　일반적으로는 권리상 아무 문제가 없고 인기 있는 아파트는 경매로 싸게 취득하기 어렵고, 사람들이 꺼릴 만한 문제가 뭐라도 있어야 어느 정도 저가로 취득할 수 있다. 하지만 그 꺼릴 만한 문제가 실제로는 전혀 문제가 되지 않거나, 있더라도 매우 미미한 문제여야 함은 말할 나위가 없다.

각 부동산상 권리 등의 권리분석

등기부상의 권리인 전세권과 지상권, 지역권에 관해서는 상식만으로 이해하기 힘들 만큼 특별한 법리가 있어 심층적으로 공부할 필요가 있고, 가등기와 가처분은 매수인에게 자칫 심각한 타격을 가할 수도 있으므로 이를 인수하게 되는지, 외관상 인수하더라도 실제로 문제가 없거나 적을 것인지도 살펴봐야 한다.

⌂ 전세권의 권리분석

전세권과 전세임대차

전세권은 전세권자가 소유권자에게 전세금을 지급하고 타인의 부동산을 그 부동산의 용도에 맞게 정해진 기간 동안 사용 또는 수익할 수 있는 권리이다. 전세권은 기간 만료 시 전세권의 해지 절차로 전세권이 소멸되면서 전세금을 돌려받게 되는 물권이다.

전세금반환청구권이 발생할 때 전세금을 피담보채권으로 하는 담보물권으로 전환할 수 있는 전세권은 저당권 등 일반 담보물권과 같이 부

동산 전부에 대해 후순위 권리자, 기타 채권자보다 우선하여 전세금을 변제받을 수 있는 우선변제권을 갖게 된다.

매수인이 전세권을 인수하게 되면 전세권의 잔여 존속기간 동안 전세권이 설정된 부동산에 대해 매수인은 사용이나 수익을 전혀 할 수 없고 전세권자만이 배타적·독점적으로 사용·수익권을 행사할 수 있다. 그리고 향후 존속기간이 종료되면 전세권자는 전세금을 소유권자로부터 지급받을 수 있다. 즉, 전세권을 인수하는 경우 새 소유권자의 소유권은 위와 같이 제한과 불이익을 당하게 되는 것이다.

전세권은 부동산을 직접적·배타적·독점적·대세적으로 사용할 수 있을 뿐 아니라 세를 놓아 차임을 받아 수익까지 취할 수 있는 물권이고, 전세임대차는 단지 부동산 소유권자만을 상대로 하여 자신만 부동산을 빌려 쓸 수 있는 권리이다.

[표 28] 전세와 전세권 비교

	전세	전세권
권리자 명칭	전세 세입자 또는 임차인	전세권자
권리 발생 원인	전세 방식의 임대차계약	임대차계약+전세권등기 신청
월세 방식과 관계	전세 방식의 임대차(월세 방식 임대차는 '월세 세입자'라 함)	월세 방식과 전세 방식 모두 보증금을 전세금으로 하여 전세권등기 가능
권리자 지위	손님	(전세권 기간 중) 주인
권리 성격	주인에 대한 대인권리	부동산 자체에 대한 대물권리
재임대 또는 임대 권한	없음(임대인인 주인에게만 임대 권한 있음)	전세권자가 재임대할 수 있음(전세권자만이 배타적으로 재임대할 수 있고, 전세권설정자인 소유자는 전세권 기간 동안 임대 및 사용 불가)
권리 양도 가능 여부	소유권자(임대인) 동의 없이는 임차인의 권리를 양도할 수 없음	전세권 자체를 타인에게 권리 양도 가능
전대(전전세) 가능 여부	불가(임대인이 동의해야 가능)	전전세 가능(소유권자 도움이나 통지 없이 타인에게 전세권이전등기 가능)
제3자에 대항력 주장 요건	주택임차인은 주민등록 등재, 상가임차인은 사업자등록 요함. 임차권등기도 가능	이미 등기부에 전세권등기가 되었으므로 그 밖의 다른 요건은 구비할 필요 없음
보증금과 전세금	전세는 '전세보증금'이라 함	전세권은 '전세금'이라 함
전세(보증)금을 강제로 반환받는 방법 및 절차	소송+강제경매 신청	임의경매 신청(소송 절차 불필요)
경매 배당 절차에서 배당 참여 후 매수인에 선순위 임차인(또는 전세권) 권리 인수	선순위 임차인이 배당 참여를 하게 되더라도 임차보증금 전액 배당받지 못하면 매수인이 잔여 보증금을 책임져야 함	선순위 전세권이 배당에 참여하기만 하면 배당액과 관계없이 전세권 소멸(전세권자가 대항력 있는 임차인의 지위를 함께 보유하고 있으면 전세권은 소멸하지만 임차인의 권리는 매수인에 계속 주장 가능)
제3자의 불법 권리 침탈 시 배제할 사람	전세 세입자(임차인)는 나설 수 없고, 주인(임대인)에게 알려 그가 나서야 함	전세권자만이 유일하게 배타적 사용·수익권자인 주인적 지위에 있으므로, 전세권자만이 불법 침탈을 배제할 수 있음

수리 의무·수리비 부담	일반적으로 주인	전세권자
상대방에게 권리 등기청구권	일반적으로 임차권등기의 등기청구권 있음	소유권자가 스스로 특별히 전세권등기를 허용해주어야 등기신청 가능 (전세권등기 요구에 응해야 할 의무는 없음)
경매 절차에서 배당 요건	대항력 요건+확정일자 또는 소액임차인 요건+배당요구	후순위 전세권자는 저절로 배당에 참여(당연배당). 선순위 전세권자는 배당요구를 선택할 수 있음
적용 법규	민법(제618조~654조)과 주택 및 상가건물 임대차보호법	민법(전세권 관련 규정) 민법 제303조~제319조
권리의 경매 가능 여부	임차인의 권리는 경매에 부쳐질 수 없음	전세권 자체가 소유권과 구분되어 경매에 부쳐질 수 있음
권리에 권리 설정 가능 여부	권리 자체에 권리 설정 불가. 다만 임대인에게 임차보증금 반환청구권에 관해 (가)압류 가능	전세권(권리 자체)에 대해 저당권, 전세권이전등기청구권 가등기 등 가능. 보전처분 등기 가능
법정갱신	모두 법정갱신 가능	건물의 전세권만 법정갱신 가능(토지는 불가)

전세권자가 주택임차인으로서의 대항력을 보유하고 있는 경우

주택이나 상가의 임차인으로 주택 또는 상가건물임대차보호법에서 정한 바와 같이 그 요건을 구비하여 임차권의 제3자 대항력을 가지고 있으면서 별도로 부동산등기부상에 전세권등기를 했다면 누구에게나 권리를 주장할 수 있는 주택임차권자의 지위와 전세권자의 지위를 각각 누릴 수 있다. 대항력 요건을 구비하지 못한 임차인은 임대인 외에는 새 소유자가 될 사람 등 누구에게도 임차인으로서의 권리를 주장할 수 없고, 단지 전세권자로서의 효력만을 주장할 수 있다.

이처럼 한 가지 지위를 상실해 남은 한 가지 권리로만 보호받아야 하는 경우에는 두 권리로부터 보호를 받을 때보다 불완전할 수 있다.

가령 기준권리[23]보다 앞서 대항력 요건을 구비한 임차권자가 선순위의 전세권자를 겸하고 있을 때는 전세권으로 배당요구를 할 수 있고, 설령 배당이 덜 되고 전세권이 배당요구로 인해 소멸된다 해도 대항력 있는 임차권이 아직 존재하기 때문에 임차보증금을 지킬 수 있게 된다. 물론 선순위 전세권보다 임차권으로 배당요구를 해 배당이 안 될 경우 아직 전세권이 존속하므로 새 소유자가 전세권을 떠안아 전세금을 지킬 수도 있게 된다.

한편 선순위의 대항력을 구비한 주택임차권으로 배당요구를 했으나 임차보증금 전액을 배당받지 못한 경우 주택임차권은 남은 보증금 반환을 보장받을 수 있도록 새 소유자가 그 금액을 전액 지급할 때까지 새 소유자에 대한 주택임차권으로 존속하게 된다(3부 2장 〈주택임대차 권리 분석〉 참조).

경매 절차에서 전세권의 지위와 소멸 여부

1) 후순위 전세권의 소멸

경매 절차에서 기준권리인 최선순위 저당권이나 (가)압류 등보다 늦은 소위 후순위 전세권은 매수인에게 소유권이 이전될 때 소멸된다. 대신 해당 순위로 배당에 참여하게 되는데, 이때 배당을 전액 받든, 일부만 받든, 순위가 늦어 배당이 전혀 되지 않든 상관없이 소멸된다.

2) 선순위 전세권의 배당요구 선택과 소멸 여부

후순위 전세권은 선택권이 없고 자동으로 배당 절차에 참여하게 되면서 경매 절차로 소멸되지만, 선순위 전세권은 전세권자의 선택에 따

---

23) 근저당권(저당권), 압류(가압류), 담보 가등기, 경매개시결정등기 등을 말한다.

라 배당요구를 할 수도, 하지 않을 수도 있다.

배당요구를 하지 않는다면 선순위 전세권은 매수인이 떠안게 되고, 배당요구를 한다면 배당을 받게 된다. 그리고 배당 결과 배당 금액이 일부이거나 또는 한푼도 배당받지 못하더라도 경매 절차로 인해 전세권은 소멸된다. 선순위 전세권은 배당요구 대신 경매를 직접 신청할 수도 있는데, 경매신청을 해도 배당요구를 한 것과 같이 배당에 참여하면서 배당 결과와 상관없이 소멸된다. 결국 선순위 전세권이 배당요구를 하거나 임의경매를 신청하는 경우 매수인은 그 전세권을 인수하지 않게 된다.

3) 사용·수익권으로서의 전세권이 담보물권으로 전환

전세권은 평소에는 사용·수익 지배권으로서의 권리를 갖지만 전세권 해지사유 발생으로 해지 절차를 밟아 전세권이 소멸되면 전세금을 효과적으로 반환받을 수 있도록 저당권과 같은 담보물권으로 성질이 전환된다. 이를 '전세권의 사용·수익권에서 담보물권으로의 전환'이라 한다. 참고로 전세금은 임대차에서는 '임대차 보증금'이라 하고, 전세권 개념에서는 '전세금'이라 한다.

이렇듯 담보물권으로 전환된 전세권은 저당권으로 취급된다. 한번 담보물권으로 전환된 전세권은 다시 본연의 사용·수익권으로서의 전세권으로 돌아갈 수 없어 그 사용·수익적 권리는 행사할 수 없다. 다만 경매 절차가 진행되는 경우가 아닌 평상시에는 전세금을 반환받을 때까지 부동산을 인도해 줄 수 없다고 주장할 수 있는 동시이행항변권 차원에서 그 권리를 행사할 수 있다.

그러나 경매 절차에 선순위 전세권이 배당요구 등을 해 담보물권으로 전환되면 배당이 전액 이루어지지 않더라도 전세권은 소멸한다.

담보물권으로 전환된 전세권보다 늦은 권리의 운명

전세권은 부동산 전부에 대한 전세권(전부전세권)과 일부에 대한 전세권(부분전세권)으로 나눌 수 있는데, 담보물권화된 최선순위 전세권보다 늦은 권리는 전부전세권이냐 부분전세권이냐에 따라 그 운명이 달라진다.

1) 담보물권화된 전부전세권 뒤에 있는 권리의 운명

최선순위 전부전세권자가 임의경매를 신청하거나 배당요구를 하면 담보물권보다 늦은 권리 등이 말소되듯이 전세권보다 늦은 가등기, 가처분 등은 말소된다. 최선순위 전부전세권 이후의 임차권은 임차권등기나 대항력 요건을 갖춘 경우라도 선순위 전세권만 유일한 효력이 있는 임차 관련 권리로, 이후 중복적으로 발생한 임대차 권리는 불법 임대차계약에 의한 것이어서 임차권이 성립할 수 없으므로 매수인이 책임지지 않는다.

2) 담보물권화된 최선순위 전세권이 부분전세권일 경우

최선순위 부분전세권자가 경매를 신청하거나 배당요구를 한 경우에 후순위의 가등기와 가처분은 말소되지만 부분전세권과 다른 공간에 대한 임대차 관련 권리 또는 다른 부분의 전세권은 부분전세권보다 늦더라도 최선순위 저당권이나 (가)압류보다 빠르기만 하면 매수인이 떠안는 임차권 및 전세권이 된다.

해당 전세권이 부분전세권일 경우 매수인이 인수하지 않을 것이라고 오판할 수도 있으므로 각별히 주의해야 한다.

전세권자를 대상으로 하는 권리들의 지위

전세권을 목적으로 저당권, 보전처분 등기 등 전세권 자체를 제약하거나 전세권자에 대해 주장할 수 있는 권리들이 있을 수 있다. 이러한 권리 등은 그 권리의 효력이 전세권 자체와 전세권자에 미치므로 매수인 입장에서는 경매 절차로 소유권을 취득할 때 전세권 자체를 떠안는지만 분석하면 된다. 전세권 또는 전세권자에 대한 위의 권리들은 전세권자 스스로 감당할 일이기 때문에 그 부분까지 분석할 필요는 없다.

전세권을 둘러싼 권리에는 다음과 같은 것들이 있다.

1) 전세권에 대한 저당권

부동산을 대상으로 하는 것이 아니라 전세권이라는 물권 자체를 대상으로 하는 저당권으로, 저당권자가 저당권 실행을 위해 임의경매를 신청하면 전세권이라는 권리만 경매 목적물이 된다. 당연히 부동산 소유권은 경매를 통한 매각 대상에 포함되지 않는다.

전세권이 소멸되면 전세권에 대한 저당권도 함께 소멸된다. 이 저당권은 전세권의 곁가지로, 전세권이라는 원 줄기가 떨어지면 해당 저당권도 함께 떨어져나간다고 생각하면 쉽게 이해가 될 것이다.

2) 전세권에 대한 전세권이전청구권 가등기

전세권을 양수할 사람이 양수받은 권리를 보전하기 위해 전세권이전청구권 가등기(약칭 '전세권가등기')를 했다가 향후 전세권이전등기의 본능기를 하면 가능기 이후와 본능기 숭간에 전세권에 대한 권리늘이 소멸되거나 말소된다.

3) 전세권자에 대한 처분금지가처분등기

가처분에 대해서는 뒤에서 별도로 설명하기로 한다(본문 318쪽 참조).

4) 전세권자에 대한 임차권

전세권이 설정된 경우 소유권자는 다시 타인에게 임대할 수 없고, 임대할 수 있는 권리는 오로지 전세권자에게만 있다. 전세권 존속기간 중

소유권자는 사용·수익권을 완전히 제한당하며, 전세권자만이 독점적·배타적으로 그 권리를 행사할 수 있다. 소유권을 취득할 매수인 입장에서는 전세권자로부터 임대를 한 임차인은 상관할 필요 없고, 매수인에 영향을 미칠 전세권 자체만 분석하면 되는 것이다.

기타 전세권과 관련된 법률지식

1) 채권담보 목적의 전세권도 인정

전세권은 본래 용익물권[24]으로 있다가 전세금을 반환받게 되는 상황이 오면 담보물권화되는데, 애초부터 저당권처럼 담보권을 목적으로 목적물을 인도해 점유하지 않더라도 장차 전세권자가 목적물을 사용·수익하는 것을 완전히 배제하는 것이 아니라면 그 전세권의 효력을 부인할 수 없다(대법원 1995. 2. 10. 선고 94다18508 판결).

전세권설정 이전에 이미 대항력 있는 다른 임차권 등이 부동산을 점유하고 있는 경우라면 담보 목적의 전세권은 인정되지 않지만, 전세권 목적 공간이 비어 있는 경우라면 전세권자가 점유하고 있지 않더라도 전세권이 성립되는 데는 문제가 없으므로 주의해야 한다.

2) 임차인이 제3자 명의로 전세권설정등기 가능

전세권이 담보물권적 성격도 가지고 있는 이상 부종성(附從性)[25]과 수반성(隨伴性)[26]이 있기는 하지만, 다른 담보권과 마찬가지로 전세권자와 전세권설정자 및 제3자가 서로 합의하면 그 전세권을 제3자 명의로 설정하는 것도 가능하다. 따라서 임대차계약에 바탕을 두고 이에 기한 임

---

24) 타인의 토지 또는 건물을 일정한 범위에서 사용·수익할 수 있는 권리
25) 담보물권의 공통되는 성질 중 하나로서, 담보물권은 피담보채권의 존재를 선행조건으로 해서만 존재할 수 있게 되는 성질
26) 어떤 일과 더불어 일어나는 성질

차보증금 반환채권을 담보할 목적으로 임대인, 임차인 및 제3자가 합의에 따라 제3자 명의로 마친 전세권설정등기는 유효하다.

여기서 유의할 점은 담보물권화된 전세권일지라도 최선순위 전세권으로서 경매신청이나 배당요구를 하지 않았다면 새 매수인은 그 전세권을 인수하게 된다. 인수된 전세권은 온전하게 사용·수익할 수 있는 전세권이 아니므로 전세금 증감청구, 묵시적갱신, 전전세, 유익비청구 등 규정이 적용되지 않는다.

전세권의 법정갱신

전세권은 건물과 토지를 막론하고 모든 부동산에 대해 설정할 수 있다. 그러나 법정갱신 제도는 건물의 경우에만 인정된다. 법정갱신은 당사자의 의사를 묻지 않고 일정한 사실이 있으면 법률상 당연히 계약이 갱신된 것으로 보는 제도를 말한다. 전세권 존속기간 만료 6개월 전부터 1개월 전까지 전세권자에 대해 갱신거절의 통지 또는 조건을 변경하지 않으면 갱신하지 않겠다는 뜻의 통지를 하지 않은 경우 그 기간이 만료된 때에 종전 전세권과 동일한 조건으로 다시 전세권이 갱신된 것으로 보는 것이다. 이 경우 전세권 존속기간은 그 정함이 없는 것으로 본다(민법 제312조제4항).

법정갱신은 법률규정에 의한 물권의 변동이어서 등기를 하지 않더라도 대세적으로 누구에게나 그 효력이 있다(대법원 1989. 7. 11. 선고 88다카21029 판결). 법정갱신으로 또는 계약을 했음에도 존속기간이 정해지지 않은 경우 각 당사자는 언제든지 전세권의 소멸을 통고할 수 있고, 상대방이 이 통고를 받은 날로부터 6개월이 경과하면 전세권은 소멸한다(민법 제313조). 그러나 전세권자가 주택이나 상가 임차인의 지위를 함께 가지고 있으면서

주택 및 상가건물임대차보호법에 의해 임대차의 법정갱신으로 존속기간
이 정해지지 않은 경우에는 임차인만 임대인에게 계약해지를 통지할 수
있고, 임대인은 임차인에게 일정 보장기간 내에 계약해지를 통지할 수 없
다. 일정 보장기간은 주택은 2년, 상가는 1년이다.

　토지에 대한 전세권은 법정갱신 제도가 인정되지 않아 등기부상에
표시된 당초 존속기간이 경과된 전세권은 이미 소멸된 전세권을 단지
말소, 정리하지 않은 것일 뿐이므로 추후 매수인 등 이해관계인이 말소
의 대위등기 신청으로 말소할 수 있다.

[예시 3]

전세권등기

(을구)

순위 번호	등기목적	접 수	등기원인	권리자 기타사항
3	전세권설정	2018년4월9일 제7170호	2018년4월8일 설정계약	전세금 일억 원정 존속기간 2018년4월9일부터 2022년 4월8일까지 전세권자 이상일 　　750504-1****** 　　서울 동작구 사당동 501

🏠 근저당권, 공동저당권

근저당권

채권자와 채무자 사이의 계속적인 거래 관계에서 발생, 증감, 변동, 소
멸하는 불특정 다수의 장래채권을 결산기에 계산하여 잔존하는 채무
를 일정 한도액 내에서 담보하는 저당을 '근저당권'이라 한다. 따라서

정확한 채무액은 약정된 결산기에 비로소 확정된다. 물론 대출약정서나 근저당설정계약서에 기재된 결산기 도래 사유에 해당하면 결산기에 바로 채무가 확정됨으로써 일반 저당권이 된다.

저당권의 기본 특성인 부종성이 근저당권에서는 완화되어 채권 확정 전에 일시적으로 전액 변제하더라도 저당권은 소멸하지 않는다.

1) 등기사항

① 채권최고액(이자 등기 불필요) / 채권자 / 채무자

② 존속기간, 결산약정등기 선택사항

2) 피담보채권액의 범위

근저당권의 피담보채권액은 채권 확정 시점의 채권액으로 확정되고, 이자는 배당기일까지 발생한 채권도 추가된다. 다만 피담보채권액은 이자를 포함해 채권최고액의 범위를 초과할 수 없게 되어 있다.

변제기[27] 경과 후의 연체이자(채무불이행으로 인한 지연배상)에 관해 일반 저당은 1년분의 연체이자만 이 채무액에 가산되는 데 반해, 근저당은 원금을 포함한 연체이자가 채권최고액의 한도를 초과하지 않는 한 1년분에 한정되지 않는다.

근저당 설정계약 당시 특약을 두지 않는 한 원금, 이자, 위약금, 채무불이행으로 인한 손해배상(연체이자), 근저당권 실행비용을 피담보채권액에 포함하되, 역시 채권최고액을 한도로 한다.

3) 채권 확정 시점

① 설정계약서상에 결산기가 표시되어 있을 때

• 결산기 도래, 기간 만료로 채권 확정

---

27) 채권자가 채무자에게 채무의 이행을 청구할 권리가 있는 시기

• 연장 약정 시 연장 가능

② 결산기를 등기했을 때는 연장에 합의해도 제3자에 대항력 없음

③ ①, ②의 경우에도 채무자는 결산기 도래 전 전액변제 후 저당권 소멸청구 가능

④ 위 계약상 결산기(전속기간)가 없을 때 당사자는 해지 가능. 해지 통고 후 상당 기간 유예 후 종료

⑤ 경매개시 시, 등기개시 시는 실제 경매 절차 개시의 등기를 부동산등기부상에 등기한 때임

공동저당권

동일한 채권의 담보로 여러 개의 부동산을 묶어서 저당을 설정할 수 있는데, 공동저당권이 설정된 부동산 중 어느 하나에서가 아니라 공동저당으로 묶인 전체 부동산에서 매각대금 비율로 안분하여 배당받게 된다.

🏠 토지경매에서의 지상권과 지역권

지상권

1) 지상권의 의의

타인의 토지에서 건물, 기타 공작물이나 수목을 소유하기 위해 그 토지를 배타적으로 사용하고, 타인에게 대여해 수익할 수 있는 물권을 말한다.

① 토지를 사용할 수 있는 권리이므로 지상물이 없더라도, 혹은 있었다가 멸실되었더라도 지상권은 존속 가능하다.

② 지료는 지상권 요소는 아니다. 일반적으로 토지 사용 목적(지상물 종류 지정)을 정하고 이에 맞게 지상권을 사용해야 한다.

③ 구분지상권 제도(공중, 지하의 일정 범위 국한 사용)

지하 또는 지상 공간 중 상하 범위, 예를 들면 '지하 30미터부터 60미터', 또는 '지상 30미터부터 50미터' 식으로 한정하여 건물, 기타 공작물을 소유하기 위한 지상권을 목적으로 할 수 있다. 이 경우 지상권 행사를 위해 토지 사용을 제한할 수 있다. 구분지상권은 제3자가 토지를 사용·수익할 권리를 가진 때에도 그 권리자 및 그 권리를 목적으로 하는 권리를 가진 자 전원의 승낙이 있으면 이를 설정할 수 있다. 이 경우 토지를 사용·수익할 권리를 가진 제3자는 그 지상권의 행사를 방해해서는 안 된다(민법 제289조의2).

경매 시 당사자 약정과 등기신청에 의한 등기부상 등재된 약정 지상권을 권리분석해야 하는 경우는 흔치 않다. 다만 드물게 저당권이나 가압류에 대항할 수 있는 지상권이 등기되어 있는 경우가 있을 수 있는데, 이때는 우선 지상권의 실체 여부, 존속기간 만료 여부와 혹시 권리 행사를 하지 않고 시효가 소멸함으로써 지상권이 소멸될 수 있는지도 확인할 필요가 있다. 또 속칭 담보지상권이라 불리는 금융기관의 담보 목적 지상권인 경우는 실체적으로 지상권을 인수하지 않고 말소시킬 수도 있다.

2) 지상권의 존속기간

① 존속기간을 약정한 지상권

민법상 지상권의 존속기간은 최단기만 규정되어 있을 뿐 최장기에 관해서는 아무런 제한이 없다. 구분지상권의 경우는 존속기간이 영구한 경우도 있는데, 대지의 소유권을 전면적으로 제한하지 않는다는 점 등에 비추어보면 지상권 존속기간을 영구적으로 약정하는 것도 허용된다(대법원 2001. 5. 29. 선고 99다66410 판결).

당사자가 계약을 갱신하는 경우 지상권 존속기간은 갱신한 날로부터 위의 최단 존속기간보다 단축하지 못한다. 그러나 당사자의 합의로 갱신계약 시 이보다 장기의 기간을 존속기간으로 할 수 있다.

② 존속기간을 약정하지 않은 지상권

계약으로 지상권 존속기간을 정하지 않은 때는 석조, 콘크리트조, 철골조 등 견고한 건물의 경우는 30년, 기타 건물의 경우는 15년, 공작물의 경우는 5년으로 한다.

지상권 설정 당시 공작물의 종류와 구조를 정하지 않은 때는 지상권을 기타 건물의 소유를 목적으로 한 것으로 보아 그 존속기간은 15년이 된다(민법 제281조).

3) 지상권의 효력

① 정해진 목적 범위 내의 토지 사용 가능

건물, 공작물, 수목 소유 이용에 필요한 범위 내 주위 공지(空地) 사용권

② 추후 구분지상권 설정 시 일반 지상권자 동의 필요

③ 양도, 임대, 저당설정 가능

지상권자는 타인에게 그 권리를 양도하거나 그 권리의 존속기간 내에서 그 토지를 임대할 수 있다(민법 제282조). 토지에 심어진 나무의 벌채권을 확보하기 위해 지상권을 설정했다가 벌채

권이 소멸할지라도 지상권마저 소멸하는 것은 아니다. 지상권은 독립된 물권으로서 다른 권리에 부종하지 않으면서 그 자체로 양도될 수 있으며, 그 양도성은 민법 제282조, 제289조에 의해 절대적으로 보장되고 있으므로 소유자의 의사에 반하더라도 자유롭게 타인에게 양도할 수 있다(대법원 1991. 11. 8. 선고 90다 15716 판결).

④ 지료 결정 및 증감

- 세금, 물가, 지가 변동으로 당사자의 지료 증감청구권이 발생
- 증감액에 대해 협의 결렬시 법원에 증감액 결정 청구
- 특별히 지료 약정이 없으면 무상의 지상권으로 간주

지료의 지급이 지상권의 요소가 아니어서 지료에 관한 유상약정이 없는 이상 지료의 지급을 구할 수 없다.

지상권에 있어서 유상인 지료에 관해 지료액 또는 그 지급시기 등의 약정은 이를 등기해야만 그 뒤에 토지 소유권 또는 지상권을 양수한 사람 등 제3자에게 대항할 수 있고, 지료에 관해 등기되지 않은 경우에는 무상의 지상권으로서 지료 증액청구권도 발생할 수 없다(대법원 1999. 9. 3. 선고 99다24874 판결).

지료는 정기급이나 일시급도 무방하다.

⑤ 유익비상환청구권

지반 다지기 공사 등으로 지상권자가 공사비를 부담한 경우 유익비를 소유권자에게 상환청구할 수 있다.

4) 지상권과 토지임차권 비교

[표 29] 지상권과 토지임차권 비교

	지상권	토지임차권

배타성	○ 사용 측면에서 토지를 직접 지배	× 소유자는 사용 측면에서도 물권자 지위 유지
제3자에 대한 대항력 (권리 행사 상대방)	○ 누구에게나 토지 사용 권리 주장 가능(절대성)→소유자는 사용 측면의 물권자 지위 상실	× 임차권등기를 하면 대항력(상대성)→임대인에게만 토지 사용을 청구할 수 있는 권리 - 계약에 따라 정해진 시기에만 이용하게 할 수 있도록 함
용익권리의 범위	사용·수익 모두 가능	사용만 가능
물권적 청구권 및 상린관계 권리 행사	- 지상권자가 직접 행사 가능 - 소유자는 행사 불가능	- 소유자만 행사 가능
양도 여부	○ 지상물이 있을 경우 그와 함께 양도	× 임대인 동의하면 양도 가능
지료임료	지료 지급이 지상권 요소는 아님	임료는 임차권의 요소임
존속기간	장기	일반적으로 단기

5) 지상권 계약갱신

지상물이 현존하고 기간이 만료되었을 때 지상권자는 지체 없이 갱신 요구를 할 수 있으며, 갱신거절 시에 지상권자는 지상권 설정자에 대해 지상물매수청구권을 행사할 수 있다. 지상권이 소멸했지만 건물, 기타 공작물이나 수목이 현존하는 경우 지상권자는 계약갱신을 청구할 수 있다. 지상권 설정자가 계약갱신을 원하지 않을 경우 지상권자는 상당한 가액으로 공작물이나 수목의 매수를 청구할 수 있다(민법 제283조). 갱신요구를 했으나 계약갱신이 지체되는 경우, 기간만료 시점부터 갱신이나 지상물 보상이 이루어지기까지의 공백기에 지상권자는 토지를 사용할 수 있다.

지상권자가 2년 이상 지료를 지급하지 않아서 지상권이 소멸된 경우에는 지상건물의 매수청구를 할 수 없다. 또는 그 건물이 일반적으로 사용될 수 없는 건물인 경우에는 매수청구의 대상이 되지 않는다.

6) 지상권 소멸 사유

① 존속기간 만료로 소멸

② 지료 2년분 체납, 소멸청구

지상권자가 2년 이상의 지료를 지급하지 않을 경우 지상권 설정자는 지상권의 소멸을 청구할 수 있다(민법 제287조).

지상권이 저당권의 목적일 경우 또는 그 토지에 있는 건물이나 수목이 저당권의 목적일 경우, 위의 소멸청구는 저당권자에게 통지한 후 상당한 기간이 경과함으로써 그 효력이 생긴다(민법 제288조).

지상권이 소멸한 때 지상권자는 건물, 기타 공작물이나 수목을 수거해 토지를 원상회복해야 한다. 지상권 설정자가 상당한 가액을 제공해 그 공작물이나 수목의 매수를 청구한 때 지상권자는 정당한 이유 없이 이를 거절하지 못한다.

③ 경매 절차로 담보권이나 압류에 대항할 수 없는 경우에는 소멸한다.

[예시 4]

토지 일부에 대한 지상권설정등기

(을구)

순위 번호	등기목적	접 수	등기원인	권리자 기타사항
				목적 철근콘크리트조 건물의 소유 범위 동남쪽 300㎡

1	지상권 설정	2008년8월8일 제60014호	2008년8월3일 설정계약	존속기간 2008년8월8일부터 30년 지료 월 1,000,000원 지급시기 매월 말일 지상권자 이도령 　　　　 600114-1234567 　　　　 서울 마포구 연남동 ○○ 도면편철장 제3책 제8면(인)

법정지상권

지상권과 법정지상권의 권리 효력은 동일하지만, 그 밖의 부분에서는 다른 점도 있다. 법정지상권에 대해서는 뒤에서 상세히 다루기로 한다 (본문 354쪽 참조).

[표 30] 지상권과 법정지상권 비교

	지상권	법정지상권
권리 발생	등기설정	법률규정에 의한 요건 충족
권리효력 발생	등기일부터	토지와 건물의 소유자가 동일했다가 매매, 경매 등으로 소유자가 달라진 시점부터
권리의 향유	등기 후 권리를 누림	성립된 이후부터 등기하지 않아도 권리를 누림
권리의 양도	등기로 권리 양도 가능	건물 소유권이 타인에 양도될 때 지상권도 함께 양도됨. 법정지상권은 양수 시 등기를 해야 하나, 등기가 없어도 철거되지는 않음
권리 존속기간	등기부상의 존속기간	법률상 최단 제한기간이 존속기간

지역권

1) 지역권의 의의

지역권자는 일정한 목적을 위해 타인의 토지를 자기 토지의 편익에 이용할 권리가 있다(민법 제291조). 즉 어떤 토지의 이용가치를 증진시키기 위해 타인의 토지를 통행하거나 자기 토지의 편익에 이용하는 물권을 '지역권'이라 한다.

지역권은 목적 부동산을 독점적, 배타적으로 사용·지배할 수 있는 것은 아니고 단지 통행 등 정해진 목적을 달성할 수 있도록 사용할 권리이고, 토지 소유자와 함께 공동으로 사용할 수 있는 권리이다.

2) 시효취득[28]에 의한 지역권의 성립

지역권은 계속되고 객관적인 관점에서 권리를 행사하고 있는 것이라고 표현된 것에 한하여 민법 제245조의 규정을 준용하도록 되어 있으므로, 통행지역권은 요역지의 소유자가 승역지 위에 도로를 설치하여 승역지를 사용하는 객관적 상태가 20년간 계속된 경우에 한해 그 시효취득을 인정할 수 있다(민법 제294조, 대법원 2001. 4. 13. 선고 2001다8493 판결).

즉, 취득시효[29] 완성에 의한 통행지역권이 성립하려면 첫째, 타인의 토지에 도로를 설치해 계속적으로 사용하는 상태가 20년이 경과되어야 하고 둘째, 도로부지 소유자와 계약을 체결하지 않고 도로사용 대가도 지급하지 않아야 한다. 취득시효가 완성되어 지역권이 성립된 경우일지라도 제3자에게 대항하기 위해서는 등기를 해야 한다.

3) 요역지와 승역지

지역권을 이용하는 토지를 '요역지'라 하고, 지역권으로 인해 이용당하는 토지를 '승역지'라 하는데, 두 토지에 모두 지역권과 관련된 등기가 되어 승역지에는 '지역권'이라는 등기가 설정되고, 요역지에는 '요역지 지역권'이라는 등기가 설정된다.

요역지 등기부상에 요역지 지역권이 등기되어 있다면 권리를 인수

---

28) 지역권 등 물권은 소유자 다툼 없이 20년간 점유하면서 권리를 행사해 왔다면 20년 경과로 그 권리를 취득할 수 있는데, 이를 '시효취득'이라 한다.
29) 시효취득할 수 있는 점유 및 권리 행사 기간

하는 것이 아니라 타인의 토지를 이용할 수 있는 지역권이라는 혜택이 있다는 의미이다. 그리고 요역지의 소유권에 지역권이 종속된 권리로 포함된다.

4) 공유자 일부의 지역권 취득

토지 공유자 중 1인이 지역권을 취득한 때에는 다른 공유자도 이를 취득한 것으로 한다(민법 제295조제1항).

토지 공유자 중 1인은 지분에 관하여 그 토지를 위한 지역권 또는 그 토지가 부담한 지역권을 소멸하게 하지 못한다. 그리고 지역권이 설정된 후 토지의 분할이나 토지의 일부 양도의 경우 지역권은 요역지의 각 부분 또는 그 승역지의 각 부분에 존속한다. 그러나 지역권이 토지의 일부분에만 해당되는 것일 때는 나머지 토지에는 적용되지 않는다(민법 제293조).

[표 31] 각 권리별 통행권 확보 방법 비교

확보 권리의 종류	① 시설의 설치	② 권리 설정한 토지의 배타적 사용	③ 제3자에 대한 대항력	해당 내용
소유권	○	○	○	
지상권	○	○	○	• ① 지상권 목적으로 명시 시 갱신거절할 때 지상물매수청구권
전세권	△	○	○	• 기간 만료 후 원상 복구 • 소유자 동의 시 ① 가능
임차권	△	□ (사실상 배타적 사용)	×	•기간 만료 후 원상 복구, 건물 소유 목적 토지임대차일 경우 갱신거절 시 지상물매수청구권 있음 • 소유자 동의 시 ①, ② 가능
지역권	×	(공동 사용)	○	• 주로 토지의 일부에만 설정
주위 토지통행권	×	(공동 사용)	×	• 토지 소유자 입장에서 피해가 최소화되도록 좋은 방향 선택 불가능

[예시 5]

통행지역권 설정등기

• 승역지: 강화군 불은면 ○○리 2

(갑구)

순위번호	등기목적	접 수	등기원인	권리자 기타사항
1	지역권 설정	2014년4월9일 제5210호	2014년4월7일 설정계약	목적 통행 범위 북측 70㎡ 요역지 강화군 불은면 ○○리 1 지역권자 이갑동 　　　600114-1345678 　　　김포시 대곶면 ○○리 10 　　　도면편철장 제5책 제7면 (인)

• 요역지: 강화군 불은면 ○○리 1

(갑구)

순위번호	등기목적	접 수	등기원인	권리자 기타사항
1	요역지 지역권	2014년4월9 일 제5210호	2014년4월7일 설정계약	목적 통행 범위 북측 70㎡ 승역지 강화군 불은면 ○○리 2 2014년 4월 9일 등기 (인) 　　　600114-1345678 　　　김포시 대곶면 ○○리 10 　　　도면편철장 제5책 제7면 (인)

⌂ 가등기와 가처분

가등기

1) 가등기의 의의

가등기란, 부동산 물권에 관한 등기청구권을 등기부에 기재하여 그 존재를 공시한 후 그 등기청구 채권에 기해 물권 취득 시 가등기 이후부터 향후 가등기에 기한 본등기를 할 때까지 본등기로 취득하는 권리에 저촉되는 종전의 권리나 등기가 실효됨으로써 가등기 시점으로 취득할 권리를 보전할 수 있도록 만들어진 등기 제도를 말한다. 장래의 물권변동을 위한 권리 보존 수단이라 할 수 있다.

① 가등기할 권리

등기 가능한 모든 권리(소유권, 제한물권, 임차권, 양도담보 등)의 설정·이전·변경·소멸의 청구권

2) 가등기의 유형

① 청구권보전 가등기

매매계약에 기해 매도인에 대해 갖는 소유권이전청구권의 이행을 확보하고자 하는 가등기를 '청구권보전 가등기', '일반 가등기' 또는 '순위보전 가등기'라고 한다. 청구권보전 가등기는 매매계약 외에 증여교환 등의 사유로도 할 수 있다.

• 청구권이 시기부 또는 조건부인 경우

시기부(始期附)란, 장래 일정한 시기가 돌아오기를 기다려 그때 계약의 효력이 발생할 것을 전제로 당사자 간에 특약을 맺어 매매하게 되는 경우, 그 시점이 도래하면 본등기를 청구할 수 있는 것을 말한다. 조건부는 매매계약에 의해 매수인이 잔금 납부 등 조건을 성취해야 등기청구권이 발생하는데, 그 조건 성취 전에도 가등기는 할 수 있다는 의미이다.

• 매매예약의 경우 완결권 행사(매매계약)로 청구권 발생(원인: 매매예약)

매매예약 후 완결권을 행사해 매매계약이 성립된 다음에 등기

청구권이 발생하지만 예약 상태에서도 가등기가 가능하다.

- 매매예약서는 검인이 불필요하고 매매계약서는 검인이 필요하며 공동 신청이 원칙이지만 승낙서, 가등기가처분명령 정본 첨부 시 단독 신청도 가능하다.

② 담보 가등기

매매예약이나 매매계약이 아니고 금전을 빌리기 위해 소비대차[30]와 대물변제[31] 예약에 기한 소유권이전청구권을 보전한다. '만약 채무불이행 시 담보부동산의 소유권을 이전할 것'이라는 약정(대물변제 예약)에 기해 소유권이전청구권이 발생한다.

대물변제 예약은 채권액을 초과할 수 없으며(민법 제607조, 제608조), 절차에 따라 청산기간 경과 후 청산금[32]을 지급하고 나서 본등기 할 수 있다. 담보 가등기는 저당권처럼 담보물권이다.

대물변제 예약은 그 재산의 예약 당시의 가액이 채권액을 초과할 수 없도록 규정(민법 제607조, 제608조)되어 있어, 초과액은 본등기 시 반환하는 절차를 거쳐야 한다.

- 변제기에 변제 불이행 시 담보가등기권자는 부동산 소유권 대물반환 예약[33]을 원인으로 한 가등기를 가등기담보권의 실행 절차로 소유권이전의 본등기를 할 수 있다.
- 원인은 대물, 대물반환 계약서에 의거해 본등기로 전환한다.
- 흔히 소유권이전청구권을 가등기해 외관상 담보 가등기와 구별하기 어렵다.

---

30) 대주(貸主)가 금전 등의 소유권을 차주(借主)에게 이전할 것을 약정하고, 차주는 그것과 동질·동량·동종의 물건의 반환을 약정함으로써 성립하는 계약
31) 현금거래에 의해 발생한 채무를 채무자가 현금이 아닌 부동산, 유가증권 등 물건으로 갚는 행위
32) 농지 개량 사업이나 토지 구획 정리 사업 등에서 토지를 교환할 때, 원래 토지의 가격보다 교환해 주는 토지의 가격이 낮을 경우 그 차액만큼 지급하는 돈
33) 차용물에 대신하여 다른 재산권 이전을 미리 약정하는 것

- 가등기담보권의 실행

  채무자 등에게 통지→청산기간 경과(2개월 이상)→청산금 지급→본등기 전환의 과정을 거치며, 채무자가 본등기를 설정하는 데 협조하지 않으면 가등기에 기한 본등기청구 소송을 거쳐 본등기할 수 있다.
- 담보권 실행으로 경매 실행이 가능하다.
- 타 채권자의 경매신청에서도 담보권으로서 배당요구를 하여 순위우선변제권으로 배당받을 수 있다.
- 담보 가등기로 인정되는 가등기는 겉으로는 가등기지만 실제로는 저당권이다.

③ 청구권보전 가등기와 담보 가등기의 구별

거래의 실질과 당사자의 의사에 의해 결정돼야 하며, 등기부상의 표시에 의해 결정되어서는 안 된다(대법원 1992. 2. 11. 선고 91다36932 판결).

④ 가등기에 의해 보전되는 채권

물권변동을 위한 청구권이며, 등기에 의해 제3자에 대한 대항력이 있는 채권이다. 시기부 채권 및 정지조건부 채권도 가등기가 가능하고, 미확정 채권이라도 가등기 설정이 가능하다.

⑤ 가등기의 효력

- 가등기 한 채권의 존재 공시 효과로 대항력이 발생하므로 가등기 시점부터 대항력이 있는 것이다. 이는 임차권이 등기를 하면 대항력이 발생하는 것과 유사하다. 대항력 효력에 따라 사실상 처분제한의 효력이 있다.
- 본등기 이후 본등기 순위보전 효력은 가등기 시점부터 있지

만 물권취득 시기는 엄연히 본등기 시점부터 있다.

- 중간처분의 실효

예를 들어 가등기에 기한 소유권이전의 본등기 시에 가등기
후 설정된 제한물권은 그 권리가 소멸되고, 가등기 후 제3자
의 소유권이전등기는 직권말소된다.

3) 경매 절차에서의 가등기

후순위 가등기는 매각 절차에서 말소되지만 선순위 가등기는 매각
절차에서 말소되지 않고 매수인이 인수하게 되어 매수인은 소유권 취
득 등기 후 그 가등기로 인해 소유권을 박탈당할 수도 있다. 그러나 가
등기가 가등기담보라면 담보물권처럼 취급되어 배당에 참여하고 가등
기는 말소된다.

이때 가등기가 겉으로는 일반 청구권보전 가등기지만 실제로는 가
등기담보라면 매수인 입장에서 매우 반가운 일이고 기회의 경매물건
이다. 저당권처럼 배당 후 소멸하면서 오히려 가등기담보보다 늦은 다
른 권리나 등기도 함께 말소소멸된다. 한편 가등기의 등기청구권이 소
유권이면 가등기권자가 소유권을 탈취해 가는 것이고, 다른 권리면 그
권리를 가져가면서 그 권리에 저촉되는 권리만 실효된다.

[예시 6]

가등기에 기한 본등기

(갑구)

순위 번호	등기목적	접 수	등기원인	권리자 기타사항
3	소유권이전 등기청구권 가등기	2004년1월4일 제1236호	2004년1월2일 매매예약	권리자 이상남 551001-1223344 서울특별시 중구 회현 동 6 (인)

| 4 | 소유권이전 | 2004년3월20일
제3893호 | 2004년3월9일
매매 | 소유자 이상남
551001-1223344
서울특별시 중구 회현
동 6 (인) |

[예시 7]

가등기 가처분에 의한 가등기

(갑구)

순위 번호	등기목적	접 수	등기원인	권리자 기타사항
3	소유권이전 등기청구권 가등기	2004년3월9일 제3039호	2004년3월8일 서울지방법원의 가등기가처분 결 정(04카합3000)	권리자 이갑을 551111-1333344 서울특별시 은평구 응 암동 1 (인)

[예시 8]

담보 가등기

(갑구)

순위 번호	등기목적	접 수	등기원인	권리자 기타사항
3	소유권이전 등기청구권 담보 가등기	2004년1월3일 제13972호	2004년1월7일 대물반환예약	권리자 이갑순 551212-2333344 서울특별시 종로구 신 영동 1 (인)

가처분

1) 가처분의 의의

목적물에 대한 등기청구권 등을 보전하기 위해 소유권 이전, 권리의 설정 등 처분행위 또는 점유이전 등을 금지하도록 법원에 임시처분을 신청하면 법원이 그 조치에 대해 결정을 내린다.

가처분 절차는 신속하고 은밀하게 이뤄져야 하기 때문에 채권자가 법원에 가처분 신청을 하면 바로 가처분 인용 여부를 1~2일 내에 결정한다. 가처분 신청이 받아들여지면 법원은 공탁명령을 내리고, 공탁이 되자마자 바로 가처분의 결정을 하고 등기에 올리는데, 처분금지가처분의 경우 그 가처분의 결정을 등기소로 등기촉탁하여 가처분 결정을 등기하는 것으로 가처분의 집행을 한다.

예컨대 점유이전금지가처분은 법원이 집행관으로 하여금 가처분 채무자에게 결정문을 직접 교부하는 것으로 집행하기도 한다. 가처분은 집행까지 이루어져야 비로소 효력이 있게 된다.

여기서는 주로 권리분석의 중요한 부분인 등기청구권을 보전하기 위한 처분금지가처분을 중심으로 살펴보기로 한다.

2) 가처분의 종류

① 계쟁물(係爭物)[34]에 관한 가처분

법적 분쟁이 있는 물건에 대한 소유권 등의 권리를 온전하게 가져오기 위해 그 물건의 권리관계 변동을 막을 수 있는 임시조치를 내려달라는 내용의 가처분

② 임시의 지위를 정하는 가처분

권리 침해 방지를 목적으로 일정기간 동안 임시로 어떤 상태를 만들거나 현재 상태를 유지해야 권리가 보전될 때 '임시로 어떻게 해달라', '하지 못하게 해달라'는 취지에서 신청하는 가처분

- 단행의 가처분: 공사 가처분, 임금 지급
- 부작위 명령의 가처분: 방해 금지, 직무 정지, 절차 정지

---

34) 소송 당사자 사이의 계쟁(법적인 다툼)의 목적물을 가리키나 보통 가처분 절차에서 다툼의 대상이 되는 목적물을 말한다.

• 지위보전의 가처분: 직무 집행

③ 처분금지가처분

주로 부동산에 대한 소유권이전청구권인 등기청구권을 보전하기 위해 계쟁 부동산의 소유권 이전, 저당권·전세권·임차권 설정 등 일체의 처분을 금지하는 부동산 처분금지가처분이 대표적이다. 이때의 피보전권리는 대부분 소유권이전등기청구권 또는 소유권말소등기청구권이다. 즉, 소유권 다툼이 있을 때 보전처분을 목적으로 하는 가처분이다. 이 밖에 전세권 처분금지가처분, 근저당권 처분금지가처분, 가등기상의 권리 처분금지가처분 등이 있다.

④ 점유이전금지가처분

계쟁 부동산을 점유하고 있는 자를 상대로 하여 부동산에 대한 인도 또는 명도를 구하는 소송을 진행하기 전 또는 소송을 진행하면서 하는 보전처분이다. 이 가처분을 하지 않고 인도 또는 명도 청구소송을 하게 되면 소송에서 이기더라도 소송절차 진행 도중 점유자가 변경되었을 경우 변경된 점유자를 상대로 다시 인도 또는 명도를 구하는 소송을 해야 한다.

3) 가처분의 효력

① 향후 권리에 관하여 판결이 확정될 것을 전제로 보전을 원하는 권리, 즉 피보전권리가 그 이후에 발생한 권리로 인해 침해된 한도 내에서 가처분 시점부터 대항 가능하며, 경매 절차에서 후순위 가처분은 말소된다.

② 피보전 등기가 소유권이전등기청구권이 아닌 임차권, 저당권이면 가처분 이후 소유권이 이전돼도 무방하며, 제한물권 말소

등기청구권이면 새 소유자는 가처분으로 인한 불이익을 당할
위험이 없다.

③ 점유이전금지가처분

임차인이 다른 사람에게 점유 이전 행위를 할 수 없도록 하는 임
시 처분으로, 가처분 조치 이후 점유자가 변경되더라도 이를 무
시하고 명도집행 등을 할 수 있다.

④ 대입(代入) 효과

인수되는 가처분의 경우 가처분의 피보전권리(소유권 이전, 말소
등)에 대한 본안소송의 결과가 나올 때까지 가처분등기는 말소
되지 않고 낙찰자가 승계·부담해야 한다. 즉, 본안소송 결과 가
처분권자가 승소하여 소유권을 취득하면 낙찰자는 가처분 채권
자에게 대항할 수 없고, 가처분 채권자가 가처분 채무자를 상대
로 소유권 이전 절차를 밟게 되면 새 소유자인 매수인은 소유권
을 상실한다.

4) 가처분 효력의 소멸

① 가처분 신청의 취하: 보전재판 결정 확정 전 또는 판결 확정 전
까지 취하 가능

② 보전재판(가처분 결정)의 취소: 재판이 확정된 이후인 상태에 대
해서만 실효되며, 아래의 사유로 취소 가능하다.

• 보전재판에 대한 이의신청

• 본안의 소 제기 경과에 의한 취소 신청

• 사정 변경에 의한 보전재판의 취소 신청

  － 지켜져야 한다고 주장하던 권리가 소멸(변제, 양도, 상계 등)된 경우

  － 지켜져야 한다고 주장하던 권리의 보전의 필요성과 관련하

여 보전해야 할 이유의 소멸변경, 또는 채무자인 상대방이
담보를 제공하거나 채무액을 공탁한 경우
- 특별한 사정에 의한 취소 신청
가처분 존속이 공평관념상 부당한 경우, 금전으로 보상이 가
능한 경우(채권자의 손해에 비해 지나치게 가혹한 경우)
- 상대방 소환 신청기간 경과에 의한 취소 신청
- 제소명령 기간 경과에 의한 취소 신청

③ 대상물 멸실: 가처분 대상 목적물이 멸실되면 당연히 가처분은
의미가 없어지고 가처분 효력이 소멸되어 말소등기를 할 수 있다.

④ 채권자 패소의 본안 판결: 가처분한 사람이 본안 소송에서 패소
하여 권리가 없는 것으로 확정된 경우, 가처분 효력은 소멸한다.

[예시 9]

가처분등기

(갑구)

순위번호	등기목적	접수	등기원인	권리자 기타사항
2	가처분	2014년12월5일 제3500호	2014년12월2일 서울지방법원의 가처분 결정 (14카단 1000)	피보전권리 소유권이전등기청구권 채권자 이도령 　서울특별시 종로구 삼청동 1 (인) 　금지사항 양도, 담보권 설정, 　기타 일체의 처분행위 금지

[표 32] 부동산 가처분 결정문 양식

○ ○ 지 방 법 원
제○부
결 정

사 건   ○○카단 123 부동산 처분금지가처분

채권자   ○○○

            ○○시 ○○구 ○○동 ○

채무자   ○○○

            ○○시 ○○구 ○○동 ○

주 문

  채무자는 그 소유명의의 별지목록 기재 부동산에 대하여 양도, 전세권, 저당권, 임차권의 설정, 기타 일체의 처분행위를 하여서는 아니 된다.

피보전권리의 내용

        (예시) 20○○. ○. ○. ○○○만 원의 매매를 원인으로 한

                소유권이전등기청구권

이 유

  이 사건 가처분 신청은 이유 있으므로 보증으로 금 ○○○만 원을 공탁하게 하고 주문과 같이 결정한다.

              20○○. ○. ○

                             재판장 판사 ○○○

                               판사 ○○○

                               판사 ○○○

[표 33] 가압류·가처분·가등기의 주요 내용 비교

	가압류	가처분(계쟁물에 관한)	가등기
목적	판결 등으로 확정 전의 향후 처분 등에 대비해 집행을 보전		물건에 대한 채권공시, 가등기 시점으로 순위 보전
피보전채권	금전채권	비금전채권	등기청구권
전형적인 것	부동산, 채권, 유체동산에 대한 가압류	• 처분금지(소유권이전 청구권 보전 위해) • 점유이전금지의 가처분(명도청구권 보전 위해)	• 소유권이전청구권보전 가등기 • 소유권이전 담보 가등기
효력	• 가압류 이후 각종 권리 상대적 무효 • 피담보채권액 한도로 가압류 후의 매매, 소유권 이전, 담보권임차권 설정, 기타 처분은 대항 불가 - 가압류 채권자가 전액 배당 가능한 경우, 후순위 임차권은 소멸 않고, 후순위 담보권은 우선 효력 - 후 설정 권리의 우선변제 효력 없고, 대항력 불인정으로 환가 가치의 감소 방지	• 가처분등기 이후 각종 권리 상대적 무효 • 피보전권리가 침해된 한도 내에서만 대항 가능	• 가등기 시점부터 대항력 • 사실상 처분 제한(처분 등 등기는 가능) • 본등기 이후 효과 - 본등기순위보전효력 가등기 시점 - 물권취득시기는본등기 시점 - 중간처분의 실효
피보전권리의 요건	• 금전채권, 금전환산 가능 채권으로 • 집행권원 획득 시까지 확정청구권의 성립 • 강제집행 가능	• 비금전채권으로서 • 채권의 내용, 주체 등 특정 조건부 혹은 장래 발생 예정 포함 • 강제집행 가능	등기 가능한 권리의 설정, 변경, 소멸 등기의 청구권

실체 불부합으로 소멸되는 선순위전세권

전세권 인수조건의 경기도 수원 다가구주택 사례

1층의 전세권 3억 원과 2층의 다른 전세권 2억 원이 모두 선순위인데, 1층은 주민등록 전입 등 대항력요건을 구비하지 않은 채 전세권등기만 하였고 2층은 전세권등기에다 주택임차권의 대항력요건을 함께 구비하고 주택임차권으로 배당요구까지 한 사례이다. 매각물건명세서 상에는 1층 전세권과 2층 전세권이 모두 인수대상이라고 되어 있었다. 이로 인해 감정가 6억 원인 이 다가구주택은 유찰이 거듭되어 최저가 2억9,400만 원으로 저감된 3차 입찰기일을 맞이하고 있었다.

전세권 3억 원과 2억 원 도합 5억 원의 전세금을 인수한다면 입찰해서는 안되는 상황이었다. 공실 상태인 1층의 전세권자 모 법인은 이미 전세금을 받아 집을 비운 상태로 전세금을 반환받고 영수증만 써주었다고 하는 사실을 법인으로부터 확인하고 녹음까지 하였다. 2층은 주택임차권으로 배당을 요구하였고 1순위도 2억 원 전액 배당이 가능하므로 1, 2층 모두 전세권이 문제되지 않는 내막을 확인하고 300,001,000원에 낙찰받았다.

다가구주택으로 시세를 가늠하기 쉽지 않지만 토지 가격으로만 해도 평당 800만 원에 82평 6억5천만 원 정도 되어 최소 3억5천만 원 정도 이상은 저렴하게 취득하였고, 지금은 1층을 3억2천만 원에 전세 놓아 투자금을 모두 회수하고 2층은 보증금 1,000만 원 월 40만 원에 세를 놓고 있다.

요역지의 선순위 지역권은 오히려 유리한 조건

요역지 지역권이 있는 인천 강화군의 임야 사례

K씨는 인근에 주택단지가 인접해 있는 전원주택 부지를 찾던 중 강화도 선원면의 경매로 나온 임야를 관심을 가지고 살펴보았다. 법원의 매각물 건명세서상에 '요역지의 지역권을 인수한다'라고 표시되어 있어서 그런지 사람들이 입찰을 꺼리는 물건이었다.

요역지란, 통행로가 확보되지 않아 통행 등 특정 목적을 위해 주변의 다른 토지를 이용할 수 있는 권리를 가진 토지를 말한다. 반대로 요역지에 통행을 허락해야 할 의무가 있는 토지를 '승역지'라고 한다.

감정가는 평당 33만 원이었는데, 2회 유찰로 평당 16만 5,000원으로 저감되어 있었다. 이는 추정 시세의 3분의 1 수준이었다.

법원의 매각물건명세서상에 권리를 인수하는 것으로 되어 있어서 일반인들에게는 권리에 하자가 있는 물건으로 보였지만 사실 이 토지는 기회의 물건이었다. 맹지임에도 공도로 진출입하기 위해 다른 토지들을 이용할 수 있는 매우 좋은 조건이었던 것이다.

K씨는 이 물건에 혹시 관심을 갖는 사람이 많을까봐 입찰일까지 노심초사했으나 경매정보 사이트의 조회 수를 보니 관심 갖는 사람은 많지 않은 듯했다. 이에 경쟁률이 낮을 것으로 보고 욕심을 부려 최저경매가에서 1백만 원만 올려서 입찰을 했다. 그 결과 K씨는 경쟁자와 불과 250만 원 차이로 아깝게도 낙찰에 실패하고 말았다. 실제로 경쟁자는 딱 한 사람이었는데, 그래서 너무 방심했던 것이다. K씨는 '입찰가를 조금만 더 높여서 쓸 걸' 하고 두고두고 후회했다.

선순위가등기이지만 이미 본등기가 경료된 상가

감정가 대비 24%로 저감된 일산 상가의 사례

일산 주엽동의 전용면적 88평인 1층 상가가 선순위 가등기로 인해 낙찰자는 소유권을 박탈당할 우려가 있어 감정가 28억 원에서 최저경매가 6억7천만 원 정도까지 저감되도록 유찰이 거듭된 물건이다. 법원에서 작성하여 제시된 매각물건명세서 상 기록에는 '갑구 4번 권리자 ○○○의 가등기는 매각으로 말소되지 않음'이라고 기재되어 있었다.

이 물건의 사례는 가등기 권리자가 가등기 한 지 몇 달 후 가등기에 기한 본등기를 필하였기 때문에 이후 새 소유자에게 소유권이 이전되어도 이미 본등기 된 가등기가 다시 본등기에 기한 새 소유자의 소유권을 박탈하지 않는 안전한 물건이다. 법원기록이 이 물건을 지나치게 헐값에 낙찰받을 수 있도록 일조한 셈이다.

고양에 거주하는 K씨는 진작에 이 물건이 최저가 9억6천만 원 정도일 때 관심을 갖고 있었으나 이런 물건은 금융기관 대출도 제한되어 자기 자금으로만 충당해야 하므로 더 저감되기를 기다리고 있었다. 그런데 지나치게 저감된 물건은 낮은 최저가에 현혹된 경쟁자들이 다수 입찰에 참여하여 낙찰가가 오히려 종전 최저경매가를 뛰어넘는 경향이 있다는 것을 알고있는 K씨는 종전 최저가 9억6천만 원을 초과하는 10억 원 이상으로 응찰해야 낙찰에 성공할 것이라고 예상하면서도 보유자금이 부족하여 혹시나 하는 마음으로 7억 원 정도로 입찰에 참여하여 결국 입찰자 4명 중 꼴찌를 하였다. 낙찰금액은 11억 원이었다.

자금이 있었다면 이전 입찰기일에 최저가 9억7천만 원으로 응찰하여 경쟁자없이 10억 원 정도에 낙찰받을 수 있었을 것이다. 면적이 제법 넓은 요지의 1층 상가로 여러 호실로 구분하여 매각하거나 임대하면 고수익을 기대할 수 있는 상가라 생각하니 무척 아쉬웠다.

지분경매의 권리분석

경매는 대부분 단독소유권 전부가 나오고, 공동소유권의 일부 지분소유권이 경매에 나오는 물건은 드물기는 하나 점차 그 수가 증가하고 있다.

부부가 공동소유권으로 취득, 상속 등 이유로 지분소유권이 존재하고 그 지분소유권자 일부가 채무불이행으로 해당 지분만 경매에 나오는 것이 이른바 지분경매이다.

일반적으로 단독소유권이 아닌, 이와 같은 지분소유권을 낙찰받기 꺼려한다. 지분소유권자가 되면 부동산의 사용·수익 및 처분에 문제가 많을 것으로 단순하게 생각하고 저가로 취득 가능하더라도 지분물건을 기피하는 경우가 많다.

지분권리자가 지분 크기와 형태에 따라 적절하게 권리를 행사하여 처분이나 권리행사를 할 수 있는 길이 있으므로 지분물건은 일반적으로 단독소유권 물건보다 매매차익이 큰 기회의 물건이 될 수 있다.

지분의 의미

주로 소유권인, 부동산에 관한 어떤 권리를 여러 사람이 공동으로 정해진 비율의 분량에 따라 나누어 가지고 있을 때 여러 사람에게 각기 정해진 비율을 권리의 지분이라 한다. 이때 각 지분권리자는 목적물에 대하여 공간적으로 특정된 위치에 권리가 있는 것이 아니고, 목적물 공간 전부에 대하여 비율적으로만 권리가 있는 것이다.

　지분권자가 행사할 수 있는 권리의 범위는 다음에서 설명하기로 한다.

🏠 공유자가 할 수 있는 행위 및 공유물분할청구권

행위 종류	가능행위 범위	비고
처분행위	자신의 지분 공동소유권만 처분 가능(263조)	남의 지분 및 소유권 전부의 처분불가
관리행위	과반수 이상 지분권자, 혹은 과반수 이상 지분들이 합의로 관리행위 가능(263조, 265조)	과반수의 임대차계약은 적법한 임대차
보존행위	지분권자는 지분의 크고 작음은 무관, 누구나 보존행위 가능(265조)	과소지분자라도 반 이하 지분자의 불법점유를 퇴치할 수 있는 보존행위 가능

* 공유물분할 청구: 지분권자 누구나 공유관계를 청산하도록 1차적으로 현물분할 방식에 의해, 여의치 않으면 금액분할 방식으로 공유물을 분할할 수 있도록 청구할 수 있다. (268조)

처분행위

자신의 권리를 매도나 권리를 목적으로 하는 담보권 설정 등 각종 권리를 타인이 취득할 수 있도록 하는 행위

예: (지분)소유권이전, (지분에)저당권설정, (지분에 대한)등기청구권
　　가등기 허용

관리행위

공유물 변경에 이르지 않을 정도로 공유물을 활용하는 이용행위, 개량
행위

　1) 이용(사용, 혹은 수익)하는 구체적 방법의 협의 등을 통한 결정행위

　2) 임대행위

　3) 관리행위에 속하는 계약의 해제, 해지

　※ 공유물의 변경행위는 지분 전부의 합의로만 가능(264조)

　민법 263조의 공유자가 공유물 전부를 지분의 비율로 사용 · 수익
할 수 있다 의 의미는 공유자가 공유물의 전부를 사용 · 수익함에 있어
지분에 의하여 제약을 받는다는 말이며, 공유자 간 사용 · 수익의 방법
에 관하여 협의를 통하여 이에 따라야 한다는 것임.

　민법 265조는 공유물 관리는 지분 과반수(의 협의)로써 결정할 수
있다 라 하여 과반수만의 결정으로 관리 범위에 속하는 사용 · 수익 방
법과 임대 계약행위 등을 행할 수 있다.

보존행위

　1) 공유물 전부에 대하여 멸실, 훼손방지, 현상유지

　2) 불법점거, 불법 시설물 제거, 명도행위

　3) 방해배제 청구, 공유물반환 청구

　※ 공유물 상 제3자의 권리시효 취득을 중단시키는 행위는 자신의
　　지분에만 효력

공유물분할청구

1) 지분권자 누구나 분할청구 가능

2) 1차 현물분할 우선

현물분할 방식의 경우 공유자 모두의 동의 필요, 동의하지 않을 시 현물분할 불가

3) 2차 금액분할

현물분할 시 물건가액 감손, 현물분할 불가 및 합의 불성립 시 부득이하게 금액분할 방법으로 공유물 분할→ 경매 절차를 통해 현금화 후 금액으로 분할금 수수

   ※ 공유물분할청구 금지

   ① 5년 이내에서 정한 기간 동안 공유물분할 금지 특약 등기한 경우(민법 268조)

   ② 집합건물의 대지사용권으로 제공된 토지의 경우(집합건물법 8조)

   ③ 집합건물의 공용부분(민법215조)는 268조에 따라 공용부분 분할 제한

경매로 지분소유권 취득 후 사후 처리의 문제

공동소유 지분의 권리를 매각절차로 취득한 후에 토지와 같이 현물상태로 공유물분할을 구하여 각 공유자의 비율에 해당하는 면적으로 분할하여 각 분할된 면적을 단독소유로 하는 분할방법을 선택할 수 있다. 이는 현물분할에 적합한 경우에 한할 것이다.

둘째, 현물로 분할하는 것이 불가능하거나 적당하지 않은 경우에는 부

득이 매각절차로 부동산 소유권 전부를 매각한 후 그 대금을 지분비율에 따라 각 지분권자에게 금액적으로 배분하여 공유관계를 청산하는 길이 있다.

매각절차에서 부동산을 지분으로 취득할 때는 일반적으로 입찰을 꺼리는 성향이 있어 보통 저가로 취득이 가능하고, 부동산 소유권 전부를 매각할 때는 정상적으로 매각되는 입찰 성향에 의하여 매매차익이 발생한다.

한편 과반수 지분을 취득한 경우에는 급하게 공유물분할 절차를 밟을 필요 없이 당해 부동산 전부에 대해 혼자 합법적으로 임대행위를 행할 수 있어 이 점을 생각하고 향후 행보를 결정할 수 있다.

2장

미공시권리의 권리분석

•••

부동산경매에 참여하기 위해서는 등기부에 표시되어 있지 않은 권리에 대해서도 분석해야 한다. 그래서 이번에는 등기부에는 없지만 법률이나 관습에 의해 발생되는 권리를 분석하는 법에 대해 다루고자 한다. 미공시의 권리에는 법정지상권, 유치권, 분묘기지권, 차지권, 주위토지통행권이 있다.

•••

미공시권리의 권리분석

분묘기지권, 차지권, 주위토지통행권의 권리분석

 분묘기지권

분묘기지권의 의의

분묘기지권은 분묘를 수호하고 봉제사하는 목적을 달성하는 데 필요한 범위 내에서 타인의 토지를 사용할 수 있는 권리를 말한다(대법원 1997. 5. 23. 선고 95다29086,29093 판결). 법적 성질은 '지상권 유사의 관습상의 물권'이다(대법원 1996. 6. 14. 선고 96다14036 판결).

분묘기지권의 성립요건

1) 시효취득으로 인한 분묘기지권 취득

① 타인의 토지에 그 승낙을 얻지 않고 분묘를 설치한 자일지라도 20년간 평온, 또 공연하게 분묘의 기지를 점유한 때에는 시효로 인하여 타인의 토지 위에 지상권에 유사한 일종의 물권을 취득하는 것이고, 이와 같은 권리에 대해서는 등기 없이 이를 제3자에 대항할 수 있는 것이 관습이다(대법원 1957. 10. 31. 선고 4290민상539 판결).

2001년 1월 13일, 장사 등에 관한 법률이 제정되었는데, 이 법이 시행되기 전에 설치된 분묘까지는 종전과 같이 20년이 경과하면 분묘기지권이 성립한다. 그러나 법 시행 이후 타인의 토지상에 승낙 없이 분묘를 설치한 경우는 이후 20년이 경과되더라도 분묘기지권이 성립하지 않는다.

② 타인 소유의 토지 위에 그 소유자의 승낙 없이 분묘를 설치한 자가 20년간 평온, 공연히 그 분묘의 묘지를 점유한 경우, 그 점유자는 시효에 의해 그 토지 위에 지상권과 유사한 물권을 취득하게 되지만 이에 대한 소유권을 취득하는 것은 아니다(대법원 1969. 1. 28. 선고 68다1927, 1928 판결).

③ 분묘의 기지에 관해 관습상 인정되는 지상권과 유사한 일종의 물권은 그 분묘를 소유하기 위한 것이므로, 이를 소유할 수 없는 자는 이 물권을 시효에 의해 취득할 수 없다(대법원 1959. 4. 30. 선고 4291민상182 판결).

④ 분묘기지권이 성립하기 위해서는 봉분 등 외부에서 분묘의 존재를 인식할 수 있는 형태를 갖추고 있어야 하고, 평장되어 있거나 암장되어 있어 객관적으로 인식할 수 있는 외형을 갖추고 있지 아니한 경우에는 분묘기지권이 인정되지 아니한다(대법원 1991. 10. 25. 선고 91다18040 판결).

⑤ 분묘는 그 내부에 사람의 유골, 유해, 유발 등 시신을 매장하여 사자를 안장한 장소를 말한다. 따라서 장래의 묘소로서 설치하는 등 그 내부에 시신이 안장되어 있지 않은 것은 분묘라고 할 수 없다(대법원 1991. 10. 25. 선고 91다18040 판결).

⑥ 분묘기지권은 분묘를 수호하고 봉제사하는 목적을 달성하는 데

필요한 범위 내에서 타인의 토지를 사용할 수 있는 권리를 의미하는 것으로, 이 분묘기지권에는 그 효력이 미치는 지역의 범위 이내라 할지라도 기존의 분묘 외에 새로운 분묘를 신설할 권능은 포함되지 아니하는 것이므로, 부부 중 일방이 먼저 사망하여 이미 그 분묘가 설치되고 그 분묘기지권이 미치는 범위 내에서 그 후에 사망한 다른 일방을 '단분(單墳)'형태로 합장하여 분묘를 설치하는 것도 허용되지 않는다(대법원 2001. 8. 21. 선고 2001다28367 판결).

2) 사용 승낙 등 권원 획득으로 분묘 설치

타인의 토지에 사용 승낙 등 권원을 가지고 합법적으로 분묘를 설치한 자는 관습상 그 토지 위에 지상권에 유사한 일종의 물권을 취득한다. 그런데 실제 분묘를 설치할 당시 토지 소유자에게 사용 승낙을 받았는지를 밝히기가 어렵다는 것이 문제다.

3) 당시 자기 소유의 토지에 분묘 설치 후 처분

자기 소유의 토지에 분묘를 설치하고 이를 타인에게 양도한 경우에는 그 분묘가 평장되어 외부에서 인식할 수 없는 경우를 제외하고는 당사자 간에 특별한 의사표시가 없으면 양도인은 분묘를 소유하기 위해 양수인의 토지에 대해 지상권과 유사한 물권을 취득한다(대법원 1967. 10. 12. 선고 67다1920 판결).

분묘기지권의 효력

1) 공간적 효력 범위

① 분묘의 묘지라 함은 분봉의 묘지만이 아니고 적어도 분묘의 보호 및 제사에 필요한 주위의 공지를 포함한 지역을 가리키므로 그 묘지의 소유자라 하더라도 그 지상에 적법하게 존재하는 타

인의 묘지 주변을 침범하여 공작물 등을 설치할 수 없다(대법원 1959. 10. 8. 선고 4291민상770 판결).

② 분묘기지권은 분묘의 기지 자체(봉분의 기저 부분)뿐만 아니라 그 분묘의 수호 및 제사에 필요한 범위 내에서 분묘의 기지 주위의 공지를 포함한 지역에까지 미치는 것이고, 그 확실한 범위는 각각의 경우에 따라 개별적으로 정해야 할 것이다(대법원 1997. 5. 23. 선고 95다29086, 29093 판결).

③ 매장및묘지등에관한법률 제4조제1항 후단 및 같은 법 시행령 제2조제2항의 규정이 분묘의 점유면적을 1기당 20평방미터로 제한하고 있으나, 여기서 말하는 분묘의 점유면적이라 함은 분묘기지 면적만을 가리키며, 분묘기지 외에 분묘의 수호 및 제사에 필요한 분묘기지 주위의 공지까지 포함한 묘지 면적을 가리키는 것은 아니므로 분묘기지권의 범위가 위 법령이 규정한 제한면적 범위 내로 한정되는 것은 아니다(대법원 1994. 8. 26. 선고 94다28970 판결).

④ 사성(莎城, 무덤 뒤를 반달형으로 두둑하게 둘러쌓은 둔덕)이 조성되어 있다고 해서 반드시 그 사성 부분을 포함한 지역에까지 분묘기지권이 미치는 것은 아니다(대법원 1997. 5. 23. 선고 95다29086, 29093 판결).

2) 존속기간에 관한 효력

① 분묘 수호를 위한 유사지상권(분묘기지권)의 존속기간에 관해서는 민법의 지상권에 관한 규정에 따를 것이며, 그런 사정이 없는 경우에는 권리자가 분묘의 수호와 봉사를 계속하는 한 그 분묘가 존속하고 있는 동안은 분묘기지권은 존속한다고 해석함이 상당하다(대법원 1982. 1. 26. 선고 81다1220 판결).

② 분묘기지권의 존속기간에 관해서는 민법의 지상권에 관한 규정에 따를 것이 아니라 당사자 사이에 약정이 있는 등 특별한 사정이 있으면 그에 따를 것이며, 그러한 사정이 없는 경우에는 권리자가 분묘의 수호와 봉사를 계속하며 그 분묘가 존속하는 동안은 분묘기지권 또한 존속한다고 해석함이 타당하므로 민법 제281조에 따라 5년간이라고 보아야 할 것은 아니다(대법원 1994. 8. 26. 선고 94다28970 판결).

3) 지료청구권

지상권에 있어서 지료의 지급은 그 요소가 아니어서 지료에 관한 약정이 없는 이상 지료의 지급을 구할 수 없는 점에 비추어 보면, 분묘기지권을 시효취득하는 경우에도 지료를 지급할 필요가 없다고 해석함이 상당하다(대법원 1995. 2. 28. 선고 94다37912 판결). 그러나 자기가 소유할 당시에 토지에 분묘를 설치한 후 소유권을 이전한 경우, 새 토지 소유자는 종전 토지 소유자에게 지료를 청구할 수 있다.

🏠 차지권

차지권의 의의

건물을 소유할 목적으로 토지를 임치한 임차인이 임대차 기간 중 임차인 소유의 지상건물에 대하여 등기를 하면 그때 토지의 임차권이 제3자에 대하여 대항력을 취득하게 된다. 이를 차지권이라 한다(민법 제622조).

위 지상건물은 통상 임차인이 신축하여 보존 등기한 경우가 대부분이나, 토지임차인으로부터 건물을 양수한 자가 임대인의 동의를 얻어 임차권을 양수하고 건물의 보존 또는 이전 등기한 경우도 차지권이 인정된다.

차지권의 성립요건

1) 건물 소유를 목적으로 하는 토지임대차계약일 경우 차지권 성립

① 계약 만료 후 지상건물을 등기한 경우는 차지권이 성립되지 않는다.

② 당초 계약 시 특약으로 '소유자 변경 시 임대차계약 자동해지' 약정을 할 경우는 배제된다.

2) 지상건물의 등기

토지임차인이 지상건물에 대해 소유권보존(이전)등기를 해야 한다.

① 자기가 지은 건물을 미등기한 토지임차인에게는 차지권이 성립되지 않는다.

 - 미등기인이 지상건물이 있다는 것을 알고 토지를 취득한 자에게도 대항할 수 없다.

② 임대인으로부터 제3자가 토지의 소유권을 취득 후 건물 소유권을 등기한 때에도 차지권이 성립되지 않는다.

③ 차지권자로부터 건물을 양수하려는 자는 토지 소유자의 동의를 얻어 임차권을 적법하게 양수해야 한다.

3) 건물이 계속 존속해야 함

차지권의 효력

① 임대인, 새로운 소유자 등 제3자에게 임차권 대항력을 행사할 수 있다.

② 토지임대차 갱신 요구를 할 수 있다.

③ 갱신거절 시 지상건물매수청구권을 행사할 수 있다.

권리 발생 시기

지상건물 등기 시 권리 효력이 발생한다.

권리의 소멸

① 임대차계약 해지 및 만료 시

② 기간 만료 전 지상건물 멸실 및 노후 시

③ 건물등기 말소 시

차지권자로부터 건물을 양수하는 경우의 차지권 유지 문제

차지권자로부터 건물을 양수하는 경우, 건물 양수인은 토지임차권도 함께 양수하는 것으로 보나, 다음의 2가지 요건을 충족해야 한다.

① 임대인의 동의를 얻어야 한다.

② 임대인의 동의가 없을 시 새 임차인은 임대인과 임대차 존속이 곤란한 신뢰관계 파괴의 행위가 아니라는 특별한 사정 때문이었다는 것을 입증해야 한다(대법원 1993. 4. 13. 선고 1992나24950 판결).

🏠 타인의 토지 위로 통행할 수 있는 권리들

주위토지통행권

1) 주위토지통행권의 의의

어느 토지와 공로(公路) 사이에 그 토지 또는 토지상 시설의 용도에 필요한 통로가 없는 경우, 그 토지 또는 토지상 권리가 있는 시설물의 소유자는 주위의 토지를 통행로로 이용하지 않으면 공로에 출입할 수 없거나 과다한 비용을 지불해야 하는 때에는 그 주위에 있는 타인 소유의 토지 중 공로까지 최단거리로 이를 수 있는 부분에 통로를 개설하여 통행할 수 있는데, 이를 '법정주위토지통행권'이라 한다. 다만 토지 소유자가 손해를 가장 적게 보는 장소와 방법을 선택해야 한다(민법 제219조제1항).

주위토지통행권은 건물을 소유하고 있는 토지의 소유자 또는 지상권자, 전세권자, 임차권자, 사용차권자[35]에게 인정된다.

2) 주위토지통행권의 범위

민법 제219조에 규정된 주위토지통행권은 공로와의 사이에 그 용도에 필요한 통로가 없는 토지의 이용이라는 공익적 목적을 위해 통행지 소유자의 손해를 무릅쓰고 특별히 인정되는 것이므로, 그 통행로의 폭이나 위치 등을 정함에 있어서는 피통행지의 소유자에게 가장 손해가 적게 되는 방법이 고려되어야 할 것이다. 따라서 어느 정도를 필요한 범위로 볼 것인가를 구체적으로 정할 때는 사회통념에 따라 쌍방 토지의 지형적·위치적 형상 및 이용관계, 부근의 지리 상황, 상린지 이용자의

---

35) 사용차권은 물건의 소유자로부터 사용 승낙을 받아 그 물건을 무상으로 사용할 수 있는 권리를 말하며, 사용차권자는 그 권리를 가진 사람을 말한다.

이해득실, 기타 제반 사정을 기초로 판단해야 한다. 토지 이용 방법에 따라서는 자동차 등이 통과할 수 있는 통로 개설도 허용되지만 단지 토지 이용의 편의를 위해 다소 필요한 상태라고 여겨지는 정도에 그치는 경우까지 자동차 통행을 허용할 것은 아니다(대법원 2006. 6. 2. 선고 2005다 70144 판결).

3) 주위토지통행권이 인정되지 않는 경우

① 기존 통로가 있는 경우

이미 소유 토지의 용도에 필요한 폭 2미터 이상의 통로가 있으나 그보다 더 편리하다는 이유로 다른 장소에 주위토지통행권을 주장하는 경우는 인정되지 않는다(대법원 1995. 6. 13. 선고 95다1088, 95다1095 판결).

② 공로로 통할 수 있는 자기 소유 또는 공유 토지가 있으면서 타인의 토지를 이용하여 공로 출입을 하고자 하는 주위토지통행권은 인정되지 않는다(대법원 1982. 7. 13. 선고 81다515, 516 판결).

4) 통행료 지급 의무

주위토지통행권자는 토지 소유자에게 통행을 위해 사용하는 토지 부분의 가액에 적정 비율을 적용한 통행료를 지급해야 한다. 다만 통행료를 체납했다고 해서 통행을 막을 수는 없다.

약정통행권

1) 임대차에 의한 통행권

임대차계약을 통해 통행권을 확보할 수도 있다. 통행을 목적으로 타인의 토지를 임대하는 것이다. 이 경우 임대차 기한이 종료되거나 2기 차임 연체로 임대차가 해지되면 통행권이 소멸될 수 있다.

2) 사용대차에 의한 통행권

타인의 토지를 무상으로 이용하도록 사용 승낙을 받은 경우, 승낙받은 부분의 타인 토지를 통행로로 사용할 수 있다.

지상에 건물이 없거나 건물을 짓는 중에 통행권을 얻은 사람이 타인에게 토지를 양도한 경우, 사용 승낙을 한 사람은 새로 토지를 양수한 사람에게 사용 승낙을 하지 않을 수 있다. 사용 승낙은 당초 승낙을 받은 사람에게만 효력이 있다. 사용 승낙을 받아 건축 중인 토지를 낙찰받으면 양수인이 사용 승낙을 다시 받기 어려워 문제가 발생할 수 있다.

3) 지상권이나 지역권 설정에 의한 통행권

지상권, 지역권을 등기하면 권리의 효력에 따라 지상권, 지역권이 경매 등으로 소멸되지 않는 한 비교적 안정적으로 통행권을 확보할 수 있다.

영구지역권을 확보한 맹지는 사실상 맹지가 아닌 건축법상 도로로 인정받을 수 있는 매우 훌륭한 조건의 토지이다.

유치권 설정된 특수물건의 권리분석

저렴하게 나온 경매물건 중에는 유치권이 문제가 되는 물건이 상당히 많다. 유치권 중에는 허위 유치권도 많고, 그 조건을 갖추기가 상당히 까다로운 까닭에 유치권을 완벽하게 갖춘 경우가 드물다. 따라서 유치권에 대해 제대로 공부한다면 저가로 경매물건을 취득할 확률이 높아진다. 유치권 공부를 통해 유치권 공략에 도전해보길 바란다.

🏠 담보물권이지만 인수주의가 원칙인 유치권

유치권의 의의

우리 민법상 타인의 물건 등을 점유한 자에게는 그 물건 등에 관해 생긴 채권이 변제기에 있는 경우 변제를 받을 때까지 그 물건 등을 유치할 권리가 있는데, 이를 '유치권'이라 한다(민법 제320조제1항).

법률이 이러한 권리를 인정하는 이유는 어떤 사람이 목적물과 관련된 채권을 변제받기 전에 소유자 혹은 새 소유자 등이 점유를 이전해 달라고 해 이를 허용하면 채권 추심이 어렵게 되어 불공평한 결과를 가져올 수 있기 때문이다. 공평의 원칙에 기하여 그 목적물 점유자의 채권을 특히 보호하려는 것이다.

예를 들면, 건축주로부터 수급을 받아 건물을 자기 자금으로 건축한 시공자가 준공 후 건축주 앞으로 소유권 보존등기를 마쳤으나 건축주로부터 공사비를 지급받지 못한 경우, 시공자는 건축물에 대해 등기부상 어떠한 권리도 등기하지 않았지만 실체적으로는 건축물에 대해 소유권자 이상의 권리가 인정되어야 할 것이다. 이렇게 인정되어야 할 권리로 시공비를 전액 보장받을 수 있도록 시공비 채권자는 유치권이라는 법정 담보물권을 행사할 수 있다.

이 유치권은 채권을 전액 회수할 때까지 담보물을 유치함으로써 간접적으로 채권을 회수할 수 있도록 한 권리이다. 유치권은 채무자뿐만 아니라 목적물의 이해관계자 모두에게 권리를 주장할 수 있는 물권이면서 등기부에는 기재되지 않는 미공시의 물권이다.

유치권자는 채권회수를 도모할 수 있는 유치권의 목적물을 채권을 전액 회수하기 전까지 누구에게도 인도하지 않을 수 있다. 따라서 새 소유자가 부동산을 사용·수익하기 위해서는 유치권의 피담보채권을 전액 대신 변제해야 하므로 유치권을 잘 행사하면 유치권자는 채권을 전액 회수할 수 있다.

유치권 인수주의

유치권은 타인의 물건을 담보의 목적으로 점유할 수 있는 독립된 물권이므로 대세적 효력이 있어 채권자는 채권을 변제받을 때까지 모든 사람에 대하여 그 물건의 인도를 거절할 수 있다. 따라서 유치물이 양도되거나 매각된 경우 그 물건의 양수인·매수인 등에 대해서도 물건의 인도를 거절할 수 있다.

이때 그 피담보채무도 인수되는지의 여부에 대해서 양도의 경우는 다른 약정이 없는 한 인수되지 않는다는 점에 이론이 없으나 매각의 경우는 민사집행법 제91조제5항에서 "매수인은 유치권자에게 그 유치권으로 담보하는 채권을 변제할 책임이 있다"고 규정함으로써 인수주의를 취하고 있다. 그러므로 유치권자가 있는 경우 매수인은 유치권으로 담보된 채무를 변제하지 않고서는 부동산을 인도받을 수 없게 된다. 그러나 여기에서 '변제할 책임이 있다'는 말의 의미는 부동산상의 부담을 승계한다는 취지로, 인적채권의 변제가 있을 때까지 유치 목적물인 부동산의 인도를 거절할 수 있다는 것일 뿐, 그 피담보채권의 변제를 청구할 수는 없다고 할 것이다.

유치권 인수 예외의 경우

유치권자에 의해 경매에 부쳐진 부동산의 경우 유치권은 매각대금 배당에 참여할 수 있고, 배당 결과 유치권의 피담보채권의 일부만 배당받게 되더라도 유치권은 경매 절차에서 소멸된다. 매수인은 유치권에 대해 부담을 덜게 되는 것이다.

유치권에 의한 경매는 일반경매와 법정 매각조건이 농일하고, 유치권자는 일반채권자와 같은 순위로 배당된다. 주의해야 할 것은 유치권에 의한 경매 외에 강제경매 혹은 임의경매로 인해 중복으로 경매가 신청된 경우에는 유치권에 의한 경매는 정지되고 강제경매 또는 임의경매로 경매가 속행되며, 이때 유치권은 인수 조건으로 매각된다는 점이다.

🏠 유치권의 효력과 소멸

유치권의 효력

1) 유치는 가능하나 사용은 불법

유치권 목적물에 대한 유치는 가능하나 사용은 할 수 없다. 유치권을 행사하고 있는 목적물을 사용한다고 해서 유치권이 소멸되는 것은 아니지만 사용에 따른 차임에 상당하는 부당이득금을 반환해야 한다.

2) 인도거절권

일반채권은 당초의 채무자에게만 대항할 수 있는데, 유치권의 인도거절권은 물권이므로 새 소유자 등 누구에게나 행사할 수 있다. 단, 채무 변제에 대해 새 소유자에게는 청구할 수 없고 채무자에게만 청구할 수 있다. 제3자에게 채무를 승계할 경우에는 제3자에게 청구할 수 있다.

3) 경매신청권

유치권자도 경매를 신청할 수 있는데, 채무자에게 경매 예고를 한 후 채무자로 하여금 채무 변제나 다른 담보 제공으로 유치권을 소멸할 기회를 주고 난 후 경매신청을 할 수 있다.

4) 간이변제충당권

경매의 불이익 등 정당한 이유가 있는 때에 유치권자는 감정인의 평가에 의해 유치물로 직접 변제에 충당할 것을 법원에 청구할 수 있다. 이 경우 유치권자는 미리 채무자에게 통지해야 한다. 간이변제충당권은 주로 동산의 경우에 인정되며, 감정가에 의한 차액 정산으로 마무리된다.

5) 과실수취권(변제충당)

소유자의 동의하에 임대하는 경우 거두어들인 차임을 채권의 이자와 원본 순으로 변제하는 데 충당한다.

6) 보존 필요 범위 내 사용 가능

유치권자는 동파 예방, 재해 예방 등 유치물 보존에 필요한 범위 내에서 최소한으로 유치물을 사용할 수 있다. 이는 유치권자의 선량한 관리자의 주의 의무에 의해서다.

7) 비용상환청구권

유치권 행사 중에 비용이 발생한 경우 유치권자는 필요비, 유익비를 소유자에게 청구할 수 있다.

유치권의 소멸

1) 일반적 소멸 사유

일반적 소멸 사유로는 멸실·피담보채권의 소멸을 들 수 있다. 즉, 물건이 없어지면 소유권을 기본으로 한 모든 권리가 함께 없어진다. 유치권 자체는 시효가 소멸되지 않으나 피담보채권의 시효가 소멸되면 유치권은 소멸되며, 점유로 유치권을 행사하는 동안에도 채권은 소멸시효[36)]가 진행된다.

2) 특별 사유

① 채무자의 소멸 청구

유치권자가 민법 제324조제1항 '선량한 관리자의 주의로 유치물 점유'와 제2항 '채무자의 승낙 없이 임의로 유치물의 대여 또는 담보 제공 불가'의 의무를 위반한 경우 채무자는 유치권 소멸을 청구할 수 있다. 이는 형성권[37)]으로, 채무자가 유치권자

---

36) 권리를 행사하지 않아 권리가 소멸되는 기간
37) 권리자의 일방적 의사 표시에 따라 일정한 법률 효과를 발생시키는 권리로, 취소권, 추인권(追認權), 해제권, 인지권 등이 있다.

에 대해 일방적으로 의사표시를 함으로써 효력이 발생한다. 실무적으로는 소송에 의해 유치권 불성립 여부를 판정한다.

② 채무자가 타 담보를 제공하고, 유치권자가 이를 승낙하면 유치권이 소멸한다.

③ 유치권자가 점유를 해지하면 유치권은 소멸한다.

🏠 유치권의 성립요건

피담보채권이 존재해야 한다

점유자는 허위과장 채권이 아닌 유효한 채권을 가지고 있어야 하며, 당초 존재했으나 사후적으로 혼동, 변제, 대물변제, 소멸시효 등으로 소멸하지 않아야 한다. 유치권 신고자들 중에는 허위과장 채권을 가지고 유치권을 주장하는 경우가 많으므로 관련자들과의 면담, 탐문 등을 통해 허위 유치권을 밝혀내야 한다. 예를 들면, 실제 공사대금을 지급했다는 은행거래 내역 등의 객관적 증빙, 유치권자의 건축 관련 자격증, 면허 여부, 사업자등록 유무, 공사비 관련 부가가치세 납부 실적, 채무자와의 친인척 관계 여부 등을 확인하는 방법이 있다.

소유자로부터 사용 승낙을 받아 그 물건을 무상으로 사용하는 사용차권자는 차용물의 통상 필요비를 부담할 뿐 소유자에게 비용을 청구할 수 없으므로 이를 피담보채권으로 유치권을 주장할 수 없으며, 자신이 설립한 회사에 대해 신축공사비 채권을 가지고 개인 입장에서 법인에 대해 유치권을 주장한 사례에 대해 법원은 그 채권의 실체를 인정하지 않은 바 있다.

유치권을 주장하는 시공자가 건축 경험이 전무하고 기존에 수령한 공사대금도 모두 현금으로 수령해 즉시 지출했다며 금융자료를 제출하지 않은 사건과 수급인이 건설업에 등록되지 않고 세금계산서, 공사자금 출처 등에 관한 정확한 자료도 제출하지 않았으며 건물 시세에 비해 용도 변경 및 인테리어 비용이 과다한 사건에 대해 법원은 공사비 채권을 인정하지 않았다. 애초에 공사비를 지급하는 대신 건물의 일부를 완성해 건물의 소유권을 넘겨받기로 했다면, 그 시공자는 태도를 바꿔 건물을 넘겨받는 대신 공사비를 청구해 유치권을 주장할 수 없다.

채권의 변제기가 도래해야 한다

채권이 경매개시 기입등기 전에 이미 변제기가 도래해 있어야 한다. 경매개시 이후에도 공사가 진행되고 있었다면 경매개시 이후 공사가 완료된 시점에 공사비 채권을 변제할 시기가 도래한 것이므로, 이 경우에는 이를 피담보채권으로 해 유치권을 행사할 수 없다.

분양 후 분양대금으로 공사비를 지급하기로 했다면 분양대금이 입금되기 전에는 공사비의 변제기가 도래한 것이 아니다. 반면 도급인의 사정으로 공사가 중단되었다면 변제기가 도래한 것으로 본다.

하도급 시 수급인이 도급인으로부터 공사대금을 받아 하수급인에게 대금을 지급하기로 했는데, 수급인이 도급인으로부터 대금을 지급받지 못했다면 하수급인의 수급인에 대한 채권의 변제기가 도래하지 않은 것이다.

타인 소유 부동산에 관한 채권이어야 한다

유치권 주장자가 자기 소유의 부동산에 공사비 등을 들인 경우 그것은 유치권의 피담보채권이 될 수 없다. 혼동의 법리에 의해서 하나의 부동산에 유치권자이면서 동시에 소유권자가 될 수 없다.

피담보채권은 견련성이 있어야 한다

견련성[38]에 관해 민법 조문이 '그 물건에 관하여 생긴 채권'이라는 너무나 광범위하고 구체적이지 못한 점이 있어 법학자들 간에 견련성에 관한 여러 설이 난립하고 있지만 판례의 입장(이원설)을 정리해 '그 물건에 관하여 생긴 채권'이라는 말을 해석해본다.

① 채권이 목적물을 원인으로 하여 목적물 자체로부터 발생하며, 목적물의 가치를 형성하는 공사비 채권, 수리비, 유익비 채권일 경우
② 채권이 목적물의 반환청구권과 동일한 법률관계나 사실관계로부터 발생한 경우
- 수급인의 공사비 채권과 도급인의 건물인도청구권
- 매매계약이 취소된 후 매매대금 반환청구권과 목적물의 반환청구권
  - 토지와 건물은 별개의 부동산이므로 토지만 경매 시에는 건물 유치권자는 토지 소유자에게 유치권을 주장할 수 없다.
  - 공사자재 대금과 매몰비용은 목적물과의 견련성이 인정되지 않는다.
  - 건축물의 경우 현재 건축물의 가시적 시공비만 견련성이 있다.
  - 본 건물이 아니고 건물 내부의 칸막이 변경이나 부속물의 공사비와 관련된 채권도 본 건물에 관한 채권이 아니므로 본

---

38) 유치권의 성립요건은 유치 대상이 된 물건 그 자체에만 행사할 수 있다는 것을 의미한다.

건물과의 견련성이 인정되지 않는다.

합법적으로 점유해야 한다

1) 점유하지 않으면 유치권은 없다

점유자의 유치권이 성립되면 그가 점유하고 있으면서 새 소유자 등에게 부동산의 인도를 거절할 수 있기 때문에 유치권이 문제가 되는 것이다. 유치권을 주장하더라도 그가 점유하고 있지 않다면 소유권 취득일부터 새 소유권자 등은 합법적으로 부동산을 직접 점유할 수 있고, 점유를 하는 데 있어서 다른 점유자가 없으므로 아무 저항 없이 점유할 수 있어 유치권이 문제되지 않는다.

2) 점유의 판단 기준

점유란, 타인이 들어오지 못하도록 자신이 관리하고 있는 사실상 지배 상태로, 점유의 판단 기준은 사실적 지배력 존재 여부이다. 대법원은 점유의 판단 기준을 다음과 같이 정하고 있다.

점유라 함은 물건이 사회통념상 어떤 사람의 사실적 지배에 속한다고 볼 수 있는 객관적 관계에 있는 것을 말하고, 여기서 사실적 지배가 있다고 하기 위해서는 첫째, 물건과 사람과의 시간적 관계·공간적 관계가 성립되어야 하고 둘째, 타인의 지배를 배제할 가능성이 있어야 하며 셋째, 정당한 본권을 보유하거나 본권이 있다고 믿고 점유해야 한다.

3) 물건과 사람과의 시간적·공간적 관계

① 반드시 물건을 물리적·현실적으로 지배해야만 하는 것은 아니고, 기기 설치를 통한 원격관리도 물건에 대한 사실적 지배로 본다.

② 사실적 지배가 시간적으로 계속되어야 한다. 일시적인 점유는 인정되지 않는다. 예를 들어, 손님이 일시적으로 머물고 있는

상황은 인정되지 않는다.

③ 외부자가 인식할 만한 정도의 점유로, 적어도 관심이 있는 자가 사실적 지배라고 인식할 수 있는 정도의 표상을 갖추어야 한다. 매각 부동산의 외부에서 보더라도 유치권을 행사하고 있음을 쉽게 인식할 수 있는 표시(현수막 등)가 당해 부동산에 있어야 한다.

4) 타인의 지배를 배제할 가능성

사람과 물건의 형상, 크기, 부피, 위치 등을 비교해볼 때 평온, 공연하게 점유를 빼앗으려 할 때 그를 방어할 수 있는 현실적·물리적 여건이 갖추어져야 한다.

사람의 역량, 법인의 경우 인적 조직과 지배도구, 출입통제 설비 등으로 사실상 완전한 지배를 해야 하며, 타인의 지배를 배제할 가능성이 미흡해서는 점유로 인정되기 어렵다. 예를 들어, 여러 출입문 중 한 곳만 경비를 서는 경우는 점유로 인정되지 않는다.

5) 본권관계

물건을 사실적으로 지배할 수 있는 정당한 본권을 보유했거나, 본권이 있다고 믿고(이 경우 그럴 만한 타당한 이유가 있어야 함) 점유해야 한다. 예를 들어, 건물의 소유자가 건물이나 그 대지를 점거하지 않더라도 건물에 대한 본권을 가지고 있으면 건물의 부지를 점유한 것으로 본다.

6) 불법점유, 부적법한 점유

① 임차인이 계약해지 후 지출한 비용에 대해 유치권을 행사할 경우는 불법점유가 된다.

② 채권자라 하더라도 건축주의 동의 없이 임의로 점유하는 경우는 불법점유가 된다.

③ 경매개시 이후의 점유는 '압류의 처분금지효'[39]에 해당해 부적법한 점유가 된다.

④ 건축주나 권한이 있는 자 이외의 사람으로부터 열쇠를 넘겨받는 등 점유를 넘겨받으면 불법점유가 된다.

유치권의 배제특약이 없어야 한다

임대차계약서에 '원상회복', '시설비 일체 임차인이 부담' 등의 유치권 배제특약이 있는 경우는 유치권이 성립되지 않는다. 도급계약서에 '시공자는 유치권 행사하지 않기로 함'이라는 특약이 있는 경우도 마찬가지다.

유치권 성립요건에 관한 법리해석은 대부분 일관성이 있지만, 간혹 일관성 측면에서 설명하기 어려운 판례들이 있으므로 유의할 필요가 있다. 법원판례 중에는 유치권에 관한 내용이 매우 많은데, 그 많은 판례를 깊이 공부하고 싶다면 유치권만 단독으로 다룬 책을 참고할 것을 권한다.

🏠 유치권의 요인별 판례연구

일반

1) 2010마1059 결정/ 2009마2063 결정

---

[39] 권리를 취득할 때 경매신청 또는 압류가 있다는 것을 알았을 경우에는 압류에 대항하지 못한다는 것을 의미한다.

유치권자의 경매신청 사건의 유치권 소멸주의, 배당수령 가능

2) 2011다35593 판결

유치권에 의한 경매, 일반경매와 법정매각조건 동일, 유치권자는 일반채권자와 같은 순위로 배당 가능. 그러나 후속경매(강제, 임의)의 경우 유치권경매 정지, 유치권 인수조건

피담보채권의 존재

점유자가 허위과장 채권이 아닌 유효한 채권을 가지고 있어야 하며 당초 존재했으나 사후적으로 혼동, 변제, 대물변제, 소멸시효 등으로 소멸하지 않아야 한다. 허위과장 채권에 대해서는 입찰방해죄로 형사 고소를 할 수 있으며 민사적으로는 소송절차에서 실제 공사대금 지급한 은행거래 내역 등의 객관적 증빙, 유치권자가 건축관련 자격증, 면허 여부, 사업자등록 유무, 공사비 관련 부가가치세 납부 실적, 채무자와 친인척관계 여부 등으로 허위유치권을 봉쇄할 수 있다.

1) 부산고법 05나8309(건물명도 등)

사용차주는 차용물의 통상 필요비를 부담하게 되어 있어 유치권 주장 불가(민법 611①)

2) 대구고법 07나6780(유치권부존재 확인)

자신이 설립한 회사에 대해 신축공사비 채권을 가지고 유치권 주장 → 채권의 실체 불인정

3) 광주고법 06나4280(유치권부존재 확인)

자금압박으로 단전된 지 6개월 시점에서 시공자가 선급금 없이 수억 원의 공사를 수급, 시공 중 대금 미회수→ 계약서 미제시, 소송 당시

견적서만 제출→ 견적서의 실체관계 의문→ 채권 불인정

4) 광주고법 06나7241(건물명도 등)

관계자의 여러 정황상 피고는 관계인으로부터 수급받은 것이 아니고, 실질적인 소유자로 보인다고 하여 유치권 불인정

5) 광주고법 07나663(건물명도 등)

시공자가 건축 경험 전무, 기수령 공사대금 수령하여 즉시 지출하였다며 금융자료 제출하지 못한 경우→ 시공 사실 인정 어렵다고 본 판례

6) 광주고법 06나7104(유치권부존재 확인)

수급인이 건설업 등록 없고 세금계산서 공사자금의 출처 등에 관한 정확한 자료 미제출, 건물가에 비해 용도변경과 인테리어 비용이 과다한 점으로 채권 불인정

7) 광주고법 06나1519

법인과 법인의 대표이사가 도급계약의 사례, 세무자료 제출하지 못하여 공사비 채권 불인정

8) 광주고법 07나363

유치권신고 시 없던 서류, 추후 소송에서 처음 제출한 서류를 신뢰하기 어렵고, 공사비에 내해 가압류 등 조치도 전혀 하지 않아 공사채권 존재 부정한 사례

9) 서울고법 06나113675

시공자인 법인의 대표이사가 발주자의 아버지이고, 다른 공사관계 자료도 인정하기 어려운 사례

10) 광주고법 10나766

제시한 계약서 내용과 세부자료가 불일치하여 채권 불인정

11) 부산고법 07나14087

채권양도로 채권 부존재 경우의 사례

12) 광주고법 05나10219

채권양도 후 철회, 혹은 채무자 이행각서의 경우 채권 불인정 사례

13) 서울고법 06나55670

공사대금채권 대신 전세계약서를 작성해준 경우 공사비 채권은 임차권으로 전환됨으로써 채권이 소멸된 것이다.

14) 서울고법 06나31766 공사중단, 공사대금청구

- 건축주가 점유 대지 인도청구로 공사계약 해지, 채권이행기 도래 이후 3년 경과 시효소멸[40] 인정

- 수급자에 건물의 사용 · 수익권 위임했어도 채무의 승인이 아니고 채권 시효 진행

15) 광주고법 10나742

도급, 수급자 상호간 공사계약 해지로 볼 증거가 없다고 한 사례

16) 대법원 09다39530

피담보채권의 소멸시효 확정판결로 10년 연장의 경우, 매수인은 종전 단기 소멸시효 기간 원용 불가

채권의 변제기 도래

유치권이 성립하려면 피담보채권의 변제기가 도래해야 한다.

---

40) 유치권행사 중이라도 피담보채권의 시효는 진행에 방해받지 않으며, 3년의 단기소멸시효(집행권원 있으면 10년) 적용되는 수급자, 기사, 설계, 감리자의 공사관련 채권(공사대금, 공사에 부수되는 채권), 채무자의 시효이익은 새 소유자가 원용 가능.
소멸시효 원용 가능자는 소유자의 채권자나 새 소유자 등 채권소멸로 이익을 얻는 자이며, 채권자는 소유자의 무자력 입증해야 함(97다22676/ 09다39530).
채무승인, 청구, 가처분, 가압류, 최고 등이 시효중단 사유이며 최고의 경우는 뒤에 가압류 등보다 강력한 방법 병행되어야 함.

1) 서울고법 07나30722

하도급 계약 시 수급인이 도급인으로부터 공사대금을 받아야 하수급인에게 대금을 지급하기로 약정 시, 수급인 대금미수 시 변제기 미도래

2) 대법원 2008다34828/ 서울고법 2006나59825

분양 후 그 수입으로 공사대금 지급하기로(불확정 기간으로) 정했으나, 도급인이 잠적하여 공사중단, 건물과 부지가 경매개시된 경우 잠적이나 경매개시 시 불확정 기한 사실의 발생으로 보아 변제가 도래

3) 대법원 2005다41740

전세권자의 공사비용상환청구권은 전세권 기간 만료 시에 변제하기로 약정되어 있어, 아직 변제기 미도래

[참고]

- 배당요구하지 않은 대항력 있는 임차인의 유익비상환청구권은 변제기 미도래로 유치권 주장 불가

- 불확정 기한(갑이 사망했을 때, 태풍 등 천재지변, 분양대금 수입으로 공사비 지급 등)의 경우

  불확정한 사실이 발생했을 때 기한이 도래한 것으로 봄

  불확정한 사실이 발생 불가로 확정되었을 때 기한이 도래한 것으로 봄

타인소유 부동산에 관한 채권에 한함

유치권은 목적물이 타인 소유에 한하므로 목적물이 유치권자 자신 소유이거나 그의 소유로 인정되는 경우에는 유치권이 성립하지 않는다.

1) 대법원 97다8601/ 91다14116 등

수급인이 자기의 재료와 노력으로 건물을 신축한 때 특별한 약정이 없는 한 도급인이 공사대금을 지급하고 건물을 인도받을 때까지 그 소유권은 수급인에게 있으므로 수급인은 유치권행사 불가

2) 서울고법 06나78956

수급인의 재료공급, 노력으로 신축했더라도 특별히 도급인과 수급인 간 도급인에게 소유권을 귀속시키라고 약정한 경우는 유치권행사 가능함에 유의

3) 부산고법(06나11180)

전세권자가 건물 매수 약정한 상태에서 공사 미완성부분을 완성했다면 아직은 소유권이전등기가 이루어지지 않아 소유권자가 아니므로 유치권행사 가능

견련관계

채권자가 시공자와 임차인에 따라 견련관계 차이 있음.

1) 사전공사대금채권 관련(서울고법 07나77370)

건물신축 위한 철거, 정지작업 등 사전공사비 채권은 건물과 견련성이 없다.

2) 부속물공사대금 채권 관련(서울고법 72나2595)

건물 내 칸막이 변경 등 부속물 공사비 채권은 건물에 관한 채권이 아님

3) 자재대금, 감리, 설계대금 채권 관련

(서울고법 05나102470/ 서울고법 10나17668)

자재대금은 건물에 부합되었다 해도 매매대금 채권에 불과하여 견련성 없음

4) 건물내부 분리 가능한 유체동산, 공장 자동화기계 시설, 매수 내지 설치대금 채권(광주고법 07나1956/ 05나6494)

건물에 TV, 에어컨 등 설치대금 채권과 공장 자동화설비도 건물에 관한 채권이 아님, 자동화시설 시공자가 건물에 대해 유치권행사는 불가→ 공장시설 일체 경매에서 자동화시설이 점유 가능한 공간이면 이 부분의 유치권행사는 가능하리라 봄

5) 공사비 채권 미완성 토지와 미완성 건물에 유치권행사?(대법원 07마98)

건물 신축공사 수급인이 미완성 건물 또는 토지에 대해 유치권행사 불가

6) 토지공사 채권, 지상건물에 유치권행사?(광주고법 07나1956)

토지조성 공사비 채권자가 완성된 지상건물에 유치권행사 불가

7) 부합물, 종물에 대한 공사채권

건물이나 토지의 부합물, 종물에 대한 공사대금 채권도 견련성 인정되고 부동산 전부에 대해 유치권행사 가능, 샷시공사 채권자가 아파트 전부 유치권행사 가능

8) 하수급인의 공사대금 채권도 견련성 인정

대법원은 '하수급인도 수급인으로부터 하도급 받아 공사를 하였다면, 그 공사대금 채권이 목적부동산과 견련관계가 인정되는 한 수급인의 유치권을 원용하여 행사할 수 있다'로 하여 원 수급인의 유치권 원용을 인정하였다. '이 사건 공사 목적물(7동의 다세대주택) 전체에 관

한 공사대금 채권은 하수급인과 원 수급인 사이의 하도급계약이라
는 하나의 법률관계에 의하여 생긴 것으로서 그 공사대금 채권 전부
와 공사 목적물 전체 사이에는 견련관계가 있다'고 보아 하수급인의
독자적 유치권행사도 인정하였다.

9) 공사대금 채권을 임차보증금으로 전환한 경우

공사업자가 공사대금 채권을 변제받지 못하자 이를 임차보증금으로
전환하여 건축주와 사이에 임대차계약을 체결한 경우, 이제는 임차
보증금반환 채권에 불과하여 건물과 견련성이 없으므로 유치권이 성
립하지 않는지 여부가 문제된다.

이에 대해 판례는 '공사대금 채권을 임차보증금으로 전환한 것은 공
사대금 채권이 소멸된 것으로 본다'라고 했음

판례로 본 점유의 요건

1) 타인 침입 배제 가능성
   - 타인이 함부로 출입하지 못하도록 할 것
   - 출입할 수 있는 모든 곳에 대해 경비원이나 직원으로 하여금
     경비 수호하게 함
   - 자물쇠 잠그고 열쇠 독점적 관리
2) 점유가 인정되지 않는 사례
   - 누구나 출입가능하거나 유치권자도 출입할 수 없는 경우
     (부산지법 2009가합20751)
   - 자연 상태의 임야는 타인 출입 배제 어려우므로 점유 불인정
     (대법원 94다23821)
   - 공공통로도 개방된 것이므로 배타적지배 불인정(대법원 73다923)

- 일반인이 자유롭게 출입 가능하면 점유 불인정(전주지법 2009가합127)

  현관문이 잠겨 있지 않아 출입통제가 안 되고…
- 타인이 점유하고 있는데 편승하여 컨테이너 설치, 현수막 설치의 사실만으로는 배타적 점유 불인정
- 점유하고 있는 부분 외 다른 부분은 유치권 불성립(대법원 2008다70763)

  점유하고 있는 부분 외 나머지 부분은 유치권이 성립될 수 없다. 넓은 임야 중 일부에 분묘설치, 해당부분 외는 점유 불인정
- 구분소유권의 경우 해당 호실별 점유가 이루어져야 함

  출입구, 복도 등의 점유는 해당 건물의 점유로 불인정. 오히려 해당 호실의 출입, 통행을 불법 방해하는 행위에 불과한 것
- 시건장치 대신 건물자재로 입구 막는 것으로는 점유 불인정→ 타인의 출입을 완전히 통제할 수 없는 것으로 봄(부산고법 08나18857)
- 점유침탈 시 적극적 저항 없었다면 타인 침입 배제 가능성이 약한 것으로 점유 불인정(부산지법 10가합130285)

  타인이 압도적 물리력을 가지고 짐냘하여 오는 섯까시 배세할 수 있는 정도까지 요구하는 것은 아니고, 평온공연하게 점유를 빼앗으려고 할 때 그를 방어할 수 있을 정도면 되는 것이다.

경매 사례
16

경매개시결정 이후의 점유는 유치권 무효

유치권 주장하는 용인의 주택을 저가로 취득한 사례

길 하나를 사이에 두고 세워진 쌍둥이 주택이 경매로 나왔다. 주변에 신축 건물이나 주택단지가 계속 지어지고 있는 만큼 이후로도 가격 상승이 이어질 것으로 예상되는 물건이었다. 그런데 이 건물에는 유치권을 알리는 현수막이 걸려 있었고, 실제로 1억 원에 달하는 유치권을 주장하는 사람이 건물을 점유하고 있었다.

　게다가 최종 낙찰 수개월 전에 한 차례 낙찰됐었는데, 이 낙찰자는 해당 건물을 3억 8,000만 원에 낙찰받았다가 유치권 주장자와 부딪히자 낙찰을 포기하고 낙찰대금을 납부하지 않아 입찰보증금 2,600여만 원만 손

해를 본 사실이 있다. 이런 위험 부담 때문에 경쟁률이 낮을 것으로 예상되는 물건이었다.

그런데 L씨는 이 유치권이 성립되지 않는다는 법률적 지식을 가지고 있었다. 유치권이 인정되지 않는 사유는 대법원판례에서 명확하게 밝히고 있다. 유치권이 인정되려면 경매개시일 이전부터 유치권 행사를 목적으로 하는 현수막 등이 걸려 있고 이미 점유하고 있어야 하는데, 경매개시일로부터 수개월이 지난 시점에 법원에서 현장조사를 나갔을 때 촬영된 사진에는 현수막 등이 없었던 것이다.

이를 알아챈 L씨는 확실히 유치권 문제가 없다고 판단하고 입찰에 참여했다. 다만 고수들도 이를 눈치 채고 입찰에 참여하지 않을까 하는 우려에 반값으로 떨어진 최저경매가에 무려 1억 2,000만 원이나 더 얹어 입찰했다.

그런데 개찰 결과 L씨 단독 입찰이었고, 그 사실을 안 L씨는 1억 2,000만 원이나 더 주고 낙찰받은 것을 통탄했다. 그럼에도 그나마 시세보다 1억 6,000만 원 정도 저렴하게 취득한 것을 위안으로 삼을 수 있었다.

법정지상권의 권리분석

토지만 단독으로 또는 지상건물만 단독으로 경매에 나오게 되면 경매 이후 그 토지와 지상건물은 소유자가 달라지게 된다. 이때 건물 소유자가 토지 소유자에 대항해 철거되지 않을 권리가 있는지, 아니면 철거되어야 할지는 법정지상권을 취득했는지 여부에 따라 결정된다.

🏠 법정지상권의 의의

법정지상권의 뜻

매매나 경매 등으로 토지와 건물 중 어느 하나가 타인에게 소유권이 넘어가 토지와 건물의 소유자가 달라진 경우에 건물 소유자를 보호하기 위해 법률로 인정하는 지상권을 '법정지상권'이라 한다. 법정지상권은 앞에서 다룬 지상권과 그 효력이 동일하다.

법정지상권 제도의 필요성

건물은 대지의 이용관계를 수반하지 않고는 존립할 수 없는데도 토지와 건물을 독립된 별개의 부동산으로 취급하는 우리나라의 법제하에서는 건물 소유자와 대지 소유자가 당초부터 다르거나 동일했다가도 달라질 수 있다. 당초부터 다를 때는 보통 건물과 대지의 소유자가 협의에 의해 건물을 사용할 수 있도록 권리를 부여해주었기 때문에 법률 규정에 의해 건물 존립 및 사용권한을 별도로 부여할 필요가 없다.

그러나 자신의 대지에 건물을 건축했던 사람이 대지 소유권을 경매 등으로 잃었을 때는 새로운 대지 소유자가 건물 소유자에게 건물의 존립과 사용에 대한 권리를 부여하거나 법률에 의해 그 권리를 보장해주어야 한다. 그러나 대지 소유자가 스스로 그런 권리를 인정해주기를 기대하기는 어렵기 때문에 법률에 의해 그 문제점을 보완해주어야 한다.

만일 법정지상권 제도가 없다면 어떤 일이 벌어질까? 경매를 통해 대지만 매각되면 새로 취득한 낙찰자가 그 대지에 있는 건물을 철거해버릴 수도 있고, 대지 소유자는 건물에 대해 반사적으로 큰 이득을 보게 되는 상황이 발생할 수도 있다. 이렇게 되면 채권자가 의도적으로 건물을 제외하고 대지만 경매에 부쳐 건물을 철거하도록 압박하는 일이 빈발할 수 있다.

🏠 법정지상권의 종류

5가지 종류의 법정지상권

1) 민법 제366조 법정지상권

민법 제366조에는 저당권이 설정된 건물과 토지가 경매로 인해 소유자가 서로 달라진 경우, 토지 소유자는 건물 소유자에 대해 건물의 소유가 가능하도록 지상권을 설정한 것으로 본다. 이를 '민법 제366조 법정지상권'이라 한다.

2) 관습법상 법정지상권

경매 이외에 매매 등 다른 원인에 의해서도 건물과 토지의 소유권자가 달라질 수 있으므로 매매 등에 의해, 혹은 저당권이 설정되어 있지 않은 건물과 토지가 경매에 의해 건물 철거의 합의 없이 소유자가 달라진 경우, 민법 등에는 규정되어 있지 않으나 건물 소유자를 보호해야 한다는 관습적인 규율이 있다고 판례에서는 내세우고 있다. 이와 같은 건물 소유자를 위한 토지상의 권리를 '관습법상 법정지상권'이라 한다.

3) 민법 제305조 법정지상권

토지와 건물이 동일 소유자에 속하고 있는 동안 건물에 전세권을 설정한 경우 매매, 경매 등의 사유로 토지와 건물의 소유자가 달라질 때 먼저 설정되어 있는 전세권을 보호하기 위해, 즉 전세권자의 권리 유지의 전제가 되는 건물의 존립을 보장해주기 위해 건물 소유자는 토지 소유자에 대해 민법 제305조에 의한 법정지상권을 획득한 것으로 본다.

전세권이 아니라도 토지와 건물이 동일 소유자에 속하고 있다가 매매, 경매 등으로 소유자가 달라지면 민법 제366조 법정지상권 혹은 관습법상 법정지상권이 성립하게 되는데, 민법 제366조 법정지상권과 관습법상 법정지상권은 건물 소유자가 그 권리를 포기할 수 있는 데 비해 민법 제305조 법정지상권은 전세권자의 동의 없이는 권리를 포기할 수 없다는 데 그 의미가 있다. 또한 관습법상의 법정지상권은 성문법상의 법 규정이 없을 때 원용하는 것이고, 각 민법규정상 법정지상권에 해당될 때는 ○○법 제 ○조 규정의 법정지상권이라 칭한다.

4) 가등기담보 등에 관한 법률 제10조 법정지상권

토지 및 지상건물이 동일인 소유에 속하고 있는 동안 토지나 건물 중 어느 하나에 가등기담보권이 설정되어 있다가 그 권리를 행사함으로써 본등기, 즉 소유권 이전이 된 경우 건물 소유자를 위해 토지에 대한 법정지상권이 성립된 것으로 본다.

5) 입목에 관한 법률 제6조 법정지상권

입목법에 의해 소유권등기가 된 입목과 토지가 동일 소유자에 속하고 있다가 매매, 경매 등의 사유로 토지와 입목이 각각 다른 소유자에게 속하게 되는 경우, 토지 소유자는 입목 소유자에 대해 법률규정에 의한 법정지상권을 설정한 것으로 본다.

⌂ 민법 제366조 법정지상권

> **[민법 제366조 법정지상권]**
> 저당물의 경매로 인하여 토지와 그 지상건물이 다른 소유자에 속한 경우에는 토지 소유자는 건물 소유자에 대하여 지상권을 설정한 것으로 본다. 그러나 지료는 당사자의 청구에 의하여 법원이 이를 정한다.

민법 제366소 법정지상권의 의의와 취지

토지와 그 지상건물이 동일인에게 속하고 있는 동안에는 건물 소유를 위한 토지의 이용관계에 문제가 없다. 이는 저당권이 토지나 건물 위에 설정되어 있는 경우에도 마찬가지다. 그러나 저당권 실행에 의해 토지 또는 건물이 경매되어 각각 그 소유자가 달라지는 경우에 계속해서 건물의 존립 및 사용이 가능하도록 하기 위해서는 토지 이용의 법률관계가 별도로 성립되어 있어야만 한다. 이는 당사자 간의 합의로는 곤란하므로 법률규정에 의해 그러한 권리의 부여를 강행해야 한다.

이는 건물 소유자를 보호하기 위해서만이 아니라 건물 담보물권자의 교환가치를 보장하기 위해서도 필요하다. 한편 건물과 소유자가 같은 토지에 저당권을 설정한 자는 장차 그 토지에 대한 경매가 실행될 경우 토지 이용권이 제한받는 것을 알았을 것이므로 담보가치가 그만큼 적다는 것을 알았다고 보아야 한다. 반대로 나대지에 저당권을 설정한 자는 장차 경매가 실행될 경우 토지 이용권이 제한받지 않을 것을 알고 충분한 담보가치를 기대했을 것이다.

본 법정지상권은 토지 저당권과 토지상에 있는 건물의 존립을 위한 토지 이용권 제한, 즉 법정지상권의 인정이라는 2가지 권리관계의 갈등에 관한 규정이라고 볼 수 있다.

민법 제366조 법정지상권의 법적 성격

민법 제366조는 강행규정이라고 보는 것이 판례와 학설의 공통된 입장이다. 이 규정을 위배할 경우 당사자 간에 맺은 배제특약은 효력을 잃게 된다. 예컨대 저당권 설정 당시 이 저당권의 실행으로 기존 건물의 철거를 특약으로 체결했다 해도 이는 효력이 없다.

다만 법정지상권이 발생한 이후 이를 포기할 수는 있다. 건물 또는 토지가 경락되어 법정지상권이 발생한 후 토지 소유자와 건물 소유자 사이에 토지의 이용에 관한 별도약정을 체결한 경우는 이 법정지상권을 포기할 수 있는 것이다.

민법상 법정지상권의 성립요건

(근)저당권 설정 당시 토지와 건물이 동일인 소유로 있다가 그 저당권

실행이나 다른 채권자의 경매신청에 의해 토지 또는 건물이 따로 경매로 나와 토지와 건물의 소유자가 서로 달라진 경우, 건물 소유자(기존 건물 소유자 혹은 경매로 새롭게 소유권을 취득한 건물의 새 소유자)는 토지 소유자(기존 토지 소유자 혹은 경매로 새롭게 소유권을 취득한 토지의 새 소유자)에 대하여 법률규정에 의한 지상권을 획득하게 된다.

[도면 1] 건물 소유자 '김'이 토지에 대해 법정지상권 성립

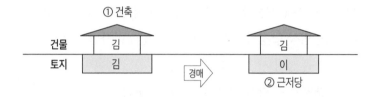

[도면 2] 매각에 의한 건물 새 소유자 '이'는 토지에 대해 법정지상권 성립

[도면 3] 건물 소유자 '김'이 토지에 대해 법정지상권 성립

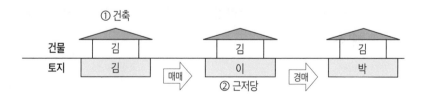

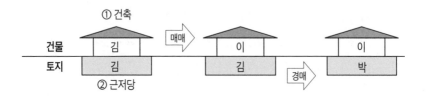

민법 제366조에서는 세밀한 요건을 정하지 않고 있는데, 입법 취지에 비추어 민법상 법정지상권의 성립요건을 정리하면 다음과 같다.

① 저당권 설정 시 토지와 건물이 동일인 소유여야 한다.

② 저당권 설정 당시 건물이 존재해야 한다.

- 건물 없는 토지에 저당권을 설정한 후 토지 소유자가 건물을 신축한 경우에는 법정지상권이 성립되지 않는다.
- 건물은 건물로서의 요건을 갖추고 있는 이상 무허가 건물이든 미등기 건물이든 상관없이 법정지상권이 성립한다.

③ 경매 절차에서 저당권은 경매되는 토지나 건물에 설정된 저당권이어야 한다. 만일 토지가 경매되는 경매사건이라면 건물에 대한 저당권은 해당 경매와 상관없는 저당권이다.

④ 경매를 통해 토지와 건물의 소유자가 달라져야 한다. 경매가 아닌 매매로 소유자가 달라질 경우에는 관습법상 법정지상권에 해당한다.

민법 제366조 법정지상권의 효력

1) 법정지상권의 범위

건물 등 지상물을 사용하는 데 필요한 범위 내에서만 인정한다.

토지에 대한 건물의 법정지상권은 특별한 사정이 없는 한 그 건물의 구조와 평수, 그 건물의 본래 사용 목적, 그 건물이 서 있는 곳의 객관적인 여러 사정들을 종합해 그 건물을 사용하는 데 일반적으로 필요한 범위라고 인정할 수 있는 범위 내의 토지에 대해서만 법정지상권이 인정될 뿐, 그 외의 토지 부분에 대해서까지는 인정할 수 없다고 해석함이 타당하다(대법원 1966. 12. 20. 선고 66다1844 판결).

2) 토지 전득자에게도 등기 없이 지상권 효력 발생

법정지상권 취득 당시 토지의 소유자뿐 아니라 토지를 새롭게 양도받는 전득자[41]에게도 지상권의 효력이 미친다.

3) 법정지상권의 양도 효력

법정지상권 취득자가 등기 없이 권리를 취득하였더라도 이를 제3자에게 처분하기 위해서는 등기를 해야 하고(민법 제187조), 그러한 등기 없이 건물을 처분할 경우 건물의 전득자는 지상권이라는 물권을 취득하지 못하게 된다. 다만 토지 소유자는 지상권을 취득하지 못한 건물 전득자에게 건물 철거를 수상할 수 있다(건물 전득자에게 지상권 등기청구권이 있기 때문에 신의성실의 원칙상).

건물 양수인은 건물 양도인의 지상권설정등기 청구권을 채권자 대위권에 의해 행사할 수 있으므로 양수인은 순차로 양도인 명의로 등기를 거쳐 자기 명의로 등기할 수 있다(대법원 1981. 9. 8. 선고 80다2873 판결).

---

41) 남이 취득한 물건이나 권리를 다시 넘겨받는 사람, 특히 민법에서는 채무자의 악의적인 재산 감소 행위에 의해 이익을 얻은 사람에게서 다시 목적물을 넘겨받는 사람을 이른다.

4) 민법 제366조 법정지상권의 존속기간

① 법정 최단 규제기간(30년, 15년, 5년)의 존속기간 효력

법정지상권의 존속기간은 법정지상권 성립 후 그 지상권 목적물의 종류에 따라 규정하고 있는 민법 제280조제1항 소정의 각 기간으로 봄이 상당하고, 분묘기지권과 같이 그 지상에 건립된 건물이 존속하는 한 법정지상권도 존속하는 것이라고 할 수 없다(대법원 1992. 6. 9. 선고 92다4857 판결).

5) 지료

법정지상권자는 토지 소유자에 대해 토지 사용료 상당의 지료를 지급해야 한다. 지료는 당사자 간의 협의에 의해 정하고, 협의가 안 되면 당사자의 청구에 의해 연 1~3% 정도로 법원이 결정하는데, 지상권 발생 시부터 소급하여 지급해야 한다.

법원은 법정지상권자가 지급할 지료를 정함에 있어서 법정지상권 설정 당시의 제반 사정을 참작해야 하지만 법정지상권이 설정된 건물이 건립되어 있음으로 인해 토지의 소유권이 제한을 받는 사정은 이를 참작해 평가해서는 안 된다(대법원 1989. 8. 8. 선고 88다카18504 판결).

민법 제366조 법정지상권의 성립 시기

1) 소유권이 낙찰자에게 이전된 때

즉, 대금 완납 시 법정지상권이 성립하고, 존속기간은 그때부터 기산점이 된다.

2) 소유권이전등기 시

매매로 인한 법정지상권은 소유권 취득 시점인 소유권이전등기 시 성립한다.

🏠 관습법상의 법정지상권

관습법상 법정지상권의 의의와 취지

토지와 지상건물이 동일인 소유였다가 매매 등 기타 사유로 인해 건물과 토지의 소유자가 달라진 때에는 관습법상 건물의 소유를 위해 법정지상권이 당연히 성립되는 것으로 본다. 이는 토지뿐 아니라 건물도 독립된 부동산으로 취급하고 있는 우리나라 법제의 특수성에 기인한 문제점을 시정하기 위해 마련된 제도이다.

성문법에는 그 근거규정이 없고 대법원에서 '우리의 관습'이라 하여 판례로 규정하고, 이를 '관습법상의 법정지상권'이라고 칭하고 있다.

판례에 따르면 우리 민법은 일정한 요건을 구비하면 법정지상권을 인정하고 있으나 민법에서 규정하는 요건을 갖추지 못했다 하더라도 토지와 건물이 동일인 소유였다가 토지 또는 지상건물이 경매 또는 그밖의 원인으로 인해 각각의 소유자가 달라지게 된 때, 그 건물을 철거한다는 약정이 없는 한 건물 소유자는 토지 소유자에 대해 관습에 의한 법정지상권을 취득한 것으로 본다.

관습법상 법정지상권의 성립요건

판례를 종합 분석해 볼 때 관습법상의 법정지상권은 다음과 같은 요건을 갖추었을 때 성립한다.

토지와 건물이 토지의 경매기입등기 당시, 또는 토지상에 가압류가 있는 경우에는 토지상 가압류 등기 당시에 동일인 소유였다가 토지와 건물 중 어느 하나가 매매 또는 경매 등의 원인으로 소유자가 달라지게 된 때 기존의 건물 소유자(혹은 매매, 경매 등으로 건물을 새로 취득한 자)는 토지 소유자(새 소유자나 기존의 소유자 포함)에 대해 관습법상 법정지상권이 성립한 것으로 본다. 다만 당사자 사이에 건물 철거에 관한 특약이 없어야 한다.

[도면 5] 건물 소유자 '김'이 토지에 대해 법정지상권 성립

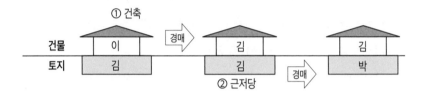

[도면 6] 건물 소유자 '박'은 토지에 대해 법정지상권 성립

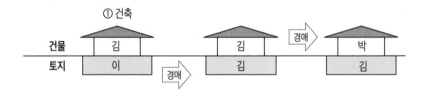

1) 토지와 건물이 동일인 소유였을 것

토지와 건물이 어느 시점에 동일인 소유에 속했어야 하는데, 이는 토지상에 압류 효력이 있는 경매기입등기일이 기준이 되며, 경매기입등기 이전에 가압류 등기가 있는 경우에는 가압류 등기일이 기준이 되어 그 당시 토지와 건물이 동일인 소유였는가 여부에 따라 관습법상 법정지상권이 성립되기도 하고 불성립되기도 한다. 법정지상권은 토지상에 성립하는 권리이므로 토지상에 있는 가압류, 압류의 경매기입등기

가 기준이 되는 것이다.

2) 매매 등 기타의 사유로 토지와 건물의 소유자가 달라질 것

당사자의 의사에 반해 저당권 없이 강제경매나 공매로 소유자가 달라지거나 당사자의 의사에 따라 매매, 대물변제, 증여, 공유물분할, 귀속재산 불하 등의 이유로 소유자가 달라지는 경우에도 관습법상 법정지상권이 성립된다.

3) 당사자 사이에 건물을 철거한다는 합의가 없을 것

당사자 사이에 건물을 철거하기로 하는 합의가 있었다는 등 특별한 사정이 존재한다는 주장에 관해 입증할 책임은 그러한 사정이 있다고 주장하는 쪽에 있다(대법원 1988. 9. 27. 선고 87다카279 판결).

🏠 법정지상권 주요판례

조건판단 시점 유형

1) 저당권부 부동산의 경매

최초 저당권설정 당시 1~3요건 구비 시 법정지상권 성립(2010다 67159)

저당권설정 후 가압류 또는 압류효력이 발생되고 강제경매 시 최초 저당권설정 당시 기준으로 요건구비 여부(부산고법 2006나 6157)

2) 저당권이 없거나 저당권에 앞서 가압류, 경매개시등기(압류효력 발생)가 있는 경매

매각대금 완납 시가 아니라 그 압류의 효력이 발생하는 때 1~3요건 구비 시 가압류가 있는 경우는 가압류 시점에 있어서 1~3요건 구비

여부 판단으로 법정지상권 성부 결정(2010다 52140)

민법 366조 법정지상권 배제에 관해 저당권설정 당사자 간 특약을 했어도 법정지상권 성립효력 불변(87다카 1564)

3) 매매의 경우

저당권, 가압류, 경매개시등기 유무 무관

매매의 경우에는 매각대금 완납(소유권이전 효력 발생) 시 기준으로 1~3 요건 구비하면 관습상 법정지상권 성립

토지 지상건물의 존재

1) 건물의 범위

건물이 아닌 비닐하우스, 운동시설, 자전거 보관소 등은 제외

– 여기서의 건물이란 이동 불가능, 등기 가능, 완성된 건물

미등기, 사용검사 불문, 일시적 건물 제외

ex) 유류탱크(기둥, 주벽 등 건물구조 미구비)는 건물이 아님

집진설비, 컨테이너, 배관 등(공장의 효용 도움시설물이나 공장건물 일부는 아님)

건물로 보는 기준은 토지대금 납부 시까지 최소한의 기둥과 지붕, 그리고 주벽이 갖추어져야 함

건물로 본 경우(2004다 13533, 2002다 21592)

건물로 보지 않은 경우(서울고법 2005나 108331)

2) 설정 당시 건축 중인 건물의 경우

설정 당시 건물의 규모, 종류를 알 수 있을 만큼 건축 진전 또는 매각 대금 납부 시까지 기둥, 지붕, 주벽 완성 시 건물로 봄(2005다 38577)

3) 입목의 경우

입목법에 의해 보존등기된 입목/ 명인방법에 의해 소유권을 공시한 입목은 입목법에 의해 법정지상권 성립 불가능함.

*명인방법(89다카 23022)

지적 표시와 누구의 소유라는 푯말만으로는 목적물이 특정되지 않아 명인방법으로 부족(73다 1323)

명인방법을 갖추었더라도 입목법에 따른 법정지상권을 취득하려면 입목 보존등기를 해야 하고, 관습상 법정지상권 적용을 받으려면 건물이어야 하므로 명인방법에 의한 입목은 법정지상권 성립 불가(광주고법 2005나 3822)

토지와 건물의 소유자 일치

민법상 소유권자로 소유권 일치 여부 판단

1) 미등기건물의 매수자는 소유권자 불인정으로 법정지상권 불성립

토지 매입자가 그 지상에 건물을 신축하여 건물의 소유권 취득한 후 지상건물이 강제경매로 타인에게 소유권 이전된 경우(93다 56053)

2) 미등기건물의 소유권자는 건물의 완성자

완성자 판단기준(서울고법 2007나 31169)

최소한의 기능과 그리고 주벽이 이루어진 상태를 건물의 완성시점으로 보고 그 당시 건축주가 미등기건물의 소유권자(2005다 38577)

3) 신탁의 경우

신탁자는 제3자에게 자기 소유임을 주장할 수 없다(2003다 29043)

4) 명의신탁의 경우

명의수탁자는 신탁자와의 대내적 관계에서 자기 소유 주장 불가

명의수탁자의 법정지상권 취득 불인정(86다카 62)

5) 환매의 경우

원 소유자의 환매권행사로 토지, 건물 소유자가 달라진 경우는 환매
권설정 후 권리변동 효력이 없으므로 관습상 법정지상권 불성립(2010
두 16431)

법정지상권 없는 지상건물이 있는 토지만 낙찰받아 지상건물 공략

경기도 광주 토지만 경매 사례

K씨는 분당 신도시와 인접한 광주시 능평동의 2층 신축건물이 있는 건물부지 226㎡ 임야만 취득하게 되는 경매물건을 권리분석 하여 지상건물 소유자에게 법정지상권이 성립하지 않음을 확신하고 응찰하였다. 지상건물을 공략할 계획으로 한 차례만 유찰되어 감정가의 70%에서 낙찰에 참여하였는데 단독으로 최저경매가에 낙찰받았다.

이 물건은 2015년 토지 상에 저당권을 설정할 당시에는 나대지 상태 (2016년도 10월 네이버 로드뷰에서도 나대지 상태 확인)이었기에 확실하게 법정지상권이 불성립 함을 확인할 수 있어 응찰을 하였다. 단독으로 낙찰받았지만 만약 한 차례 더 유찰된 후 입찰했더라면 오히려 더 높은 가격을 써야 낙찰받을 수 있을 것으로 판단했다.

이 물건은 비록 미능기건물이고 신축신고 후 사용검사 미필인 건물이기는 하나 완성된 신축건물로서 이후 채권자 대위로 건물을 보존등기 한 후 건물만 경매신청 하여 건물을 싼값에 낙찰받을 수 있을 것으로 분석하고 입찰에 참여한 것이다. 이 사건은 아직 종료된 것은 아니지만 철거될 건물을 건축주와 협의하여 최소금액 정도로 건물을 매입하거나 경매로 취득할 수 있을 것이다.

🏠 경매에도 블루오션 전략으로 임하라!

경매는 경쟁을 통해서만 목적을 이룰 수 있고 1등이 아니면 그동안의 노력이 한순간에 물거품이 되고 마는 냉엄한 승부의 세계다. 누구에게나 동등하게 주어지는 조건에서 남보다 앞서기 위해서는 차별화된 전략이 필요한데, 차별화 전략의 단초는 남과 다른 생각을 하는 것이다. 입찰장을 가득 메운 사람들 모두 나름의 포부가 있고 각자 최선을 다해 준비를 하지만 어떻게 전략을 세우느냐에 따라 희비가 엇갈리는 것이다. 열심히 도전하지만 판판이 고배를 마시는 경매장 단골들의 공통점은 매번 누구나 선호하는 경쟁률 높은 물건에 도전하면서 언젠가는 얻어걸릴 거라고 믿는다는 것이다. 안일하고 구태의연하게 무모한 도전을 하고 있는 것이다.

기존의 행동 패턴에서 과감히 눈을 돌리면 진흙 속에 가려져 있는 보물을 발견할 수도 있다. 기분에 따라 호불호를 판단하거나 심리적 요인에 이끌려 선택하기보다 과학적 사고와 역발상으로 틈새 물건을 노리는 블루오션 전략을 펼친다면 치열한 경쟁을 피해 좀 더 여유로운 환경에서 의외의 기회를 잡을 확률도 높아진다.

⌂ 입찰에 관한 팁

경쟁률과 수익률은 반비례한다

경매를 하다 보면 응찰할 물건의 경쟁률을 어느 정도 짐작할 수 있다. 위치 좋고 상태도 양호해 환금성까지 좋은 데다 충분히 저감되어 누가 봐도 선호할 만한 물건은 당연히 경쟁률이 높을 것이고, 그만큼 낙찰가도 높을 수밖에 없어서 시세보다 저렴하게 낙찰받기 어렵다. 경매는 일반매매보다 싸게 살 수 있다는 한 가지 이유 때문에 위험요인이나 불리한 조건을 감수하고 하는 것인데, 실상 경매 응찰자 대부분은 누구나 선호하는 물건에 꽂혀 경쟁에 이기고자 무리하게 높은 값으로 낙찰받는 일이 빈번하다. 경쟁자가 두 자릿수 이상일 경우에는 경쟁자들을 제치고 최고가 매수인이 된들 별 이득이 없다고 봐도 무방하다. 그러니 경쟁률 높은 물건은 되도록 피하는 것이 좋다.

반면에 위치, 상태 등 여건이 좋지 않아 선호도가 떨어지는 물건은 최저경매가가 어느 정도 저감되기도 하고, 별 관심을 받지 못해 경쟁률도 낮다. 이런 물건들 중 시세보다 싸면 팔릴 만한 물건을 선택해 낮은 가격에 낙찰받는 것이 훨씬 승산이 있다.

경매의 목적은 좋은 부동산을 사는 것이 아니라 수익이 많은 부동산을 사는 것이다. 아주 싸게 산 물건을 시세보다 조금 낮추어 팔아 손쉽게 매매차익을 남기는 것이 부동산경매의 정석인 것을 잊지 말아야 한다.

다른 사람이 포기한 재경매물건을 다시 보라

재경매물건은 앞서 낙찰받은 낙찰자가 정해진 납입기일 내에 대금을 납부하지 않아 다시 경매가 진행되는 물건을 말한다. 재경매물건에 응찰할 때의 보증금은 지역에 따라 최저입찰가의 20% 또는 30%에 달한다.

　대금을 납부하지 않는 이유는 여러 가지가 있을 수 있는데, 그중에는 낙찰 후에 미처 몰랐던 권리의 하자를 발견하고 대금납부를 포기하는 경우도 있다. 뒤늦게 알게 된 권리하자의 정도가 심각하다고 판단한 것이다. 대부분 낙찰을 받고 나면 낙찰받은 물건에 대해 다시 세밀하게 따져보고 다른 사람들과 얘기하게 되는데, 이 과정에서 잘못된 조언을 받아 실제로는 별 문제가 되지 않는 것을 큰 문제라고 오인해 대금을 납부하지 않는 경우도 많다. 굴러들어온 행운을 걷어차는 어이없는 사례다.

　또 금융기관에서 대출을 받을 계획으로 낙찰받았다가 대출이 막혀 대금납부를 하지 못하는 안타까운 경우 등 다양한 사정들이 있는데, 이 경우 모두 이미 납부한 보증금을 돌려받지 못하고 몰수당하게 된다.

　재경매의 경우는 대부분 종전의 가격으로 낙찰받는다 해도 성공적인 경우가 많은데, 실제로는 종전 낙찰가보다 훨씬 낮게 낙찰받는 사례가 많아 초저가로 부동산을 취득할 기회가 되기도 한다. 그러니 재경매로 나온 물건을 관심 있게 보길 바란다.

경매의 골든타임을 노리라

입찰 결과 응찰자가 없어 유찰이 되면 다음 경매기일을 잡는다. 그 경매기일에 최저경매가를 낮추어 다시 경매를 진행하는데, 유찰이 거듭될수록 최저경매가는 계속 낮아진다.

　물건의 종류, 위치 등에 따라 가령 어떤 물건이 1회 유찰 후 두 번째 경매기일에 최저경매가가 기존 가격의 80%인 상태에서 통상 82% 정도에 낙찰된다고 하면, 이와 유사한 물건이 2회 유찰되어 최저경매가가 기존 가격의 64%로 저감된 물건과 같은 기일에 입찰이 진행될 경우 대부분의 응찰자들은 심리적으로 64%로 저감된 물건에 몰리고, 최저경매가의 80%인 물건에는 거의 응찰하지 않는 상황이 빈번하다.

최저경매가가 64%까지 저감된 물건은 얼핏 싸다는 느낌을 주기 때문에 입찰 경쟁률이 높아진다. 응찰자들은 경쟁에서 이기고자 최고가 입찰액을 1회 유찰 당시의 최저경매가인 80%를 훨씬 웃도는 90% 이상을 쓰는 경우도 있고, 시세와 가까운 입찰가를 쓰는 사람도 있다.

최저경매가가 낮다고 해서 꼭 싸게 낙찰받을 수 있는 것은 아니다. 오히려 최저경매가가 덜 저감되어 사람들이 외면하는 물건을 경쟁 없이 단독으로 입찰해 최저가로 싸게 낙찰받는 사례가 더 많다. 물건에 따라서는 최저경매가가 64%로 저감되기 전 단계인 80%일 때가 오히려 가장 싸게 낙찰받을 수 있는 골든타임일 수 있다.

목적에 따라 물건 선택의 기준도 다르다

실수요, 재매각 매매차익, 임대수익 등 목적에 따라 물건 선택 기준도 달라진다. 매매차익이 목적이라면 부동산 자체의 좋고 나쁨, 향후의 발전 가능성보다 얼마면 당장에 팔릴 수 있는지, 그리고 얼마에 낙찰받을 수 있는지를 판단해 결정할 일이다. 지속적인 임대수익이 목적이라면 매매시세보다는 임대수요가 많은지, 취득 가격 대비 월 임대수익률은 얼마인지 등이 중요하다. 지역이나 물건에 따라 임대수익률이 천차만별인데, 꼭 인기가 많은 지역이 아니어도 좋다. 오히려 땅값이 비싼 인기 지역의 경우는 부동산 취득가에 비해 임대수익률이 높지 않은 경우가 많다. 취득가액 대비 월 임대수익률이 0.5% 이상이면 양호하다고 할 수 있다.

호재지역의 역설

호재가 있어 부동산 시세가 급등한 지역은 이미 시세상승이 적정수준을 넘어 올라 있기도 하고, 반응이 더욱 민감한 경매시장에서는 적정수준을 넘겨 형성된 시세보다 결코 낮지 않게, 경우에 따라서는 시세를 상회하여 낙찰가가 형성되어 취득 후 돌아서서 매각할 때 양도차익이 발생할 수 없고 대부분 손실이 발생한다.

이는 호재로 인해 앞질러 상승된 시세가 꾸준히 상승하지 않고 한동안 지속되어 초가 상승시세보다 가격상승이 될 때까지 시세변동이 없기 때문이다.

🏠 법원이 제시하는 경매정보 기록에 관한 조언

감정가를 맹신하지 말자

아파트 외에 상가건물, 토지, 단독주택 등의 경매물건은 감정가가 실제 시세와 다른 경우가 대부분인데, 차이가 아주 많이 나는 경우도 있다. 일부 아파트의 경우, 감정을 한 지 오래되어서 현재 시세가 반영되지 않은 경우도 많으므로 현재의 시세를 알아보고 입찰에 응하는 것은 경매에 임하는 사람의 기본 중의 기본이라 하겠다.

시세 조사를 할 때 매우 중요한 것이 있는데, 그 시세에 쉽게 팔릴 수 있는지 매매 용이성도 함께 알아봐야 한다는 것이다. 시세라고 하는 것은 대부분 매도인의 매도호가로, 가령 시세는 4억 원이지만 3억 5천만 원에 내놓을 때 쉽게 팔린다면 당장 팔릴 수 있는 시세는 3억 5천만 원으로 봐야 한다. 감정가는 부동산중개업소 한 곳에서 알아본 것으로는 부정확할 수 있으므로 가급적 여러 중개업소를 탐문하는 것이 좋다. 탐문한 중개업소가 그와 유사한 물건을 중개한 경험이 없는 신규업소라면 그 정보는 신뢰할 수 없다.

폐문부재 임차인은 다시 한 번 확인하자

임차인이 아닌데도 매각물건명세서에 임차인이라고 기록된 경우가 많다. 법원에서 현황조사서를 쓸 때 경매물건 현장에 나갔다가 문이 잠겨 있고 집에 사람이 없어서 임대차 내용을 전혀 알아보지 못하는 경우 주민등록등본상에 부동산 소유자 외에 별도세대가 있으면 그 세대주를 마치 임차인인 것처럼 기록해놓는 경우가 있다. 이런 경우 임차인이 아닌 경우도 허다하므로 임대차 권리분석 시 사실관계를 독자적으로 확인할 필요가 있다.

입찰기록의 매각제외, 매각포함도 법리를 따져보자

제시 외 건물의 경우는 법원 입찰기록에 '매각포함' 또는 '매각제외'라고 표시되어 있는데, 이 중 법리에 맞는 경우도 있지만 그렇지 않은 경우도 종종 있다. 가령 '매각제외' 표시가 돼 있더라도 부합물, 종물인 경우 법리에 따라 매각에 당연히 포함되는 경우가 있고, 정반대로 '매각포함'이라고 돼 있더라도 법리상 매각에 포함될 수 없는 경우가 있다. 매각포함 여부에 관한 다툼이 있는 경우에는 향후 소송 등의 절차를 통해 법리에 따라 포함 여부가 결정된다.

엉터리 권리신고에 속지 말자

등기부에 명료하게 나타나지 않는 임차인의 권리와 유치권 신고는 권리가 있다고 주장하는 사람이 '이러한 내용으로 본인이 임차권 또는 유치권의 권리가 있습니다'라고 법원에 권리신고를 하는 것이다. 신고자는 그러한 권리가 있다고 생각하지만 법률상 권리의 요건을 갖추지 못해 정작 권리가 인정되지 않는 경우도 있고, 아예 그런 권리가 전혀 없음을 알면서도 권리자라고 주장하면서 권리신고를 하는 경우도 있다. 유치권 권리신고는 열에 아홉은 엉터리 신고인 경우가 많다.

권리신고에 대해 법원이 매 건마다 철저히 조사해 형사 책임을 묻는다면 엉터리 신고가 줄어들 것이다. 그러나 임차권의 경우, 법원은 경매 부동산에 소유자 외의 타인이 별도 세대로 주민등록이 되어 있으면 임차인의 존재에 대해 철저하게 조사하지 않고도 '임대차 내용은 미상인 임차인'이라는 기록을 매각물건명세서에 올려놓는다. 법원이 이렇듯 임차인이 아닌 자가 임차인인 것처럼 기록하다 보니 가장 임차인이면서 실제 임차인인 것처럼 허위 계약서를 첨부해 임차권의 권리신고를 하는 사례가 상당하다.

허위 유치권 신고의 경우는 더욱 심각하다. 유치권 신고를 해 해당 경매물건을 권리의 하자가 있는 물건으로 보이게 함으로써 입찰에 관심 있는 사람들이 응찰을 포기하도록 유도해 경쟁이 낮아진 상태에서 유치권을 신고한 사람이 그 부동산을 싸게 사고자 계획적으로 거짓 신고를 하는 경우가 많다. 유치권 신고 시 본인 이름 대신 가명으로 신고해 신고자가 숨는 경우도 있다.

유치권이나 임차권이 신고되어 있더라도 그 권리가 의심스러울 경우 철저히 사실관계와 법리를 따져 권리가 성립하지 않는다는 점을 밝혀낼 수 있다면 초보자도 부동산경매 성공 대열에 합류할 수 있다.

유치권 배제신청이 있다고 유치권이 없는 것은 아니다

유치권 배제신청서라는 서류는 사실 신청할 수 없고, 신청해서도 안 되는 서류다. 유치권 배제신청서는 말 그대로 '유치권 권리를 배제시켜 달라'는 내용의 서류인데, 법원의 판결 등 검증 절차 없이 누가 누구의 권리를 배제하도록 신청한다는 것은 말이 안 되기 때문이다. 유치권 권리가 엉터리인 것 같다는 의견을 제시할 수는 있다. 그러니까 '유치권 불성립에 관한 의견서'는 제출할 수 있지만 유치권을 배제시켜 달라는 신청서는 사실 법원이 접수하지 않아야 하며, 서류의 제목이나 내용을 고치는 것이 맞다. 그러므로 유치권 배제신청서가 접수되었다 하더라도 법적으로 유치권이 인정되지 않는 것으로 확정되었다는 것이 아님을 잊어서는 안 된다.

유치권이 정말로 인정되는 권리자의 경우는 누구라도 해당 부동산을 낙찰받아야 유치권에 해당하는 채권액을 회수할 길이 열린다. 즉, 유치권 때문에 낙찰을 꺼릴 사람이 낙찰을 받도록 유도하기 위해 가명 또는 다른 사람 명의로 허위 유치권 배제신청서를 작성해 제출하는 것이다. 이를 유치권의 우려가 없는 것으로 착각하고 낙찰받는 사람을 낚으려는 것이다.

🏠 그 밖에 들려주고 싶은 말

실체주의

우리나라 민사법은 등기부 외관상에 어떻게 등기되어 있든 그 이면에 다른 내용의 권리관계가 있는 것으로 드러나면 등기부에 표시된 권리는 효력이 없고 실제 이면의 권리관계만 효력이 인정되는 실체주의를 채택하고 있다.

경매 현장 탐문이나 이해관계인 등을 통해 등기부와 다른 사실관계를 확인하고, 그 증거가 명백하다면 다른 사람 모르게 혼자만 아는 엄청난 정보일 수 있으므로 경매를 성공으로 이끄는 좋은 기회가 될 수 있다.

경매 현장 탐문이 꼭 필요한 경우

모든 경매 부동산을 꼭 방문할 필요는 없다. 경매로 사서 당장 팔 부동산 중 일부는 가격조사 외에 별다른 현장 탐문 활동이 필요치 않은 경우도 많다. 그러나 한동안 보유할 부동산이나 농지, 임야 등의 토지는 현장조사가 꼭 필요하고, 해당 부동산의 점유와 관련된 사실관계를 파악해야 인수하게 될 권리가 성립하는지를 판단할 수 있는 경우에는 현장조사와 관계인 탐문조사를 꼭 해야 한다.

향후 한동안 보유할 부동산은 미래에 있을 주변의 호재 또는 악재를 미리 예상하는 등 향후 부동산 가격 등에 영향을 미칠 요소들을 조사해야 한다. 특히 토지의 경우는 현장을 방문해 토지의 모양, 도로와의 관계, 개발 가능성, 주변 개발 상태 등의 요소들을 눈과 귀로 직접 확인해야 한다. 부동산 점유와 관련된 사실관계를 파악하기 위한 현장조사 시에는 당사자들을 직접 면담하거나 주위 관계인을 통해 알아봐야 하는데, 이런 일련의 활동을 통해서도 정보를 충분히 알아내지 못한 경우에는 입찰을 보류해야 한다.

일부에 한해 권리하자가 있는 경우

가령 토지상에 법정지상권이 성립된 건물이 있기는 하지만 그 면적이 매우 작은 경우, 토지상에 분묘기지권이 성립되어 있어 일반인이 꺼리는 물건이지만 그 부분 역시 전체 토지 면적에 비해 미미한 경우, 이런 조건에서 토지만 경매로 나온 경우를 살펴보자. 이렇게 지상에 철거할 수 없는 건물이 있거나 분묘를 개장하라고 요구할 수 없는 분묘가 있으면 유찰이 거듭되어 최저경매가가 충분히 저감하게 되는데, 문제가 되는 면적이 미미하고 이 부분을 제외한 나머지 토지만 취득하더라도 시세에 비해 아주 저렴하게 취득할 수 있는 기회라면 거리낌 없이 응찰해야 한다.

| 맺음말

탄탄한 지식과 실력으로
새로운 가치를 창출하자!

부동산경매에서는 해박한 법률지식을 갖춘 상태에서 발상을 전환해 남들이 미처 생각하지 못하는 틈새를 공략하면 의외의 성과를 얻을 수 있다. 경매에 임하는 사람들 대부분이 나름대로 만반의 준비를 하겠지만 막상 실무에서는 합리적인 판단과 행동, 지식을 응용한 입체적 분석을 하지 못하거나 토지에 관한 복잡한 규제 법률 등에 관한 지식의 부족으로 안타깝게 기회를 놓치거나 실패를 하기도 한다.

부동산 가격에도 비합리성의 틈새가 있다

가령 10가구의 다가구주택이 있는 건물 1동과 이와 구조가 같은 10가구의 다세대주택이 있는 건물 1동, 총 2동으로 이루어진 건물이 있다고 하자. 다세대주택의 경우 세대당 2억 원씩 총 20억 원에 분양하는 수준이라면 이와 수준이 유사한 다가구주택의 경우는 다세대주택과 달리 대략 1동 전체가 12억 원 정도에 시세가 형성되어 있어 가격이 불균형한 것이 일반적이다.

이렇듯 부동산에 형성되어 있는 시세가 모두 적정한 것은 아니므로 같은 시세의 부동산이라고 하더라도 임대수익의 차이가 클 수도 있어 투자 목적을 달성하기 위한 최소 금액의 물건을 골라야 한다. 규모가 큰 부동산일수록 단위면적당 취득금액이 대체로 저렴한 현상도 이용해야 하고, 때로는 일반 응찰자들의 입찰 성향을 파악하여 이를 역이용할 줄 아는 사고의 유연성과 순발력도 발휘해야 한다.

일반인이 선호하는 물건은 될 수 있으면 피해야 한다

예컨대 1층 상가, 로열층 아파트는 높은 경쟁률을 뚫어야 하는 것이 뻔하므로 시세보다 결코 싸게 취득할 수 없다. 과거의 입찰결과를 많이 분석하다 보면 오늘 입찰에서 어느 물건에 입찰이 몰릴지 예측도 가능해진다. 또한, 현재 상황은 쓸모없어 보이는 땅이지만 진입도로 확보가 쉽거나 재개발 등 구역 내의 경우 아파트 분양자격이 주어진다거나, 땅의 경계가 곧지 않고 일그러져 가치가 없어 보이지만 인접토지와 협의하여 경계를 조정할 수 있으면 반듯한 좋은 땅이 될 수도 있다. 상가의 경우 특별수요를 예측하여 분석한다. 예컨대 병원이 들어설 예정지의 길 건너 약국 자리로 최상인 토지를 선점하는 틈새공략도 필요하다. 물건 자체에 법률적, 물리적 흠결이 있어 사람들이 외면하는 물건이지만 그 흠결을 해결하는 데 비교적 적은 비용과 노력을 들여 온전한 물건으로 바꾸었을 때 더 큰 시세차익을 얻을 수 있다면 이 또한 가성비 높은 틈새 물건이다.

부동산은 현재 모습 그대로 판단하기보다 이를 용도변경, 리모델링 등 가공행위를 했을 때 크게 달라질 수 있는 가치도 생각해야 한다. 가령 유동인구는 많으나 영업 부진으로 경매 나온 상가건물이 업종을 변경하는 것만으로도 가치를 높이는 경우가 있다.

토지의 경우 용도변경 즉 지목변경은 소요되는 비용과 비교하면 지가 상승 효과가 높다. 가령 농지를 대지로 지목변경하면 소요비용이 평당 5만 원 정도라면 가치는 대략 20만 원쯤 증가하는 정도의 이득이 발생하기도 한다.

토지공법을 알면 더 많은 틈새 공략의 길이 보인다

국토의 계획 및 이용에 관한 법률, 농지법, 산지관리법, 건축법, 도시정비법 등 토지공법은 토지를 취득하려는 사람들에게 필수적인 법률지식이고, 이를 동원하면 많은 틈새 물건을 초저가에 취득할 수 있는 길이 열린다.

반대로 저가라 하여 취득한 토지가 시설물 설치 등 토지이용이 불가능하거나 심각한 제한을 받는 토지, 외관상 현황도로이지만 건축법상 도로로 인정되지 못한 맹지로서 쓸모없는 토지가 되는 경우 등 공법을 몰라 실패하는 경우가 많아 안타깝다.

승산이 낮은 게임에서 정면 돌파하느라 힘 빼기보다는 남들이 꺼리는 틈새 물건을 저렴하게 취득해 가공, 변경, 개량, 분할 등을 거쳐 스스로 새로운 가치를 창출한다면 추후 가격상승까지 끌어낼 수 있을 것이다. 물론 이 모든 것은 부동산경매 권리분석과 실무지식이 탄탄하게 뒷받침될 때 가능한 일이다. 부디 이 책이 장차 여러분이 여유로운 미래로 나아가는 데 조금이나마 도움이 되길 바란다.